ESTUDOS EM NEGÓCIOS IV

COPPEAD/UFRJ e IAG/PUC-Rio

COLEÇÃO ESTUDOS COPPEAD

IAG PUC RIO

A Escola de Negócios da PUC - Rio

Em parceria

ESTUDOS EM NEGÓCIOS IV

COPPEAD/UFRJ e IAG/PUC-Rio

Margarida Gutierrez e Hélène Bertrand

Organizadoras

MAUAD

Direitos desta edição reservados à
MAUAD Editora Ltda.
Av. Treze de Maio, 13, Grupo 507 a 509 — Centro
CEP: 20031-007 — Rio de Janeiro — RJ
Tel.: (21) 2533.7422 — Fax: (21) 2220.4451
www.mauad.com.br

Projeto Gráfico:
Núcleo de Arte/Mauad Editora

CIP-BRASIL. CATALOGAÇÃO-NA-FONTE
SINDICATO NACIONAL DOS EDITORES DE LIVROS

E85
v.4

Estudos em negócios IV / Margarida Gutierrez e Hélène Bertrand, organizadoras. - Rio de Janeiro : Mauad, 2005
(Estudos COPPEAD)

Inclui bibliografia
ISBN 85-7478-170-3

1. Administração. 2. Planejamento empresarial. 3. Bancos. 4. Investimentos. 5. Negócios. I. Gutierrez, Margarida. II. Bertrand, Hélène. III. Série.

CDD 658.4012
CDU 658.012.2

SUMÁRIO

ERRATA

No artigo da página 79 **(item 4 do Sumário)**, o instituto de origem de ambos os autores é IE/UFRJ.

No artigo da página 145 **(item 7 do Sumário)**, os autores e seus institutos de origem são:

Jorge M. T. Carneiro, COPPEAD/UFRJ e IAG/PUC-Rio
Jorge Ferreira da Silva, IAG/PUC-Rio
Angela da Rocha, COPPEAD/UFRJ
Carlos Alberto Hemais, COPPEAD/UFRJ

No artigo da página 203 **(item 9 do Sumário)**, os autores e seus institutos de origem são:

Marie Agnes Chauvel, IAG/PUC-Rio
Carlos Eduardo Pollhuber, CLARO/AMERICA MOVIL

No artigo da página 271 **(item 12 do Sumário)**, os autores e seus institutos de origem são:

Luis Claudio Kubota, COPPEAD/UFRJ
Roberto Nogueira, COPPEAD/UFRJ
Jansen Pereira, VIVO

Página 183 (ver tabelas)

Tabela 1: Estatísticas Descritivas para os Últimos 36 Meses

	N	Mínimo	Máximo	Média	Desvio-padrão
D_YR	20.833	0,30	29.756,00	62,6849	422,42238
CV	20.833	0,30	6,00	2,7699	1,59721
MAD	20.833	0,00	1.218,20	4,0879	24,12931
N Válido	20.833				

Tabela 2: Distribuição de Freqüências para os Últimos 36 Meses

		D_YR	CV	MAD
N	**Válidos**	20.833	20.833	20.833
	Faltas	0	0	0
Mediana		5,7000	2,4000	0,6000
Desvio-padrão		422,42238	1,59721	24,12931
Percentis	**25**	1,7000	1,5000	0,2000
	50	5,7000	2,4000	0,6000
	75	22,0000	3,7000	2,1000

Página 184 (ver tabela)

Tabela 3: Distribuição de Freqüências - *Fill Rate* e Nível de Estoque

		Fill Rate	Nível de Estoque
N	Válidos	20.824	20.833
	Faltas	9	1
Média		0,8028	52,4009
Mediana		0,8330	8,0000
Desvio-padrão		0,12885	237,37580
Mínimo		0,03	0,00
Máximo		1,00	9.810,00
Percentis	25	0,7500	2,0000
	50	0,8330	8,0000
	75	0,9170	27,0000

Página 193 (ver tabela)

Tabela 9: Impacto do Consumo e do Coeficiente de Variação na Variação no *Fill Rate*

	B	Erro Padrão	t	Sig.
Constante	-0,003140	0,002	-1,464	0,143
D_YR_STD	0,009093	0,002	4,887	**0,000**
CV_STD	-0,04152	0,003	-16,453	**0,000**

F = 170,027 (Sig. < 0,001)
R Quadrado Ajustado = 0,138
Variável dependente = Variação no *Fill Rate*

Página 195 (ver tabela)

Tabela 11: Impacto do Consumo e do Coeficiente de Variação no Nível de Estoque

	B	Erro Padrão	t	Sig.
Constante	82,621	4,177	19,779	0,000
D_YR_STD	96,588	3,624	26,649	**0,000**
CV_STD	17,664	4,916	3,593	**0,000**

F = 356,606 (Sig. < 0,001)
R Quadrado Ajustado = 0,100
Variável dependente = Redução no Nível de Estoque

APRESENTAÇÃO

Temos a satisfação de apresentar o quarto volume da série Estudos em Negócios, fruto de uma associação entre o COPPEAD/UFRJ e o IAG/PUC, e que será lançado no Encontro Nacional da ANPAD (ENAPAD) em setembro de 2005.

Esta parceria, entre os dois centros de reconhecida excelência em ensino e pesquisa na área de Administração, em nível de mestrado e doutorado, teve início em 2001 e representou um marco na disseminação do conhecimento científico e no incentivo à publicação de pesquisas realizadas pelos professores e alunos de ambas as instituições.

Os trabalhos publicados nesta edição refletem as áreas de estudos e de ensino às quais se dedicam as duas instituições: Finanças, Organização, Estratégia, Relações de Trabalho, Desempenho Organizacional, *Marketing* e Serviços.

Os 20 trabalhos recebidos foram submetidos à avaliação e análise de, no mínimo, dois professores das instituições envolvidas.

Agradecemos ao corpo editorial pela dedicação e pelo tempo despendido na avaliação dos trabalhos:

Prof [a]. Ana Carolina Fonseca, Prof. André Carvalhal, Prof. André Lacombe, Prof. Antonio Carlos Figueiredo, Prof [a]. Débora Zouain, Prof [a]. Denise Fleck, Prof. Donaldo de Souza Dias, Prof. Everardo Rocha, Prof [a]. Hélène Bertrand, Prof. Jorge Ferreira da Silva, Prof. Kleber Fossati, Prof [a]. Letícia Casotti, Prof. Luiz Felipe Jacques da Motta, Prof. Marcelo Cabus Klotzle, Prof [a]. Margarida Gutierrez, Prof. Mario Couto Soares Pinto, Prof [a]. Maribel Suarez, Prof [a]. Marie Agnes Chauvel, Prof [a]. Monica Rossi, Prof. Renato Cotta de Mello, Prof. Ricardo Leal, Prof. Sá Carvalho, Prof [a].

Sandra Regina da Rocha Pinto, Prof. Victor Prochnick, Prof. Walter Lee Ness.

Agradecemos, em particular, à Regina Helena Meira de Castro, pelo empenho e eficiência na organização, seleção e edição dos trabalhos que compõem este livro.

Margarida Gutierrez
Prof ª. COPPEAD/UFRJ

Hélène Bertrand
Prof ª. IAG/PUC-Rio

O IMPACTO DA ENTRADA DOS BANCOS ESTRANGEIROS NO DESEMPENHO DOS BANCOS PRIVADOS NACIONAIS – O CASO BRASILEIRO

Marcelo Cabus Klotzle (IAG/PUC-Rio)

Flávio Bitter (IAG/PUC-Rio)

Resumo

A atual literatura empírica sobre a entrada de bancos estrangeiros e seus efeitos nos mercados domésticos e diversos estudos de casos conduzidos em diferentes países demonstram que a entrada de bancos estrangeiros em mercados domésticos provoca impactos negativos na performance dos bancos nacionais. Utilizando dados bancários de 11 bancos privados nacionais brasileiros para períodos semestrais de dezembro/1994 a dezembro/2002 e conduzindo regressões em painel e regressões lineares multivariadas para os dados agregados da amostra, o estudo busca evidenciar a existência de uma relação estatisticamente significante entre as variáveis de desempenho e a entrada dos bancos estrangeiros. Contradizendo a evidência empírica apresentada pela literatura internacional, este trabalho demonstra que, no Brasil, a entrada dos bancos estrangeiros teve pouca influência no desempenho dos bancos privados nacionais. Os resultados estatísticos sugerem que um aumento da participação de bancos estrangeiros acarreta maior rentabilidade, menor eficiência operacional e aumento do risco de crédito para os bancos privados nacionais.

1. Introdução

A estrutura atual do sistema financeiro nacional é fruto de mudanças ocorridas no arcabouço legislativo brasileiro, do ajuste às novas condições macroeconômicas impostas pelo Plano Real e da adaptação à tendência mundial de globalização dos sistemas financeiros, a exemplo do que já vinha ocorrendo na América Latina.

A abertura do sistema financeiro nacional se intensificou a partir de 1995, quando o Governo passou a estimular a entrada de novos bancos estrangeiros no mercado financeiro do País. Com essa entrada, aliada às privatizações, as fusões e as aquisições, os totais de ativos, as operações de crédito, os depósitos totais e o patrimônio líquido do sistema também sofreram alterações ao longo desse período.

Os estudos realizados acerca da entrada de bancos estrangeiros em mercados domésticos, como os de Dermigüç-Kunt e Huizinga (1999), Claessens *et al.* (2001) e Williams (2003), demonstram que a entrada de bancos estrangeiros em mercados domésticos está associada à redução do *spread* bancário praticado pelos bancos nacionais, pela perda de rentabilidade e pelo aumento da oferta de crédito no sistema financeiro associado também a um aumento do risco (provisão para perdas) em razão do relaxamento das políticas para empréstimos. Por último, a literatura nos mostra que a entrada de bancos estrangeiros em mercados domésticos enseja ganhos em eficiência operacional dos bancos nacionais, em função da concorrência e da necessidade de adequação a menores margens.

Nesse sentido, o objetivo deste trabalho é o de analisar de que maneira a entrada dos bancos estrangeiros no Brasil, que detinham 8,39% dos ativos bancários em dezembro de 1995 passando a 27,41% em dezembro de 2000, afetou a performance dos bancos privados nacionais, bancos esses que possuem uma das mais elevadas taxas de *spread* do mundo.

2. Referencial teórico

A crescente importância de bancos estrangeiros em praticamente todas as regiões do mundo foi refletida na produção de estudos que analisaram as causas do fenômeno e seus possíveis efeitos.

Demirgüç-Kunt e Huizinga (1999), utilizando um banco de dados de 80 países, no período de 1988 a 1995, demonstram que o *spread* bancário e a rentabilidade podem ser explicados por uma gama de determinantes, dentre elas as seguintes: as características do banco (tamanho, alavancagem, o tipo do negócio, o tipo do proprietário), as condições macroeconômicas, a taxação implícita e explícita dos bancos, a regulação do depósito compulsório, a estrutura financeira do mercado e, ainda, os aspectos legais e os indicadores institucionais. O trabalho conclui que bancos estrangeiros possuem maiores margens e rentabilidade que bancos domésticos em países em desenvolvimento, enquanto o inverso ocorre para bancos em países industrializados.

Utilizando 7.900 observações de bancos de 80 países, extraídas do *BankScope Data* e fornecidas pelo IBCA, instituto que reúne e compila dados bancários de diversos países no período de 1998 a 1995, Claessens *et al.* (2001) examinam o efeito da presença de estrangeiros no mercado doméstico bancário. O trabalho investiga como as margens líquidas de juros (*spreads*), as despesas administrativas, os impostos retidos e a lucratividade diferem entre bancos domésticos e estrangeiros. O resultado das estatísticas sugere que a entrada de bancos estrangeiros no mercado doméstico é significativamente associada a uma redução da rentabilidade dos bancos domésticos e a uma redução das receitas não-operacionais e despesas administrativas, apesar de estes últimos resultados serem menos significativos estatisticamente. Claessens *et al.* (2001) interpretam esse resultado baseado no fato de que a entrada de bancos estrangeiros está associada ao aumento de eficiência no sistema bancário doméstico. Mantendo os demais dados constantes, as altas taxas de rentabilidade refletem a ausência de concorrência, enquanto as altas despesas administrativas podem refletir ineficiência administrativa. A presença de bancos estrangeiros no mercado pode ensejar reduções de custos administrativos, em razão da utilização de técnicas mais avançadas de gerenciamento e práticas bancárias mais profissionais. Alternativamente, os bancos estrangeiros podem estimular os gestores para que, no intuito de lutar pela manutenção das taxas de lucratividade, trabalhem na direção da redução de custos.

Cavalcante e Jorge Neto (2003) analisaram o impacto da entrada dos bancos estrangeiros na oferta de crédito do sistema financeiro brasileiro após o Plano Real, utilizando dados contábeis de uma amostra de 37 bancos que sempre estiveram no *ranking* dos 50 maiores por ativo total, no período de junho/1994 a dezembro/2002. A análise dos dados foi dividida em duas partes: a primeira investigou o impacto da entrada dos bancos estrangeiros no volume das operações de crédito dos bancos privados nacionais medido em termos do PIB; a segunda examinou o impacto da entrada dos bancos estrangeiros na participação das operações de créditos no ativo total dos bancos privados nacionais. As regressões foram realizadas utilizando-se o método de estimativa em painel pelo estimador de mínimos quadrados, ponderados SUR (*seemingly unrelated regression*). Cavalcante e Jorge Neto (2003) demonstraram que, embora houvesse uma expectativa de que os bancos privados nacionais teriam priorizado as operações de crédito com a estabilização da moeda, o volume total de crédito ofertado ao setor privado teve a sua expansão restringida pelo aumento da participação de bancos estrangeiros no sistema financeiro nacional. Os resultados da análise econométrica indicaram que a maior participação estrangeira ocorrida, devido à liberalização financeira após o Plano Real, afetou de forma negativa a oferta de crédito dos bancos privados nacionais com relação ao PIB, bem como implicou a destinação de menor volume dos ativos desses às operações de crédito. Em resumo, o saldo da liberalização financeira no Brasil, no que diz respeito à oferta de crédito, não foi positivo. Cabe ressaltar que não é possível estabelecer a relação causal da contração de crédito com a entrada de bancos estrangeiros.

Paula (2002) analisou os principais determinantes e os impactos da recente onda de bancos europeus que se instalaram no Brasil. A principal hipótese do trabalho era a de que esse ingresso só poderia ser compreendido se fossem observados os determinantes internos e externos. Entendeu-se por *determinantes externos* aqueles que trataram do processo de consolidação bancária no sistema financeiro europeu, sob a égide do sistema da Unidade Monetária Européia, que estimulou alguns bancos a se expandirem para o exterior, não só no sentido da diversificação dos ganhos, mas também como forma de fortificar a sua posição no mercado comum europeu em razão da concorrência e da pressão econômica da União Européia. Do outro lado, sob o aspecto dos *determinantes internos*, o trabalho relacionou a entrada dos bancos europeus à flexibilização gradual das restrições legais para a entrada de bancos estrangeiros no mercado bancário brasileiro, particularmente no contexto da crise bancária de 1995. Por último, Paula (2002) demonstrou que a entrada de bancos europeus no mercado de varejo brasileiro resultou no aumento da eficiência e na expansão das atividades dos grandes bancos privados nacionais (Itaú, Bradesco e Unibanco), seja organicamente, seja através de fusões e de aquisições.

Carvalho (2002) testou, no Brasil, se teria fundamento a afirmativa hipotética de que bancos estrangeiros seriam mais eficientes do que as instituições nacionais nas economias emergentes. O estudo de Carvalho (2002) demonstrou que, para o caso brasileiro, a expansão das atividades dos bancos estrangeiros no mercado doméstico não resultou em qualquer grande melhoria, pois (i) as características operacionais entre os bancos nacionais e estrangeiros eram semelhantes; (ii) as medidas de eficiência eram similares; (iii) o progresso tecnológico, em particular dos serviços *online,* foi introduzido com mais vigor pelos bancos nacionais; e

(iv) a estrutura do balanço dos bancos estrangeiros e a dos seus concorrentes nacionais eram parecidas, isto é, fortemente voltadas para as operações interbancárias e para a aplicação em títulos.

Guimarães (2002), por sua vez, valendo-se de dados bancários do período de 1995 a 2001, examinou o aumento da presença dos bancos estrangeiros no mercado doméstico brasileiro e seus impactos, utilizando como *proxy* da entrada o total de depósitos dos bancos estrangeiros frente ao total de depósitos do mercado bancário. Comparando-se as margens de intermediação financeira, as despesas administrativas, os impostos pagos e a rentabilidade de bancos estrangeiros e nacionais, o trabalho demonstrou que os bancos domésticos brasileiros, em particular os bancos privados, apresentaram melhor performance em termos de rentabilidade do que os seus concorrentes estrangeiros, evidenciando, inclusive, que o aumento da entrada dos bancos estrangeiros possui relação positiva com o aumento da rentabilidade, o que contraria a literatura internacional e comumente aceita sobre esse assunto. Por fim, Guimarães (2002) ainda concluiu que, enquanto os bancos privados nacionais apresentam margens de *spread* e de lucros mais elevadas do que a de seus concorrentes estrangeiros, os bancos estatais exibem margens de intermediação financeira e de lucros mais baixas, além de despesas mais altas do que os bancos estrangeiros.

3. Metodologia

3.1. Amostra

A amostra deste estudo foi composta de 11 bancos privados nacionais que figuravam, na maior parte do período de análise, na lista dos maiores 50 bancos por ativos divulgada pelo Banco Central (ver tabela 1). O número reduzido de bancos deveu-se ao fato de (i) o segmento bancário no Brasil ser consideravelmente concentrado, e (ii) para a busca de alguns indicadores, este trabalho ter precisado utilizar dados constantes do Demonstrativo de Resultados dos bancos, item não divulgado pelo Banco Central do Brasil, o que restringiu a amostra a bancos cuja natureza jurídica fosse de Sociedade Anônima de Capital Aberto ou que divulgassem seus balanços completos, por liberalidade, no período a ser estudado.

Vale ressaltar que, juntos, os bancos da amostra detinham 25,32% dos ativos bancários totais, o que equivalia a 78,84% do total de ativos do segmento bancário de bancos privados nacionais em dezembro de 2000. Logo, apesar da pequena quantidade de bancos que integravam a amostra, estudar o seu comportamento é observar mais que três quartos desse segmento.

Tabela 1 – Amostra de bancos privados nacionais e seus períodos

Banco \ Período	Dez/1994	Jun/1995	Dez/1995	Jun/1996	Dez/1996	Jun/1997	Dez/1997	Jun/1998	Dez/1998	Jun/1999	Dez/1999	Jun/2000	Dez/2000	Jun/2001	Dez/2001	Jun/2002	Dez/2002
Banco Alfa	■	■	■	■	■	■	■	■	■	■	■	■	■	■	■	■	■
Bandeirantes*	■	■	■	■	■	■	■										
BBVA (Excel-Econômico)**	■	■	■	■	■	■	■	■									
BCN***	■	■	■	■	■	■	■	■									
Boavista Interatlântico****	■	■	■	■	■	■	■	■	■	■							
Bradesco	■	■	■	■	■	■	■	■	■	■	■	■	■	■	■	■	■
Itaú	■	■	■	■	■	■	■	■	■	■	■	■	■	■	■	■	■
Mercantil Brasil	■	■	■	■	■	■	■	■	■	■	■	■	■	■	■	■	■
Mercantil São Paulo	■	■	■	■	■	■	■	■	■	■	■	■	■	■	■	■	■
Safra	■	■	■	■	■	■	■	■	■	■	■	■	■	■	■	■	■
Unibanco*****	■	■	■	■	■	■	■	■	■	■	■	■	■	■	■	■	■

* Passou a ter controle estrangeiro em dezembro/1997.

** Passou a ter controle estrangeiro em junho/1998.

*** Adquirido pelo Banco Bradesco, em 1997, que fechou o seu capital.

**** Em dez/97, passou a ter participação estrangeira e, em dez/99, passou a ter controle estrangeiro.

***** Passou a ter participação estrangeira em junho/97.

Fonte: Elaboração própria

3.2. Indicadores

As tabelas 2 e 3 apresentam, respectivamente, o elenco das variáveis dependentes e independentes utilizadas nas regressões conduzidas neste trabalho. Nas tabelas, são divulgadas, além da abreviação e de uma breve descrição das variáveis, as justificativas de uso das mesmas, baseadas nos estudos empíricos já realizados.

Tabela 2 – Quadro-resumo dos indicadores e justificativas de uso – Variáveis Dependentes

Variáveis Dependentes	Abre-viação	Descrição	Autores
1. Lair / Ativo Total	LAIR	O indicador LAIR / Ativo Total é uma medida de rentabilidade, freqüentemente utilizada para análise da *performance* bancária. Conforme pondera Kunt e Huizinga (1999), outros indicadores de rentabilidade como o ROE não são tão apropriados para a análise, em razão de os bancos em países em desenvolvimento trabalharem com baixíssima proporção de capital próprio, inflando, dessa forma, essa medida.	Demirgüç-Kunt e Huizinga (1999), Demirgüç-Kunt e Huizinga (2001), Classens *et al* (2001), Molyneux e Seth (1998), Guimarães (2002)
2. *Spread*	SPREAD	Definido como resultado bruto da intermediação financeira / Total de ativos.	Demirgüç-Kunt e Huizinga (1999), Classens *et al* (2001)
3. Operações de Créditos / Ativo Total	CRED	Esse indicador busca capturar a composição do *portfolio* dos bancos privados nacionais voltado à oferta de crédito. Essa relação permite a investigação do impacto da entrada dos bancos estrangeiros na participação das operações de crédito no ativo total dos bancos privados nacionais.	Weller (1999), Cavalcante e Jorge Neto (2003)
4. Eficiência Operacional	EFOp	Definido como a relação entre os custos operacionais (despesas de pessoal mais administrativas) e o resultado da sua atividade bancária (resultado bruto de intermediação financeira mais as receitas de serviços). Logo, essa relação determina que, quanto menor for o índice, maior será a eficiência operacional do banco.	Corrêa e Adati (2001)
5. Risco: provisão para perda	RISCO	A provisão para perdas quantifica a real provisão feita pelo banco para perdas relativas à inadimplência. Quanto maior for o risco, entendido pelo relaxamento das políticas de empréstimos ensejando uma menor qualidade do crédito ofertado, maior deverá ser a provisão para os maus pagadores.	Classens *et al* (2001), Guimarães (2002)

Tabela 3 – Quadro-resumo dos indicadores e justificativas de uso – Variáveis Independentes

Variáveis Independentes	Abre-viação	Descrição	Autores
1. Número	NUM	Medida da presença de bancos estrangeiros no mercado doméstico brasileiro. É a relação do número de bancos estrangeiros pelo total de número de bancos existentes no setor, no determinado período.	Classens *et al* (2001)
2. Proporção	PROP	Medida da presença de bancos estrangeiros no mercado doméstico brasileiro. É a relação entre os ativos totais dos bancos estrangeiros, aqueles em que mais de 50% do capital é controlado por instituições estrangeiras, e o total de ativos do setor bancário, em um determinado momento.	Classens *et al* (2001), Cavalcante e Jorge Neto (2003)*
3. Selic	SELIC	É a média semestral da taxa mensal (anualizada) apurada no Selic , obtida mediante o cálculo da taxa média ponderada e ajustada das operações de financiamento por um dia.	Cavalcante e Jorge Neto (2003), Guimarães (2002)
4. Inflação	INFL	Taxa do IGP-M medida pela Fundação Getúlio Vargas, acumulada para cada semestre.	Cavalcante e Jorge Neto (2003), Guimarães (2002)
5. Dólar	DÓLAR	Taxa de câmbio comercial para compra: Real (R$) / Dólar americano (US$) calculado pela média de cotação de fechamento do dólar comercial de venda no semestre.	Molyneux e Seth (1998)
6. C-Bond	CBOND	O C-*Bond* é o principal título da dívida externa brasileira negociado no mercado internacional. Esse indicador demonstra o grau de confiança dos investidores estrangeiros na economia do Brasil, no período. Para este estudo será utilizada a média do valor da série diária (em pontos-base sobre o título do Tesouro Americano), para cada período semestral anterior ao mês de análise.	Inovação proposta
7. PIB	PIB	Variação semestral do PIB (Produto Interno Bruto, soma dos bens e serviços produzidos pelo País) expresso em valores correntes e em termos nominais.	Weller (1999), Williams (2002)

* Usaram o patrimônio líquido em vez de total de ativos.

3.3. Modelo Econométrico

A análise foi dividida em cinco partes: a primeira investigou os efeitos da entrada dos bancos estrangeiros na rentabilidade dos bancos domésticos; a segunda pesquisou os efeitos no *spread* praticado; a terceira analisou o impacto no volume de créditos frente aos ativos dos bancos domésticos; a quarta observou o comportamento da eficiência operacional; e, por fim, a quinta parte estudou o nível de risco dos bancos sob o ponto de vista de perdas de créditos. Para cada análise de variável independente da performance bancária, foram utilizados quatro modelos: (i) análise em painel (através do modelo SUR - *Seemingly Unrelated Regressions*), tendo, como *proxy* da entrada de bancos estrangeiros, o percentual do número de bancos em relação ao total do número de bancos do mercado (NUM); (ii) análise em painel tendo, como proxy da entrada de bancos estrangeiros, o percentual de ativos em relação aos ativos totais bancários (PROP); (iii) análise através de regressão linear multivariada com os dados agregados da amostra utilizando NUM; e (iv) análise através de regressão linear multivariada com os dados agregados da amostra utilizando PROP.

Em linhas gerais, os modelos podem ser explicitados como:

$$Vdep_{it} = \alpha + \beta_1 Num_t + \beta_2 Selic_t + \beta_3 Infl_t + \beta_4 PIB_t + \beta_3 Dólar_t + \beta_4 Cbond_t + \varepsilon_{it} \quad (3.1)$$

$$Vdep_{it} = \alpha + \beta_1 Prop_t + \beta_2 Selic_t + \beta_3 Infl_t + \beta_4 PIB_t + \beta_3 Dólar_t + \beta_4 Cbond_t + \varepsilon_{it} \quad (3.2)$$

$$VdepA_t = \alpha + \beta_1 Num_t + \beta_2 Selic_t + \beta_3 Infl_t + \beta_4 PIB_t + \beta_3 Dólar_t + \beta_4 Cbond_t + \varepsilon \quad (3.3)$$

$$VdepA_t = \alpha + \beta_1 Prop_t + \beta_2 Selic_t + \beta_3 Infl_t + \beta_4 PIB_t + \beta_3 Dólar_t + \beta_4 Cbond_t + \varepsilon \quad (3.4),$$

em que

- $Vdep_{it}$ refere-se à variável independente de análise do banco privado nacional i no semestre t (respectivamente Lair, *Spread*, Cred, EFOp e Risco).
- $VdepA_t$ refere-se à variável independente de análise dos dados agregados dos bancos privados nacionais no semestre t (respectivamente Lair, *Spread*, Cred, EFOp e Risco).
- Num_t representa o percentual de número de bancos estrangeiros no semestre t.
- $Prop_t$ representa o percentual dos ativos dos bancos estrangeiros no semestre t.
- $Selic_t$ representa o valor anualizado da Taxa de juros nominais – *Overnight* / Selic para o semestre t.
- $Infl_t$ refere-se à taxa de inflação acumulada do IGP-M medida no semestre t.
- PIB_t representa a variação nominal do PIB entre o período t e t-1.
- $Dólar_t$ é a simbologia utilizada para o valor médio da cotação do dólar no semestre t.
- $CBond_t$ representa a média do valor diário da série para o semestre t.
- α representa o termo constante de regressão, β representa o coeficiente de regressão de cada uma das variáveis, enquanto ε_{it} é o termo de erro para o banco i no semestre t.
- Vdep = representa uma das seguintes variáveis de análise: Lair, *Spread*, Operações de Crédito, Eficiência Operacional ou Risco.

4. Resultados

4.1. Resultados para a Rentabilidade

Tabela 4 – Resultados dos Modelos de Regressão para a variável LAIR

Atributo	Regressão 1	Regressão 2	Regressão 3	Regressão 4
C	*Fixed Effect*	*Fixed Effect*	0,020* (0,009)	0,022** (0,009)
NUM	0,0176 (0,025)	X	0,073* (0,038)	X
PROP	X	0,0303 (0,0484)	X	0,129 (0,072)
SELIC	-0,0007*** (0,0002)	-0,0007*** (0,0002)	-0,001** (0,000)	-0,001** (0,000)
INFL	-0,0247 (0,0323)	-0,0249 (0,0333)	-0,042 (0,051)	-0,040 (0,053)
PIB	0,0008*** (0,0047)	0,0008*** (0,0001)	0,001** (0,000)	0,001** (0,000)
DÓLAR	-0,0228*** (0,0047)	-0,0238*** (0,0068)	-0,022*** (0,007)	-0,027** (0,009)
CBOND	3,18E-05*** (6,48E-06)	3,38E-05*** (7,23E-06)	2,87E-05** (0,000)	3,80E-05*** (0,000)

R^2 – Ajust.	0,250	0,251	0,475	0,452
F – statistic	X	X	3,260 (0,055)	3,062 (0,064)

O *heteroscedasticity-corrected standard error* é apresentado entre parênteses, conforme propõe a metodologia de White (1980)
*** Significante a 1% de nível de confiança.
** Significante a 5% de nível de confiança.
* Significante a 10% de nível de confiança.
Fonte: Elaboração própria, através dos resultados gerados pelo Eviews e SPSS

Pode-se verificar, na análise das regressões com os dados agregados da amostra, que é possível constatar que as variáveis NUM e PROP (significantes a 10% e 11% de nível de confiança, respectivamente) são estatisticamente relevantes para a predição da variável Lair/Ativos Totais. O sinal positivo do coeficiente denota que, ao contrário dos resultados encontrados por Claessens *et al.* (2001), a entrada dos bancos estrangeiros possui influência positiva na rentabilidade dos bancos privados nacionais, o que contradiz as evidências encontradas na literatura internacional e está em linha com os resultados encontrados por Guimarães (2002). Todavia, análise em painel não suporta tal resultado, em que a contribuição dessas variáveis não se faz estatisticamente relevante.

Note-se que um aumento da taxa Selic produz efeito contrário no Lair, eventualmente por refletir período de instabilidade econômica. O PIB contribui de forma positiva com o Lair, denotando que o aumento da produção de mercadorias e serviços do País provoca maiores índices de rentabilidade. A variação do dólar, por sua vez, demonstra ser negativamente correlacionada com o Lair e, por fim, verifica-se que o C-Bond contribui de forma positiva para a explicação da rentabilidade bancária. Demirgüç-Kunt e Huizinga (1999), que, em seu trabalho, utilizaram dados de 80 países, encontraram correlação positiva entre rentabilidade, crescimento do PIB e Inflação.

4.2. Resultados para o *Spread*

Os modelos de regressão em painel obtiveram um R-quadrado na ordem de 35%; todavia, o teste de Durbin-Watson demonstrou que poderia haver indícios de que os resíduos estivessem positivamente autocorrelacionados, podendo comprometer os resultados do modelo. As regressões lineares multivariadas para os dados agregados da amostra apresentaram resultados mais robustos, tanto em termos da análise de autocorrelação dos resíduos quanto para o teste F.

Pela observação dos resultados do conjunto de regressões, foi possível constatar que as variáveis NUM e PROP não eram estatisticamente relevantes para a predição da variável *Spread*, ou seja, ao contrário dos resultados obtidos por Classens *et al.* (2001), a entrada de bancos estrangeiros no mercado doméstico brasileiro não produziu efeito sob o nível de *spread* praticado pelas entidades bancárias.

Outrossim, constatou-se que um aumento das taxas Selic, Inflação e PIB causa efeito negativo na explicação do modelo no *Spread*, apesar de essas variáveis estarem positivamente correlacionadas, conforme foi discutido no item anterior. Esses resultados foram contrários aos obtidos por Classens *et al.* (2001) e Demirgüç-Kunt e Huizinga (1999).

Tabela 5 – Resultados dos Modelos de Regressão para a variável *SPREAD*

Atributo	Regressão 1	Regressão 2	Regressão 3	Regressão 4
C	*Fixed Effect*	*Fixed Effect*	0,067*** (0,016)	0,063*** (0,015)
NUM	-0,0178 (0,0357)	X	-0,088 (0,065)	X
PROP	X	-0,0095 (0,0670)	X	-0,149 (0,123)
SELIC	-0,0004* (0,0002)	-0,0004* (0,0002)	-0,001** (0,000)	-0,001** (0,000)
INFL	-0,0932* (0,0477)	-0,0853* (0,0490)	-0,211** (0,087)	-0,211** (0,090)
CRESC.	0,0001*** (0,0002)	0,0015*** (0,0002)	0,002*** (0,000)	0,002*** (0,000)
DÓLAR	-0,0052 (-0,0063)	-0,0064 (0,0087)	-0,015 (0,011)	-0,009 (0,016)
CBOND	2,47E-05** (0,000)	2,38E-05** (0,000)	5,69E-05** (0,000)	4,60E-05** (0,000)
R^2 – Ajust.	0,455	0,455	0,723	0,713
F – statistica	X	X	7,523 (0,004)	7,213 (0,005)

O *heteroscedasticity-corrected standard error* é apresentado entre parêntese, conforme consta na metodologia proposta por White (1980).

*** Significante a 1% de nível de confiança.

** Significante a 5% de nível de confiança.

* Significante a 10% de nível de confiança.

Fonte: Elaboração própria, através dos resultados gerados pelo Eviews e SPSS

4.3. Resultados para a Oferta de Crédito

Tabela 6 – Resultados dos Modelos de Regressão para a variável CRÉDITO

Atributo	Regressão 1	Regressão 2	Regressão 3	Regressão 4
C	*Fixed Effect*	*Fixed Effect*	0,159*** (0,037)	0,156*** (0,035)
NUM	-0,0761 (0,0747)	X	0,012 (0,151)	X
PROP	X	0,1409 (0,1408)	X	0,083 (0,280)
SELIC	0,0014*** (0,000)	0,0014*** (0,0005)	0,002* (0,001)	0,002* (0,001)
INFL	-0,0073 (0,1001)	0,0854 (0,1034)	0,053 (0,203)	0,075 (0,206)
CRESC.	0,0010** (0,0004)	0,0013*** (0,0004)	0,002* (0,001)	0,002* (0,001)
DÓLAR	0,0317*** (0,0129)	0,0177 (0,0181)	0,028 (0,026)	0,020 (0,036)
CBOND	-5,41E-05*** (0,0000)	2,18E-05** (0,0000)	-8,32E-05* (0,000)	-7,84E-05 (0,000)
R^2 – Ajust.	0,807	0,809	0,352	0,358
F – statistic	X	X	2,359 (0,119)	2,393 (0,116)

O *heteroscedasticity-corrected stantard error* é apresentado entre parênteses, conforme consta na metodologia proposta por White (1980).
*** Significante a 1% de nível de confiança.
** Significante a 5% de nível de confiança.
* Significante a 10% de nível de confiança.
Fonte: Elaboração própria através dos resultados gerados pelo Eviews e SPSS

Apesar de ter sido constatada a correlação negativa entre as variáveis NUM e CRÉDITO na tabela de matriz de correlação, essa variável não contribui estatisticamente para a explicação do volume de crédito despendido pelos bancos privados nacionais frente aos seus ativos totais.

No que tange às variáveis exógenas, nas quatro equações, pôde ser constatado que o PIB e a Selic tiveram efeito positivo para a oferta de crédito, enquanto o C-bond afetou, de forma negativa, as equações 3.1, 3.2 e 3.3. O dólar, por sua vez, mostrou estar positivamente correlacionado na regressão 3.a; entretanto, tal resultado não foi comprovado nas demais equações, apesar de o sinal do coeficiente também ser positivo.

É de se esperar que, com o aumento do PIB, denotando aquecimento econômico e produtivo do País, haja aumento no volume de crédito ofertado. Igualmente, é de se esperar que uma redução do C-bond, entendida pela diminuição da percepção do risco Brasil por parte dos investidores estrangeiros, aumente a oferta de crédito dos bancos. Ao contrário do esperado e dos resultados encontrados por Cavalcante e Jorge Neto (2003), a taxa Selic contribui de forma positiva com a oferta de crédito em todas as equações.

4.4. Resultados para a Eficiência Operacional

Pode-se verificar que, para os modelos de regressão em painel, em que a especificidade de cada entidade bancária é considerada através do efeito fixo, as variáveis que mensuram a entrada dos bancos estrangeiros no Brasil estão positivamente correlacionadas com a variável EFOp, sendo a variável NUM estatisticamente mais relevante para a predição de EFOp. Note-se que, quanto menor for o índice de EFOp, maior será a eficiência operacional, pois a composição do índice é de despesas administrativas e de pessoal / resultado da intermediação financeira e de serviços. Os resultados obtidos por Classens *et al.* (2001) demonstram que a entrada de bancos estrangeiros produz redução das despesas administrativas em função do aumento da concorrência e da necessidade de adequação de novos patamares de *spread*. No Brasil, aparentemente, esse aumento provocou efeitos contrários. Tais resultados não foram confirmados na análise de regressão multivariada linear conduzida para os dados agregados da amostra (equações 3.3 e 3.4), em que essas variáveis não foram estatisticamente significantes, apesar de os coeficientes também serem positivos.

Tabela 7 – Resultados dos Modelos de Regressão para a variável EFICIÊNCIA OPERACIONAL

Atributo	Regressão 1	Regressão 2	Regressão 3	Regressão 4
C	*Fixed Effect*	*Fixed Effect*	0,891*** (0,206)	0,967*** (0,207)
NUM	1,5272* (0,7717)	X	1,176 (0,832)	X
PROP	X	2,1598 (1,4852)	X	1,408 (1,655)
SELIC	-0,0082 (0,0049)	-0,0101** (0,0051)	-0,001 (0,006)	-0,002 (0,006)
INFL	1,3588 (1,0218)	1,2340 (1,0648)	0,876 (1,121)	0,657 (1,218)
CRESC.	-0,0009 (0,0045)	-0,0003 (0,0048)	0,004 (0,005)	0,004 (0,006)
DÓLAR	-0,2950** (0,1389)	-0,3416* (0,2003)	-0,186 (0,145)	-0,200 (0,213)
CBOND	8,01E-05 (0,0002)	0,0002 (0,0002)	-8,18E-05 (0,000)	3,32E-05 (0,000)
R^2 – Ajust.	0,152	0,152	-,195	-,351
F – statistic	X	X	0,593 (0,73)	0,350 (0,893)

O *heteroscedasticity-corrected stantard error* é apresentado entre parênteses, conforme consta na metodologia proposta por White (1980).
*** Significante a 1% de nível de confiança.
** significante a 5% de nível de confiança.
* significante a 10% de nível de confiança.
Fonte: Elaboração própria através dos resultados gerados pelo Eviews e SPSS

Em relação às variáveis de controle, Classens *et al.* (2001) declararam que as variáveis *despesas administrativas/ativos totais* estavam positivamente correlacionadas com o crescimento e a inflação. Para os resultados no Brasil, a variável dólar mostrou estar negativamente correlacionada com EO, bem como a taxa Selic nas regressões 3.1 e 3.2 (com nível de 11% de significância).

4.5. Resultados para o Risco

As regressões em painel (3.1 e 3.2) apresentaram um R-quadrado de 48%, enquanto as regressões 3.5c e 3.5d tiveram um resultado de 84%. Vale, porém, ressalvar que os modelos de regressões multivariadas obtiveram alto índice de autocorrelação (negativa) entre os resíduos, observados pelo teste de Durbin-Watson, comprometendo, dessa forma, os resultados das regressões.

Tabela 8 – Resultados dos Modelos de Regressão para a variável RISCO

Atributo	Regressão 1 (3.5a)	Regressão 2 (3.5b)	Regressão 3 (3.5c)	Regressão 4 (3.5d)
C	*Fixed Effect*	*Fixed Effect*	0,001 (0,003)	-0,002 (0,003)
NUM	0,0198** (0,0098)	X	0,027* (0,013)	X
PROP	X	0,0373** (0,0185)	X	0,046 (0,026)
SELIC	-0,0001*** (0,0001)	-0,0002*** (0,0001)	-9,67E-05 (0,000)	0,000 (0,000)
INFL	-0,0247** (0,0127)	-0,0229* (0,0128)	-0,002 (0,018)	-0,002 (0,019)
CRESC.	8,89E-05* (0,0000)	0,0002** (0,0000)	5,16E-05 (0,000)	6,14E-05 (0,000)
DÓLAR	-0,0004 (0,0018)	-0,0021 (0,0026)	-0,002 (0,002)	-0,004 (0,003)
CBOND	5,28E-06** (0,0000)	7,78E-06*** (0,0000)	6,98E-06* (0,000)	1,03E-05** (0,000)
R^2 – Ajust.	0,395	0,395	0,754	0,735
F – statistic	X	X	8,673 (0,003)	7,936 (0,003)

O *heteroscedasticity-corrected standard error* é apresentado entre parêntese, conforme consta na metodologia proposta por White (1980).
*** Significante a 1% de nível de confiança.
** significante a 5% de nível de confiança.
* significante a 10% de nível de confiança.
Fonte: Elaboração própria através dos resultados gerados pelo Eviews e SPSS.

Observe-se que as variáveis NUM e PROP mostram-se positivamente correlacionadas com o risco e estão em linha com a literatura e estudos de casos. Resultado similar é encontrado por Guimarães (2002), que comenta que uma explicação para esse fenômeno é de que a entrada de bancos estrangeiros pressione o fortalecimento da regulação relativa à provisão para pagamentos duvidosos. É fato que o Banco Central, através da resolução Nº 2.682, define uma política mais rigorosa para a constituição dessa reserva. Todavia, existe mais chance de que a causa desse aumento do rigor seja mais em função do decréscimo das taxas de empréstimos que geram demanda por crédito do que pela entrada de bancos estrangeiros no Brasil.

5. Conclusões

Desde meados dos anos 1990, um processo de consolidação e de maior internacionalização da economia brasileira resultou no estímulo ao acesso de novos bancos estrangeiros no Brasil e expressivo aumento da sua participação no patrimônio líquido e ativos totais do mercado bancário[1].

Os resultados de diversos estudos de casos realizados em diferentes países, vários desses apresentados neste trabalho, evidenciam que a presença de bancos estrangeiros no mercado doméstico dinamiza esse mesmo mercado e é, de certa forma, responsável pelo aumento da oferta de crédito, pela redução das taxas de rentabilidade e do *spread* e pelos ganhos de eficiência operacional nos bancos domésticos, basicamente em função do acirramento da concorrência.

Ao contrário desse senso comum, os testes conduzidos neste trabalho, cujo resumo se encontra disposto na tabela 9, demonstram que o aumento da presença de bancos estrangeiros no mercado brasileiro exerce pouca influência na performance dos bancos privados nacionais. Excetua-se a Rentabilidade e a Eficiência

[1] Aproximadamente, 22% de aumento na participação dos ativos totais no período de 1995 a 2001, como pode ser observado em Banco Central do Brasil (Evolução do Sistema Financeiro Nacional - Relatório Anual de Dezembro de 2001 - Quadro 27).

Operacional, em que é evidenciada a correlação positiva com a entrada dos bancos estrangeiros, contrariando a literatura empírica comumente aceita e a Provisão para Perdas, cuja entrada ensejou a necessidade de aumento dessas reservas.

Tabela 9 – Resumo dos resultados obtidos para as variáveis da *performance* bancária frente ao aumento da presença de bancos estrangeiros

Variável	Regressão 1		Regressão 2		Regressão 3		Regressão 4	
	Sinal do Coef. de Regressão	Nível de Signif.	Sinal do Coef. de Regressão	Nível de Signif.	Sinal do Coef. de Regressão	Nível de Signif.	Sinal do Coef. de Regressão	Nível de Signif.
Rentabilidade	Positivo	48,5%	Positivo	53,2%	Positivo	**8,5%**	Positivo	**10,7%**
Spread	Negativo	61,9%	Negativo	88,8%	Negativo	20,8%	Negativo	25,7%
Oferta de Crédito	Negativo	31,1%	Positivo	31,9%	Positivo	93,6%	Positivo	77,5%
Eficiência Operacional	Positivo	**5,0%**	Positivo	14,9%	Positivo	19,1%	Positivo	41,7%
Risco	Positivo	**4,7%**	Positivo	**4,7%**	Positivo	**7,5%**	Positivo	11,2%

Fonte: Elaboração própria.

Os trabalhos já realizados no Brasil, que corroboram os resultados encontrados de forma empírica neste estudo, apontam que a entrada dos bancos estrangeiros não alterou de forma significante as condições de crédito e de prestação de serviços financeiros às empresas no País. Ao contrário, uma possível ilação baseada nos dados disponíveis[2] é a de que os bancos estrangeiros tenham se adaptado às condições de mercado preexistentes e tenham-se comportado de forma muito semelhante à dos seus concorrentes brasileiros.

Ademais, também não foi evidenciada a existência, nesses estudos, de que os bancos estrangeiros tivessem o intento de disputar mercado no Brasil, o que essencialmente deveria ter sido expresso na adoção de políticas agressivas de redução do custo do crédito ou na ampliação da oferta em condições mais ousadas que as dos bancos nacionais.

[2] Como em Paula (2002), Carvalho (2002), Carvalho *et al.* (2002) e Vasconcelos e Fucidji (2003).

Cumpre ressalvar que, embora os resultados encontrados neste trabalho sejam indicadores absolutamente relevantes para a análise do desempenho dos bancos privados nacionais frente ao aumento da presença estrangeira no mercado bancário brasileiro, eles devem ser utilizados com cautela, pois não se pode assegurar que esse resultado represente uma tendência para o futuro. A presente ressalva é sustentada pelas advertências acerca do curto prazo decorrido da liberalização do mercado e dos seus efeitos sobre as condições e as formas da entrada dos bancos estrangeiros no mercado e, por fim, sobre o instável e adverso cenário econômico do Brasil nesse período.

É importante ressaltar que a pesquisa realizada, em nenhum momento, teve a pretensão de esgotar esse tema que é de grande amplitude e pode ser observado de diversos ângulos, mas, sim, de dar a sua contribuição para a compreensão do fenômeno da liberalização de mercados domésticos para a entrada de bancos estrangeiros e seus efeitos e impactos, através do estudo do caso brasileiro.

6. Referências Bibliográficas

CARVALHO, E. C.; STUDART, R.; ALVES JÚNIOR, A. J. **Desnacionalização do setor bancário e financiamento das empresas**: a experiência brasileira recente. Brasília: IPEA, 2002. (Texto para discussão, n. 882).

CARVALHO, F. J. C. The recent expansion of foreign banks in Brazil: first results. **Latin American Business Review**, Binghamton, v. 3, n. 4, p. 93-119, 2002.

CAVALCANTE, L. H. F. S.; JORGE NETO, P. M. **O impacto da entrada dos bancos estrangeiros na oferta de crédito dos bancos privados nacionais**. 2003. Dissertação (Mestrado) – Universidade Federal do Ceara / CAEN, Ceará, 2003.

CLAESSENS, S.; DEMIRGÜÇ-KUNT, A.; HUIZINGA, H. How does foreign entry affect domestic banking markets? **Journal of Banking & Finance**, Amsterdam, v. 25, n. 5, p. 891- 911, 2001.

CORRÊA, V. P.; ADATI, F. M. **Política de crédito:** a crescente presença dos bancos estrangeiros no sistema financeiro nacional e a continuidade da escassez de recursos. 2001. Dissertação (Mestrado) – Universidade Federal de Uberlândia, Uberlândia, 2001.

DEMIRGÜÇ-KUNT, A.; HUIZINGA, H. Determinants of commercial bank interest margins and profitability: some international evidence. **The World Economic Review**, Washington, v. 13, n. 2. p. 379-408, 1999.

______. The taxation of domestic and foreign banking. **Journal of Public Economics**, Amsterdam, v. 79, n. 3, p. 429-453, 2001.

GUIMARÃES, P. How does foreign entry affect the domestic banking market? The brazilian case. **Latin American Business Review**, Binghamton, v. 3, n. 4, p. 121-140, 2002.

MOLYNEUX, P.; SETH, R. Foreign banks, profits and commercial credit extension in the United States. **Applied Financial Economics**, London, v. 8, n. 5, p. 533-539, 1998.

PAULA, L. F. R. Expansion strategies of european banks to Brazil and their impacts on the brazilian banking sector. **Latin American Business Review**, Binghamton, v. 3, n. 4, p. 59-91, 2002.

VASCONCELOS, M. R.; FUCIDJI, J. R. Foreign entry and efficiency: evidence from the brazilian banking industry. **Research in Banking and Finance**, Hardbound, v. 3, p. 237-270, 2003.

WELLER, C. **Financial liberalization, multinational banks and credit supply:** the case of Poland. Bonn : Center for European Integration Studies, 1999. 29 p. (ZEI Working Paper, B99-10).

WHITE, H. A heteroskedasticity-consistent covariance matrix estimator and a direct test for heteroskedasticty. **Econometrica**, Oxford, v. 48, n. 4, p. 817-838, 1980.

WILLIAMS, B. Domestic and international determinants of bank profits: foreign banks in Australia. **Journal of Banking & Finance**, Amsterdam, v. 27, n. 6, p. 1185-1210, June 2003.

FINANÇAS COMPORTAMENTAIS: DIFERENÇAS ENTRE GÊNEROS NA TOMADA DE DECISÃO DE INVESTIMENTOS

Marina Queiroz Galvão (IAG/PUC-Rio)

Marcelo Cabus Klotzle (IAG/PUC-Rio)

Resumo

As finanças comportamentais consistem na introdução de conceitos da Psicologia e da Sociologia na teoria das finanças modernas. Partem do pressuposto de que os seres humanos nem sempre agem racionalmente, pensando somente na maximização dos lucros – como propõe o modelo tradicional –, mas são influenciados por características pessoais, o que, por sua vez, influencia o comportamento do mercado como um todo. Isso também é comprovado pela existência de diversas anomalias nos mercados financeiros, que não podem ser explicadas totalmente pela Hipótese do Mercado Eficiente (HME). Baseado nessas novas teorias e tendo em vista que o comportamento de homens e mulheres difere em diversos aspectos, este estudo pretende analisar, dentro do contexto das Finanças Comportamentais, as diferenças entre gêneros no que diz respeito à tomada de decisão de investimentos.

1. Introdução

Crescentes avanços em vários campos do conhecimento têm influenciado a revisão de conceitos financeiros tidos como imutáveis. A introdução da Psicologia no pensamento financeiro é uma das influências mais notadas – também muito controversa, além de polêmica –, justamente por ir contra os modelos tradicionais de Finanças e de Economia, nos quais o investidor é racional e os mercados são perfeitos. Os economistas normalmente defendem que os erros ocorrem independente e aleatoriamente em toda a população e que, portanto, se cancelariam e formariam um novo equilíbrio. No entanto, novos pensadores acreditam que as pessoas possuem heurísticas parecidas, e tendem, portanto, a "errar na mesma direção", causando um desequilíbrio no mercado (Hirshleifer, 2001).

A incorporação dessas novas idéias constitui um campo de estudo denominado Finanças Comportamentais. Ainda existem fortes resistências no meio acadêmico de Economia e de Finanças para admitir que o comportamento das pessoas muitas vezes pauta as decisões de forma absolutamente inexplicável até em termos da lógica. Apesar disso, muitos têm sido os avanços na identificação de aspectos psicológicos que influenciam o investidor.

Este estudo proporciona uma visão geral da história do pensamento financeiro, até a criação das Finanças Comportamentais. Também resume alguns aspectos do comportamento humano que influenciam em seu modo de agir como investidor e, conseqüentemente, no resultado da dinâmica do mercado. Além do mais, esta apreciação tem como foco analisar as possíveis diferenças entre homens e mulheres no que diz respeito aos investimentos e à maneira como se comportam com relação a eles. Considerando que o comportamento humano influencia nas tomadas de decisão, e, como, sabidamente, homens e mulheres agem de maneiras distintas, pretende-se provar que os resultados dos investimentos serão diferenciados de acordo com o sexo do investidor.

2. Referencial Teórico

2.1. Histórico

A teoria financeira tradicional supunha que o mercado nem sempre estava certo e que era possível ganhar dinheiro descobrindo quando o mesmo estava errado – ele estaria sujeito a comportamentos irracionais (Macedo, 2003). Mais tarde, a chamada Teoria das Finanças Modernas começou a defender a imprevisibilidade dos mercados e a racionalidade dos tomadores de decisão, principalmente sob o ponto de vista da Hipótese do Mercado Eficiente (HME).

Nos últimos tempos, os fundamentos que sustentam a Teoria das Finanças Modernas vêm perdendo força, abrindo caminho para novos estudos nas áreas de Economia e de Finanças. A maior tendência da atualidade contradiz seus princípios fundamentais e defende que os mercados não são perfeitos e os investidores não são completamente racionais. A Economia conta com uma forte ajuda para explicar essas novas idéias: a Psicologia.

Para estudar essas tendências, influenciadas mais pelo comportamento humano do que por qualquer fato numérico, surgiu o estudo das Finanças Comportamentais. Segundo Milanez (2000), não se espera, por uma série de motivos comportamentais e limitações à arbitragem, que os mercados financeiros sejam eficientes. Mais do que isso, entende-se que os desvios sistemáticos de preço com relação ao valor "fundamental" são normais e esperados, e podem durar por tempo indeterminado.

Apesar de os estudos sobre Finanças Comportamentais ainda estarem em estágio pouco avançado, os efeitos da irracionalidade do ser humano são sentidos, também, no mercado brasileiro. A sobrereação do mercado é o fundamento das Finanças Comportamentais mais facilmente identificável no mercado nacional (Halfeld, 2001).

2.2. Aspectos das Finanças Comportamentais

Apesar de ser um assunto ainda pouco estudado, existem muitos campos dentro de Finanças Comportamentais que podem ser detalhados. Para a melhor compreensão do estudo dessa área do conhecimento, seguem abaixo alguns aspectos do comportamento humano que influenciam a tomada de decisão relacionada aos investimentos e, conseqüentemente, o comportamento do mercado.

Aversão à perda: os investidores não gostam de sofrer perdas e fazem o possível para reduzir seu impacto psicológico. É comum verificar que eles se desfazem mais rapidamente de uma ação lucrativa do que o contrário. As pessoas se tornam apegadas a coisas em que investiram dinheiro, tempo ou esforço. Especula-se que o investidor não sente a perda até que a venda seja realizada, talvez por existir alguma esperança de que o preço volte a subir.

Teoria do prospecto: por definição, os investidores são avessos ao risco, porém isso só é verdade quando relacionado a um ganho. Freqüentemente, o investidor assume um comportamento inverso quando enfrenta uma perda. A teoria do prospecto afirma que, ao incorrer em uma grande perda, o investidor vai abdicar de seu comportamento "normal" e assumir maiores riscos para tentar recuperar a sua perda.

Confiança excessiva: a maioria das pessoas acredita ser acima da média em diversos aspectos, como em inteligência, humor e capacidade de escolher ações. Além disso, muitos acreditam que entendem os acontecimentos melhor do que os outros e absorvem mais as informações. Esse aspecto leva a uma ilusão de controle que pode mascarar os fatos mais relevantes para a tomada de decisão.

Extrapolação: as pessoas têm a tendência de achar que o passado vai se repetir e dão importância exagerada às últimas experiências. Os investidores tendem a achar que uma ação que vem apresentando crescimento vai continuar a crescer, quando, na verdade, o passado tem pouca ou nenhuma influência na direção que ela tomará no futuro.

Efeito rebanho: relacionada ao medo de arrependimento, está a característica dos seres humanos de preferirem estar posicionados junto à maioria. Os analistas recomendam ações simplesmente porque outros analistas as recomendaram, e os investidores compram ações porque outros investidores as compraram. Talvez eles não possuam nenhum embasamento para tomar tais decisões, mas sentem-se confortáveis ao tomá-las se os outros também o fazem. A possibilidade de errar sozinho é tão ruim que o valor da possibilidade de ganhar sozinho diminui; então, muitos preferem "seguir a maré".

Sobre-reação a eventos aleatórios: a mente humana é atraída por "padrões", e é induzida a aceitar que uma força aleatória está por trás de qualquer notável seqüência de eventos. É mais aceitável que, em um sorteio, sejam escolhidos números sem uma sequência aparente, como 20, 84, 53, 11, do que números seguidos como 1, 2, 3 e 4. Embora ambos os conjuntos tenham a mesma probabilidade de acontecer, o primeiro parece ter muito mais chance de ocorrer do que o segundo. Isso pode ocorrer também com os investidores – que observam aqueles que têm ganhado mais nos últimos tempos, acreditando que ele deva continuar nessa "maré de sorte", embora muitos de seus ganhos anteriores nada tenham a ver com seus possíveis ganhos no futuro.

Dependência da referência: o ser humano tende a fixar um ponto de referência para poder avaliar as suas opções e tomar decisões. Mesmo que duas alternativas gerem o mesmo resultado esperado, dependendo do ponto de partida o investidor tende a decidir diferentemente. Se ele possui um principal de 100 e oferecerem-lhe a chance de 50% de possibilidade de ganhar 200 e 50% de perder 100, é pouco provável que ele aceite a possibilidade de perder tudo o que tem. Porém, se seu principal é de 10.000, as chances de que ele aceite essa proposta são muito maiores, pois, em relação ao seu principal, a perda não será tão significante.

2.3. Relação gênero x investimentos

Sabe-se que as características comportamentais de homens e mulheres são diferentes, principalmente por influências hormonais. Além disso, a criação e a educação que ambos recebem dos pais e das escolas são ainda muito desiguais.

Com o surgimento do campo das Finanças Comportamentais, foi possível inserir o estudo dessas diferenças nas teorias de Finanças. Acredita-se que, tendo em vista a diferente natureza do comportamento de homens e mulheres, eles agiriam diferentemente no que diz respeito à tomada de decisão de investimentos. Características como aversão ao risco e confiança excessiva são algumas das principais que diferenciam homens e mulheres.

Tal como o estudo das Finanças Comportamentais na sua totalidade, o estudo sobre as diferenças de gênero aplicadas aos investimentos ainda se encontra em fase inicial. Alguns artigos foram publicados sobre o assunto, mas, ainda assim, ele se encontra em fase de desenvolvimento e pesquisa, e a teoria ainda não é aceita em todo o meio acadêmico.

Odean e Barber (2001) apontam a confiança excessiva como a mais provável causa para essa diferença. Eles afirmam que o excesso de confiança é mais presente em homens do que em mulheres, principalmente em áreas consideradas masculinas, como Finanças. Os homens gastam mais tempo e dinheiro com análises de investimento, confiam menos em seus corretores, negociam exageradamente seus ativos, acreditam mais na previsibilidade dos retornos e antecipam maiores possibilidades de retorno do que as mulheres. Todos esses aspectos fazem com que eles sejam mais confiantes do que elas. De acordo com as pesquisas realizadas no mercado americano de ações, a compra e a venda exagerada causam uma queda no retorno do *portfolio* fazendo, portanto, com que a performance dos homens seja mais prejudicada do que a das mulheres. Não pode ser dito que as escolhas de investimento das mulheres sejam melhores, apenas que a quantidade de vezes que o homem negocia seus ativos prejudica a sua rentabilidade.

Powell e Ansic (1997), por outro lado, não encontraram nenhuma diferença significativa no que tange aos retornos de investimentos de homens e de mulheres; porém, confirmaram a teoria da confiança excessiva de Odean e Barber (2001), ao observar que as mulheres tendem a atribuir seus bons resultados à pura sorte, enquanto os homens os atribuem às suas próprias habilidades como investidores. Notou-se também uma clara diferença entre gêneros na preferência por risco. Powell e Ansic (1997) observaram que as mulheres compram algum tipo de seguro/*hedge* para seu investimento com muito mais freqüência do que os homens.

No que diz respeito ao retorno dos investimentos, Jianakoplos e Bernasek (1998) encontraram um maior retorno-médio para os homens (5,57% a.a.) do que para mulheres (4,66% a.a.). Na amostra, as mulheres possuíam aproximadamente quantidades iguais de ações e *bonds* em seus *portfolios*, enquanto homens possuíam cerca de 70% em ações e o restante em *bonds*. As sistemáticas diferenças na aversão ao risco entre gêneros é a explicação mais razoável para o fato de as mulheres terem menor nível de renda e de riqueza do que os homens.

Confirmando as teorias de confiança-excessiva de Odean e Barber (2001) e Beyer (2002) realizaram um estudo sobre a influência do gênero na precisão da auto-avaliação. Constatou-se que, quando se trata de assuntos considerados femininos ou neutros, como novelas, geografia ou história, ambos os sexos têm a mesma idéia com relação ao seu desempenho. Porém, quando o assunto é considerado masculino, como matemática ou finanças, as mulheres tendem a se auto-avaliar como piores do que homens, com relação ao seu desempenho real; melhor dizendo: não importa qual tenha sido seu desempenho, as mulheres sempre acham que foram piores do que realmente foram.

Brachinger, Brown, Gysler e Schubert (2000) afirmam também que as mulheres não se sentem competentes no que diz respeito a decisões de investimentos (atividade tipicamente masculina) e, portanto, "não aceitam o crédito por se darem bem, apenas a culpa quando não têm uma boa performance. (...) Devido à baixa confiança em seu conhecimento e na sua informação, elas percebem mais ´incerteza sobre incerteza´ do que eles" (2000, p.6)

Aprofundando ainda mais seu estudo, Odean e Barber (2001) verificam que a diferença entre homens e mulheres é ainda mais acentuada quando analisados somente aqueles que são solteiros. Isso se dá porque os investidores casados recebem alguma influência de seu cônjuge para a tomada de decisão, o que diminui, por conseguinte, a diferença entre o sexo dos titulares das contas de investimentos. Além disso, Odean e Barber (2001) também citam que mulheres tendem a aumentar a sua confiança quando recebem um *feedback* rápido e preciso, o que raramente acontece nos mercados financeiros. Esse aspecto seria um dos que tornam mulheres menos confiantes. Beyer (2002) testou essa teoria e concluiu, porém, que o *feedback* realmente aumenta a autoconfiança das pessoas, mas isso ocorre tanto com homens quanto com mulheres, o que faz com que eles continuem demonstrando mais confiança do que elas.

Por outro lado, Brachinger, Brown, Gysler e Schubert (2000) testaram em seu estudo a aversão feminina à ambigüidade e à incerteza das situações Realizaram experimentos em que havia opções em que o risco era certo e outras em que havia ambigüidade de informações. A conclusão foi de que as mulheres não são necessariamente mais avessas ao risco do que homens, mas, sim, a situações de incerteza, em que poucas informações estejam disponíveis, e a ambigüidade, grande; ou seja, quando a probabilidade de risco é conhecida, parece não haver diferença alguma entre gêneros com relação à propensão ao risco. Esse estudo se relaciona ao de Odean e Barber (2001),em que eles destacam a importância que o *feedback* apresenta para o aumento da confiança das mulheres e, portanto, uma maior propensão ao risco por parte delas.

3. Metodologia de Pesquisa

3.1. Universo, amostra e seleção de sujeitos

O universo da pesquisa de campo é o Departamento de Graduação em Administração de Empresas da PUC-Rio. Para compor a amostragem, foi utilizado o critério da acessibilidade, explicitado por Vergara (2004).Foram escolhidas quatro turmas de Graduação (Administração Financeira, Derivativos, Finanças Internacionais e Introdução ao Mercado de Capitais), com o objetivo de selecionar aqueles alunos que fizeram a opção por uma ênfase em Finanças. A amostra final foi constituída por 87 alunos de Graduação em Administração de Empresas, matriculados em aulas de Finanças – o que caracteriza uma ênfase nessa área. Dos entrevistados, 61% eram do sexo masculino e 39% do feminino. Essa diferença se deu por ainda existirem muito mais homens do que mulheres interessadas nesse tema. A média de idade dos entrevistados foi de 21,8 anos, com um desvio padrão de 1,56. O tamanho da amostra foi considerado satisfatório (n>30), o que significa que a distribuição da amostra pôde ser aproximada por uma distribuição normal de probabilidade. Com base nisso, foram usados somente testes paramétricos, visto que, quando um pesquisador utiliza testes não-paramétricos, supõe-se que a distribuição de seus dados experimentais não seja normal, ou que ele não tenha elementos suficientes para poder afirmar que assim seja.

Entretanto, vale ressaltar que o fato de a amostra ter sido escolhida por conveniência faz com que se precise ser cuidadoso ao interpretar os resultados, ou seja, ao fazer as inferências sobre a população total.

O questionário incluiu perguntas sobre o nível de conhecimento do entrevistado em Finanças e Investimentos, o que poderia levar à retirada de seu formulário de resposta da amostra se não apresentasse conhecimento suficiente sobre os assuntos. Aqueles entrevistados com conhecimento "muito baixo" foram retirados da amostra. Assim sendo, a nova composição contou com 81 alunos, sendo 58% do sexo masculino e 42% do sexo feminino. A média de idade não se alterou; porém, o desvio padrão passou a ser de 1,60. A média de idade das mulheres foi de 21,8 anos, com o desvio padrão de 1,85. Entre os homens, a média foi de 21,9 anos, e o desvio padrão, de 1,41.

3.2. Análise dos Dados

As perguntas do questionário foram elaboradas especificamente para a comprovação ou não de algumas hipóteses relacionadas ao comportamento financeiro. São elas:

H_1: As mulheres são mais avessas ao risco do que os homens.

H_2: A percepção geral é de que mulheres possuem maior aversão ao risco do que os homens.

H_3: A auto-avaliação do resultado dos investimentos é melhor entre homens do que entre mulheres.

H_4: As pessoas consideram que os homens são melhores investidores do que as mulheres.

H_5: Os homens possuem mais conhecimento em finanças do que as mulheres.

Para um melhor entendimento dos dados recolhidos pelos questionários, foram calculados as médias e os desvios-padrão das respostas. Quando mais apropriado, foi calculada a porcentagem de entrevistados relacionados a cada resposta.

Para estimar as diferenças reais entre homens e mulheres no que dizia respeito aos aspectos pesquisados, foi realizado um teste de diferença de médias, obtida através da diferença entre as médias das amostras. Foi empregada uma distribuição amostral entre as médias das respostas de homens e de mulheres para desenvolver uma estimativa por intervalo da diferença entre as duas médias da população. Foi utilizado um intervalo de confiança de 99%. O teste de hipótese, usado para verificar a veracidade estatística dos dados de uma distribuição aproximadamente normal, foi realizado também com um nível de confiança de 99%. Como em todas as hipóteses a testar, não importava apenas se $x_1 \neq x_2$, mas se uma média era maior do que a outra. O teste de hipótese realizado foi um teste unicaudal.

4. Resultados

Através dos resultados das pesquisas e dos testes realizados, foi possível identificar algumas reais diferenças entre o comportamento de homens e de mulheres, no que diz respeito aos investimentos.

4.1. Características em relação ao risco

A aversão ao risco é uma das características que mais se destaca quando se avaliam as diferenças entre homens e mulheres. É de consenso geral que o homem possui características mais agressivas com relação aos investimentos e que a mulher tende a ser mais conservadora. A maioria dos estudos nessa área destaca o risco como fator principal de distinção, sendo ele o causador de outros aspectos de diferenciação. Devido à importância desse aspecto para o presente estudo, a maior parte das perguntas do questionário aplicado aos estudantes visava identificar componentes relacionados ao risco.

Ao serem indagados sobre a sua preferência entre um ganho certo de R$ 400,00, uma chance de 50% de ganhar R$ 1000,00 e 50% de não ganhar nada, a maioria dos entrevistados preferiu a primeira opção, embora a diferença não tenha sido muito grande: 57% escolheram o ganho certo, enquanto 43% preferiram arriscar para ganhar mais.

Quando se analisa a amostra separando os sexos, as diferenças ficam claras. Enquanto 45% dos homens apresentam uma tendência de maior aceitação de risco, só 41% das mulheres podem ser enquadradas nessa categoria. Quase 60% das mulheres se mostram avessas ao risco, enquanto essa característica é encontrada em 55% dos homens. Esses resultados levam a crer que seja verdadeira a hipótese H1, que diz serem as mulheres mais avessas ao risco do que os homens.

As perguntas dois e três nos forneceram o perfil de risco dos *portfolios* dos entrevistados. Eles responderam qual é a composição real de seus investimentos e foi calculada uma média de risco de acordo com a tabela abaixo, em que os fundos mais arriscados levaram um peso maior:

Tabela 1: Índices de Risco para os diversos tipos de investimento

Tipos de Investimento	**Peso**
Poupança	1
Renda fixa	2
Previdência privada	3
Ações	4
Derivativos	5
Outros	**Peso**
Gado	4
CDI/CDB	2
Imóveis	3
Títulos e papéis	2
Multimercado	3
Fundos	2

Porque a renda dos respondentes pode ser considerada um limitador para as decisões de alocação de seus recursos, considera-se importante saber qual será a composição da sua carteira no caso de ele possuir uma renda maior – o que será o indicador real do risco que ele estará disposto a correr. Os resultados mostram que a média de risco de todos os entrevistados no momento atual é de 1,80. Com essas respostas, percebe-se claramente a diferença entre homens e mulheres: a média e desvio padrão deles é, respectivamente, 1,89 e 0,84, enquanto, delas, é 1,54 e 0,65.

O teste de hipótese confirmou essa diferença. Sendo x_1 a média de risco das mulheres e x_2 a média de risco dos homens, as hipóteses nula e alternativa para esse caso são as seguintes:

$$H_0: x_1 = x_2$$

$$H_1: x_1 < x_2.$$

A diferença entre as médias da amostra é de 0,45, enquanto o desvio padrão dessa diferença é de 0,17. Para que H_1 seja considerada verdadeira, com um nível de confiança de 99%, é preciso que $z > 2{,}33$. Essa amostra $z = 2{,}69$ permite rejeitar a hipótese nula e, portanto, afirmar que o coeficiente de risco das mulheres é sempre menor do que o dos homens.

Considerando $z = 2{,}33$ para 99% de confiança em um teste de hipótese unicaudal, o intervalo da diferença entre as médias é:

$$0{,}06 < x_2 - x_1 < 0{,}83$$

Para as respostas à pergunta relativa ao *portfolio* ideal, a diferença permanece. A média de toda amostra é de 2,42 – enquanto para as mulheres a média e desvio padrão são, respectivamente, 2,05 e 0,54, para os homens, as mesmas variáveis são 2,68 e 0,68.

Novamente, o teste de hipótese confirma que essa diferença é estatisticamente relevante. As hipóteses nula e alternativa para esse caso são as mesmas do teste com o *portfolio* real:

$$H_0: x_1 = x_2$$

$$H_1: x_1 < x_2.$$

A diferença entre as médias da amostra é de 0,63, enquanto o desvio padrão dessa diferença é de 0,14. A amostra z = 4,64 permite rejeitar a hipótese nula com 99% de confiança e, portanto, afirmar que o coeficiente de risco das mulheres é menor do que o dos homens também na composição do *portfolio* ideal.

Ainda considerando z = 2,33 para 99% de confiança em um teste de hipótese unicaudal, o intervalo da diferença entre as médias é o seguinte:

$$0{,}31 < x_2 - x_1 < 0{,}94$$

O coeficiente de risco calculado para homens, mulheres e total, no ambiente real e ideal, é melhor visualizado no gráfico 1 abaixo.

Gráfico 1: Média de Risco

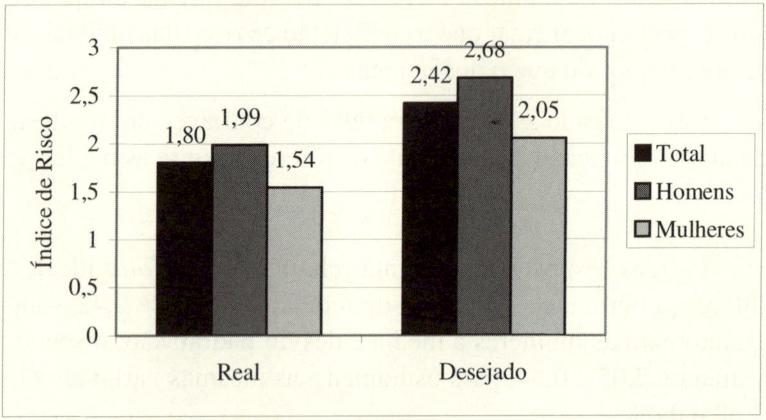

Em resumo, é possível afirmar estatisticamente que a média de risco tomada por mulheres é sempre menor do que a dos homens. Por conseguinte, no que diz respeito aos investimentos, os homens assumem um comportamento mais arriscado do que as mulheres, comprovando a hipótese H_1.

Um outro item que pode ser avaliado para medir a aversão ao risco é a contratação de seguros. Segundo Powell (1997), para que H_1 seja verdadeira, as mulheres deveriam ter a propensão de contratar um maior número de seguros – como seguro de carro, vida, itens pessoais, etc. Em um máximo de oito seguros a serem contratados, os entrevistados dessa amostra demonstraram interesse em possuir 3,06 seguros. O índice varia entre homens e mulheres, sendo de 3,00 para eles e de 3,15 para elas. Para comprovar essa situação, as hipóteses nula e alternativa (sendo x_1 a média de seguros contratados por mulheres e x_2 a média dos homens) são as seguintes:

$$H_0: x_1 = x_2$$

$$H_1: x_1 > x_2.$$

A diferença entre as médias é de 0,15, enquanto o desvio padrão é de 0,38, o que pode ser muito alto e prejudicar a veracidade estatística da afirmação de H_1. O cálculo de z não nos permite rejeitar a hipótese nula: o valor 0,39 é menor do que 2,33 – o índice para rejeitar H_0 com 99% de confiança.

Portanto, apesar de a diferença existir na amostra, não se pode afirmar que essa diferença ocorra em toda a população. O intervalo da diferença entre as médias pode ser assim expresso:

$$-0{,}74 < x_1 - x_2 < 1{,}04$$

Por fim, pergunta-se aos entrevistados qual a visão deles quanto à aversão ao risco – se homens ou mulheres apresentam essa característica com mais força, ou se ambos possuem o mesmo nível de aversão ao risco. Essa resposta é muito importante, pois define a imagem que as pessoas cultivam quanto à relação gênero e aversão ao risco. Essa percepção influencia, por exemplo, nos produtos de investimentos que são oferecidos a homens e a mulheres em seus bancos. Se as mulheres são mais avessas ao risco, serão oferecidas a elas opções com menor nível de risco, e o contrário acontecerá com os homens – recebendo apenas as propostas mais arriscadas. Isso limita a possibilidade de escolha de ambos, perpetuando ainda mais a idéia de que mulheres são mais avessas ao risco – se elas só podem optar por investimentos menos arriscados, como podem ser consideradas investidoras que aceitam algum risco?

O resultado da pesquisa comprova essa teoria. Entre todos os entrevistados, 62% acreditam que as mulheres são mais avessas ao risco do que os homens, enquanto 22% pensam que ambos possuem igual aversão ao risco e apenas 16% acreditam que os homens sejam mais avessos ao risco. Quando se avaliam as respostas somente de mulheres, vê-se diferença ainda maior: 68% delas responderam que as mulheres são mais avessas ao risco, e apenas 15% acreditam que essa característica seja igual para todos. Embora a diferença ainda seja muito grande, entre os homens que responderam à pesquisa, 57% acreditam que mulheres sejam mais avessas ao risco e 28% acreditam que sejam igualmente avessos – uma diferença bem menor do que a resposta das mulheres.

Essas respostas confirmam a hipótese H_2, que afiança ser percepção geral que as mulheres possuem maior aversão ao risco do que os homens – e revelam o dado interessante de que, mesmo entre as mulheres, essa hipótese é verdadeira e até mais acentuada do que entre os homens.

Segundo Eckel (2003), há evidências de que uma discriminação baseada nesse tipo de estatísticas pode estar afetando as escolhas disponíveis para homens e mulheres.

4.2. Características do comportamento financeiro

Além da aversão ao risco, outras características podem ser apontadas como causadoras das diferenças entre homens e mulheres.

As diferenças nos comportamentos inerentes ao gênero e ao tipo de criação que meninos e meninas recebem quando criança são responsáveis por grande parte das diferenças no comportamento financeiro. Abordam-se aqui algumas características, tais como a quantidade de informações procuradas para a tomada de decisão, a auto-avaliação de seus investimentos – independentemente dos retornos reais– e a diferença percebida na qualidade de homens e mulheres como investidores.

4.2.1. Quantidade de informações para tomada de decisão

Uma outra característica que diferencia homens e mulheres na tomada de decisão é a quantidade de informações procuradas para embasar a decisão. Em teoria, exatamente por sua maior aversão ao risco, as mulheres tendem a ser mais cautelosas e a buscar mais informações que sustentem a sua decisão.

Na pesquisa realizada para este estudo, foi solicitado aos entrevistados que apontassem quais informações eles buscavam antes de realizar um investimento. Com um máximo possível de cinco itens a serem selecionados, os alunos responderam que observam ou consultam, em média, 2,20 diferentes meios para obter informações sobre investimentos – variando entre jornais, revistas e corretores especializados.

Porém, a diferença estatística entre homens e mulheres de toda a população não pode ser comprovada nesse caso. Os respondentes do sexo feminino obtiveram uma média de 2,21 itens consultados, enquanto os do sexo masculino responderam que consultam, em média, 2,19 itens. Pelo teste de hipóteses, as formulações, considerando sempre x_1 para mulheres e x_2 para homens, são as seguintes:

$$H_0: x_1 = x_2$$

$$H_1: x_1 > x_2.$$

Para que se possa rejeitar H_0 com 99% de confiança, é necessário que o z dessa amostra seja maior do que 2,33, o que não ocorre: z= 0,05. Portanto, a diferença que, na amostra, é de 0,02 pode variar de acordo com o seguinte intervalo:

$$-0,67 < x_1 - x_2 < 0,70$$

Nesse caso, portanto, não se pode rejeitar H_0 nem afirmar que as mulheres buscam um maior número de informações para a tomada de decisão de investimentos.

4.2.2. Auto-avaliação dos retornos

Outra característica que seria relevante ao se realizar um estudo sobre diferenças entre gêneros é a auto-avaliação dos resultados dos investimentos. De acordo com Beyer (2002), as mulheres tendem a avaliar a sua atuação em qualquer atividade que seja considerada masculina – como finanças e investimentos – pior em relação à desempenhada pelos homens.

Como não se tem acesso ao *portfolio* dos entrevistados, não se pode assumir nada sobre os retornos reais de seus investimentos. Só se pode identificar se a auto-avaliação desses resultados difere entre homens e mulheres.

Perguntou-se, então, a eles qual o sentimento em relação a esses retornos – se foram abaixo, na média ou acima do esperado. Tendo em vista que a característica de confiança excessiva está mais presente nos homens, é provável que eles considerem que seus investimentos foram acima da média mais freqüentemente do que as mulheres.

Dentre os entrevistados da amostra, 52% avaliaram seus resultados como tendo sido igual às suas expectativas, enquanto 31% consideraram seus resultados abaixo do esperado. Entre as mulheres, o índice de avaliação negativa dos retornos foi de 35%, enquanto os homens optaram somente em 28% das vezes por essa opção. Apenas 15% das mulheres consideram os retornos acima do esperado, contra 19% dos homens, como o demonstrado na tabela 2, reproduzida abaixo:

Tabela 2: Auto-avaliação dos retornos

	Abaixo	Igual	Acima
Total	31 %	52 %	17 %
Homens	28 %	53 %	19 %
Mulheres	35 %	50 %	15 %

Para realizar uma melhor análise dos dados, foi criada uma escala – em que o mínimo é igual a 1 e significa que os retornos foram muito abaixo do esperado; o máximo é igual a 5 e significa que os retornos foram muito acima do esperado – calculados a média e o desvio padrão das auto-avaliações de investimentos.

No total, as pessoas avaliaram seus investimentos como 2,81 – ou seja, um pouco abaixo do esperado, considerando que 3 era o índice para retornos iguais aos esperados. Novamente pôde ser observada uma diferença entre homens e mulheres: enquanto eles consideraram seus investimentos como 2,91, a média delas foi de 2,68. Isso indicou a maior confiança que o homem possui em si próprio e em seus investimentos.

As hipóteses nula e alternativa para esse caso podem ser assim escritas:

$$H_0: x_1 = x_2$$

$$H_3: x_1 < x_2.$$

Com o mesmo nível de confiança utilizado para os outros testes, H_0 não pode ser rejeitada, tendo em vista que nessa amostra z=1,22. Apesar de a diferença das médias da amostra ser considerável, 0,24, estatisticamente não se pode dizer que, em toda a população, essa diferença é maior do que zero – como mostra o intervalo da diferença abaixo:

$$-0,22 < x_2 - x_1 < 0,69$$

Portanto, os resultados acima não podem comprovar a hipótese H_3, que afirma que a auto-avaliação do resultado dos investimentos é maior entre homens do que entre mulheres.

4.2.3. Diferenças percebidas na qualidade do investidor

Foi indagado aos entrevistados se haveria alguma diferença entre os investidores de ambos os sexos: se um deles seria melhor do que o outro ou se ambos possuiriam a mesma qualidade.

No total, 70% das pessoas responderam que não existe nenhuma diferença, enquanto 26% acreditavam que homens eram melhores investidores, e apenas 4% garantiam que as mulheres possuíam maior habilidade nos investimentos – como pôde ser identificado no gráfico 2 abaixo.

Gráfico 2: Melhores investidores

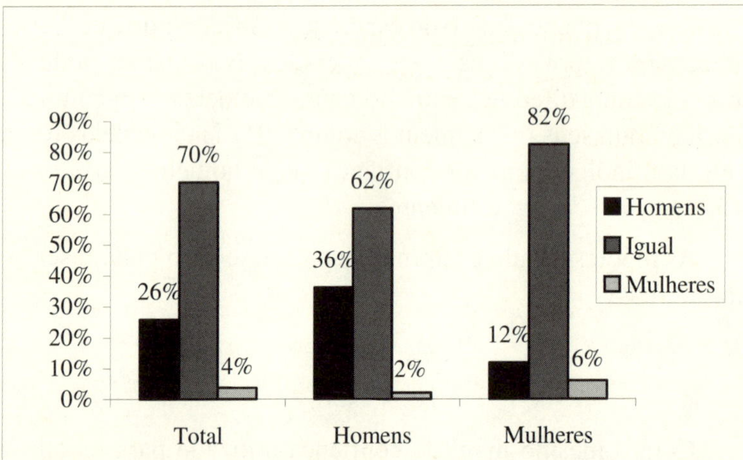

Entre os homens, o índice de "igual" cai para 62%, enquanto a quantidade de respondentes que acreditam que os homens são melhores sobe para 36%. Das mulheres, 82% acreditam que ambos possuam as mesmas qualidades na hora de investir, e 6% crêem que as mulheres sejam melhores investidoras. Considera-se surpreendente um índice tão alto de pessoas acreditarem que tanto mulheres quanto homens possuam as mesmas qualidades na tomada de decisão de investimentos. Porém, pode-se observar a influência da resposta "politicamente correta" nessa questão. Com a sociedade cada vez mais buscando a eqüidade entre homens e mulheres, o entrevistado pode ter considerado inadequado responder que um ou outro seja melhor, mesmo que este seja seu sentimento real.

5. Conclusão

Ao longo deste trabalho, foram apresentados alguns aspectos das Finanças Comportamentais. Esse novo campo de estudo das Finanças vem ganhando cada vez mais força e reconhecimento. É inegável a importância da Psicologia para entender mercados cada vez mais emaranhados e investidores mais complexos.

As pesquisas realizadas para este estudo forneceram claros indicativos das diferenças existentes entre homens e mulheres na tomada de decisão de investimentos. Embora nem todas as evidências tenham sido estatisticamente comprovadas, as respostas a todas as perguntas tendem a confirmar todas as cinco hipóteses propostas no capítulo três.

Podem-se destacar as respostas às perguntas sobre a composição do *portfolio* do entrevistado. As médias de risco tomado por mulheres, tanto na carteira real quanto na ideal, foram menores do que as dos homens. Essa diferença foi grande o suficiente para que se possa afirmar que esse dado se repete em toda a população. Esses resultados comprovam uma das características mais citadas em toda a literatura sobre o assunto: a maior aversão das mulheres ao risco.

Além dessa questão, o fato de as pessoas cultivarem a imagem de que as mulheres são mais avessas ao risco também foi confirmado. A ampla maioria dos respondentes disse acreditar que esse aspecto seja verdadeiro, enquanto muito poucos acreditaram que os homens são mais avessos ao risco, ou mesmo que essa característica esteja presente em ambos os sexos, na mesma quantidade.

A teoria de que mulheres buscariam mais informações antes da tomada de decisões e a de que elas, por conta da sua maior aversão ao risco, contratariam mais seguros não puderam ser comprovadas estatisticamente. O mesmo aconteceu com a teoria de que elas realizariam uma avaliação de seus próprios investimentos pior do que a realizada pelos homens.

Além disso, apesar da crescente participação das mulheres no mundo dos investimentos, ainda pode-se identificar a existência de um certo preconceito contra elas. Embora a maior parte dos entrevistados tenha respondido que homens e mulheres são igualmente bons no que diz respeito a atividades financeiras, uma grande parte ainda respondeu que os homens são melhores investidores. Essa parcela pode ser ainda maior devido àqueles que optaram pela resposta "politicamente correta" e não expressaram a sua verdadeira opinião.

Enfim, a pesquisa realizada evidenciou a existência de diferenças entre homens e mulheres na tomada de decisão de investimentos, embora não estivessem tão claros os motivos que levaram a essa diferença, nem como tais descobertas poderiam ser aplicadas.

Apesar de os estudos sobre o assunto, assim como toda a pesquisa em Finanças Comportamentais, ainda se encontrarem em fase inicial, pôde-se notar que essas teorias estariam se popularizando ao serem divulgadas em publicações não-especializadas. Na edição do dia 08/09/2004 da revista *Veja*, foi publicado um quadro sobre a City londrina, o centro financeiro da Europa, no qual as mulheres obtiveram um lucro de 10% ao ano, enquanto os homens lucraram apenas 6%.

As principais diferenças podem ser observadas na tabela a seguir:

Tabela 3: As rainhas do mercado financeiro

	Lucros em um ano	Perfil dos investimentos	Compras preferidas	Padrão de comportamento
Mulheres	Mais de 10%	Composto de ações de muitas empresas para diluir o risco.	Ações de bancos varejistas.	Combinam bom senso e pesquisa.
Homens	6%	Concentrados em títulos que prometem grandes retornos.	Ações de tecnologia e biotecnologia.	Apostam em dicas do mercado.

Fonte: Veja, 08/09/2004, p.36

Neste estudo, torna-se possível perceber que a principal característica causadora da diferença em análise é a aversão ao risco. O perfil feminino aponta para investimentos mais moderados, mesmo que não ofereçam tanto retorno.

6. Referências Bibliográficas

AS RAINHAS do mercado financeiro. **Revista Veja,** São Paulo, v. 37, n. 36, p. 36, 08 set.2004.

BRACHINGER, H. W, et al. **Gender specific attitudes towards risk and ambiguity**: an experimental investigation. Fribourg: Swiss Federal Institute of Technology and University of Fribourg, July 2000.

BEYER, S. The effects of gender, dysphoria, and performance feedback on the accuracy of self-evaluation. **Sex Roles**, v.47, n. 9-10, p. 453-464, 2002.

ECKEL, C. C.; GROSSMAN, P. J. **Forecasting attitudes**: an experimental study of actual and forecast risk attitudes of women and men. Departament of Economics, Virginia Tech, Oct. 2003. (Unpublished manuscript).

HALFELD, M.; TORRES, F. de F. L. Finanças comportamentais: aplicação no contexto brasileiro. **RAE**, São Paulo, v. 41, n. 2, p. 64-71, Abr./Jun. 2001.

HIRSHLEIFER, D. Investor psychology and asset pricing. **Journal of Finance**, Oxford, v. 56, n. 4, p. 1533-1597, 2001.

JIANAKOPLOS, N. A.; BERNASEK, A. Are women more risk averse? **Economic Inquiry**, Huntington Beach, v. 36, n. 4, p. 620, Oct. 1998.

MACEDO Jr., J. S. **Teoria do prospecto**: uma investigação utilizando simulação de investimentos. Florianópolis: UFSC, 2003.

MILANEZ, D. Y. **Finanças comportamentais no Brasil**. São Paulo: USP, 2003.

ODEAN, T.; BARBER, B. Boys will be boys: gender, overconfidence, and common stock investment. **Quarterly Journal of Economics**, Cambridge, v. 116, n. 1, p. 261-292, February 2001.

POWELL, M.; ANSIC, David. Gender differences in risk behaviour in financial decision-making: an experimental analysis. **Journal of Economic Psychology**, Amsterdam, v. 18, n. 6, p. 605-628, 1997.

VERGARA, S. C. **Projetos e relatórios de pesquisa em administração**. 5. ed. São Paulo: Atlas, 2004.

UMA SELEÇÃO DE AMOSTRAGEM PARA A BOLSA DE VALORES DE SÃO PAULO, ATRAVÉS DOS TESTES DE NORMALIDADE E ESTACIONARIEDADE NOS RETORNOS

Pierre Lucena (IAG/PUC-Rio)

Antonio Carlos Figueiredo (IAG/PUC-Rio)

Resumo

Este trabalho tem como objetivo fazer uma ampla seleção de amostra de distribuições de retornos das ações negociadas na Bolsa de Valores de São Paulo (Bovespa) que apresentem uma liquidez mínima e, posteriormente, realizar os testes básicos para pressupostos de modelos financeiros e de séries temporais. São realizados os testes de normalidade de Jarque-Bera, os testes de estacionariedade de tendência de Dickey-Fuller, além de uma tentativa de teste de estacionariedade de mudança estrutural. Os testes mostram que, entre as 215 ações selecionadas, encontram-se problemas, em grande parte delas, em relação à normalidade da distribuição dos retornos, mas, em compensação, todas as séries se revelaram estacionárias, quando submetidas ao teste de raiz unitária. O teste de mudança estrutural não se mostrou adequado neste momento, principalmente em função da impossibilidade de utilização de um modelo auto-regressivo simples, visto que os retornos apresentam resíduos na forma *white noise*.

1. Introdução

Este trabalho tem por finalidade realizar alguns testes importantes de pressupostos para modelagem de séries temporais. Como se está trabalhando com séries financeiras, em particular as de boa liquidez na Bolsa de Valores de São Paulo (Bovespa), é natural que ocorram alguns problemas de pressupostos.

Foram utilizadas 215 ações com negociação a partir de julho de 1994. Algumas ações tiveram negociações iniciadas posteriormente, mas não foram excluídas da amostra, pois não comprometiam os testes individuais.

Esses pressupostos, na maioria dos casos, tratam da normalidade da distribuição dos retornos e da estacionariedade na curva histórica de dados.

Em relação à normalidade dos dados, alguns trabalhos anteriores discutiram o assunto, mas não com uma base tão ampla de dados. Lucena, Andrés e Ness (2003) sugeriram que as distribuições dos ativos que compunham o índice Bovespa não possuíam normalidade na sua distribuição, porquanto os mesmos apresentavam caudas densas, violando, nesse caso, o pressuposto presente em vários modelos financeiros. Os autores utilizaram a estatística de Kolmogorov-Smirnoff para esse teste. Cassetari (2001) chegou a conclusão semelhante, afirmando que os retornos extremos comprometem algumas previsões.

Será utilizada a estatística de Jarque-Bera, que tem o mesmo objetivo deste trabalho; o seu diferencial em relação aos demais é justamente o amplo número de ativos utilizados na pesquisa empírica.

O outro pressuposto estudado é o da estacionariedade, nesse caso, com dois tipos: a não-estacionariedade de tendência e a de mudança estrutural ou de quebra. Os testes, nesse caso, se mostram bem mais complexos do que os de normalidade e, no segundo caso, necessitam de um algoritmo específico para seu cálculo. No primeiro caso, empregou-se o teste de Dickey-Fuller, amplamente usado no meio acadêmico; no segundo caso, o Teste de Chow e a estatística de *sup-Wald*, um teste ainda pouco conhecido, que é uma variação do primeiro, e permite verificar a possibilidade de uma mudança na equação de previsão sem uma data predeterminada.

Este trabalho se constitui de quatro partes principais, além da Introdução. Na primeira parte, é feita uma justificativa teórica da necessidade desses testes, além dos trabalhos empíricos já realizados. Na segunda parte, apresenta-se a metodologia utilizada, com uma descrição detalhada dos testes empregados e dos dados que tornaram possível a realização da pesquisa empírica. Na terceira parte, discutem-se os resultados encontrados e algumas das suas implicações. Por fim, expõem-se as conclusões finais e algumas sugestões de tratamento dos dados.

2. Justificativa Teórica

Muitos modelos teóricos, na área de finanças, trabalham com as séries de retornos de ativos financeiros e, dentre elas, destacam-se justamente as séries de retornos procedentes de preços de ações negociadas em bolsas de valores. Esperava-se que isso fosse comum, visto que o histórico dos dados é muito representativo, fornecendo inúmeras possibilidades aos pesquisadores para a sua exploração. Além disso, a possibilidade de previsão de preços de ações, por si só, já se configura como uma tarefa altamente interessante.

Desde o trabalho seminal de Markowitz (1953), considerado o primeiro trabalho de tentativa de modelagem de séries financeiras com verdadeira objetividade científica rigorosa, muitos avanços têm sido realizados nessa área, principalmente com a facilidade que hoje se tem de promover testes empíricos avançados. Isso se deve tanto pela facilidade de cálculo com o uso de *softwares* estatísticos, como pelo desenvolvimento teórico da econometria, principalmente com as suas aplicações às séries financeiras.

O grande problema dessas séries é a característica especial que elas apresentam, como as dificuldades de atender a alguns pressupostos necessários para a sua modelagem e, dentre eles, destacam-se a normalidade dos dados e, no caso de séries temporais, a estacionariedade da mesma ao longo do tempo. Isso parece mais grave em mercados com pouca liquidez, que tendem a apresentar retornos anormais, o que já foi sugerido por DeBondt e Thaler (1985).

Entre os modelos em que pelo menos um dos dois pressupostos se apresenta como necessário, destacam-se o *Capital Asset Pricing Model* (CAPM) e seus derivados, como o *Arbitrage Pricing Theory* (APT), além do *Value at Risk* (VaR), que é um modelo muito utilizado pelos bancos para mensuração do risco e da perda máxima a que eles estão sujeitos. Somando-se a isso, os modelos de séries temporais – como os modelos auto-regressivos da família ARIMA ou ARCH – estabelecem que as séries devem ser estacionárias para que se possa começar a trabalhar econometricamente na busca de um modelo. Alternativas de ajuste podem ser feitas, como a diferenciação da série, ou mesmo logaritimizando a mesma, sem a perda da robustez do modelo.

Alguns trabalhos semelhantes a este foram realizados, mas não com uma base tão ampla de dados e, nem sempre, trabalhando individualmente os ativos. Além disso, faz-se necessária a seleção de uma amostragem significativa para trabalhos futuros em que se explore o máximo possível de ações negociadas e não apenas aquelas muito líquidas. Dessa forma, este trabalho já se justifica. Entre os trabalhos realizados anteriormente, estão os testes de normalidade realizados por Lucena, Andrés e Ness (2003) e por Bonomo e Fernandes (2003).

Este trabalho se propõe a realizar os testes necessários para a avaliação desses pressupostos, levando-se em consideração o mercado brasileiro de ações a partir de julho de 1994. Serão trabalhadas as ações que possuem uma liquidez considerada satisfatória, quais sejam as ações que tiverem tido, pelo menos, uma negociação em quase todos os meses. Alguns ajustes se fizeram necessários, e estes serão explicados mais detalhadamente na Metodologia.

3. Metodologia

Serão extensamente analisados, neste trabalho, dois pressupostos importantes para o estudo de mercado de capitais utilizando séries temporais. O primeiro refere-se à normalidade da distribuição dos retornos das ações, que é um pré-requisito necessário para grande parte dos testes de modelos econométricos aplicados às finanças e, posteriormente, para os testes de estacionariedade desses mesmos retornos. Para o teste de normalidade, será utilizada a estatística de Jarque-Bera, e para verificação da estacionariedade da série temporal de retornos serão realizados os testes de raiz unitária de Dickey-Fuller para estacionariedade de tendência e, para não-estacionariedade resultante de quebra, o Teste de Chow.

Os *softwares* utilizados neste trabalho são do pacote estatístico *E-views*, na sua versão 3.1, e o Microfit. A organização do banco de dados é feita na planilha eletrônica do Excel.

3.1. Amostra

Pretendeu-se aqui realizar testes com a amostra o mais ampla possível. Por isso, selecionaram-se todas as ações negociadas na Bovespa que tivessem o mínimo de liquidez e que pudessem fornecer um banco de dados considerado pelos autores como razoável. Utilizaram-se os dados mensais de preço de fechamento das ações, contanto que tivessem sido negociadas nos últimos 15 dias do mês, de julho de 1994 a agosto de 2004. Dessa forma, ficou-se com os dados de retornos a partir de agosto de 1994. Muitas ações tiveram a data inicial postergada, visto que algumas delas só ganharam liquidez ou iniciaram negociações em bolsa a partir de 1998, como é o caso das telefônicas. O início dos dados foi então flexibilizado sem prejuízo para o trabalho, pois como se desejava testar a normalidade e a estacionariedade, não importava a homogeneidade do número de informações, contanto que, isoladamente, fosse o mais significativo possível. Algumas ações não possuíam a série completa a partir de seu início; dessa forma, em alguns casos, tirou-se a média de preços entre o mês anterior e o posterior. As ações que possuíam muitos vazios nas séries (mais de cinco) foram retiradas da amostra.

Após esse tratamento, selecionaram-se 215 ações, que foram utilizadas nos testes, o que se considerou uma amostra bem significativa, principalmente em comparação com os trabalhos empíricos realizados no Brasil. Esses dados foram obtidos no banco de dados da Economática e filtrados em sua opção *stock guide*, por país, setor e liquidez. Os dados foram também deflacionados com base em agosto de 2004 pelo IPCA/IBGE acumulado, com o objetivo de evitar distorções no resultado final.

No cálculo do retorno mensal das ações, utilizou-se a seguinte fórmula:

$$R_i = \left(\frac{\ln P_t}{\ln P_{t-1}} \right),$$

em que P_t é o preço da ação no período t, e P_{t-1} é o preço da ação no período anterior, lembrando que o preço de fechamento da ação foi flexibilizado, como já foi descrito.

3.2. Teste de Jarque-Bera para normalidade

Um dos principais pressupostos nos modelos teóricos na área de finanças diz respeito à normalidade da série de retornos com que se pretende trabalhar – não sem razão, pois aí podem residir vários problemas de estimação, principalmente quando se trabalha com séries não muito grandes.

Identificaram-se dois testes para a verificação da normalidade em uma distribuição: o de Kolmogorov-Smirnoff e o de Jarque-

Bera. Dado que o *software* utiliza este último, optou-se por realizá-lo de uma maneira ampla, isto é, isoladamente para todos os ativos.

A estatística de Jarque-Bera é dada pela seguinte fórmula:

$$JB = n\left[\frac{S^2}{6} + \frac{(K-3)^2}{24}\right],$$

em que n é o número de observações, S é a assimetria, e K, a curtose da distribuição. O valor crítico é determinado por uma distribuição qui-quadrado com 2 graus de liberdade.

O teste de hipótese é dado da seguinte maneira :

H_0: a distribuição segue um padrão normal.

H_1: a distribuição não segue um padrão normal.

A probabilidade fornecida pelo *software* é exatamente o *p-value*: em outras palavras, fornece exatamente o ponto em que se está na distribuição qui-quadrado. Um *p-value* muito pequeno significa que existe uma probabilidade também muito pequena de não se rejeitar a hipótese nula.

3.3. Testes de estacionariedade

Um dos principais problemas enfrentados na previsão de séries temporais diz respeito à estacionariedade das mesmas. A não-estacionariedade dos regressores ou da variável dependente pode ocasionar vários problemas de estimação com intervalos de confiança e previsões errôneas.

Existem dois tipos de ausência de estacionariedade: ou a obtida através de um movimento de tendência, ou uma mudança estrutural na série. Será feita uma tentativa de testar os dois tipos de estacionariedade para todas as ações da presente amostra. Será usado o teste de raiz unitária de Dickey-Fuller para o primeiro caso, e o Teste de Chow e a estatística de *sup-Wald* para o segundo. Pode-se também detectar a não-estacionariedade de maneira informal, olhando através da sua curva histórica. Não é esse o caso ora apontado, pois uma curva de retornos de ativos apresenta um comportamento diferenciado das curvas normalmente estudadas em Economia.

3.3.1. Teste de Dickey-Fuller para estacionariedade de tendência

A tendência pode existir de duas formas: ou através de um movimento contínuo de crescimento – como uma função não-aleatória do tempo –, ou ainda como uma tendência estocástica, isto é, um movimento aleatório que pode variar ao longo do tempo. O modelo mais conhecido de tendência estocástica é o *random walk*, que apresenta, na sua forma mais simples, a seguinte equação:

$$Y_t = Y_{t-1} + u_t,$$

em que u_t é o componente estocástico de tendência, que se assume ter média igual a zero quando calculamos os regressores através de mínimos quadrados ordinários. Pode-se ter também um *random walk* com tendência constante, isto é, em que há um crescimento constante da série, assumindo a seguinte forma:

$$Y_t = \beta_0 + Y_{t-1} + u_t$$

em que β_0 é um componente de tendência fixo. Nesse caso, a melhor previsão da série é o valor anterior mais uma tendência fixa. Vale ressaltar que uma série *random walk* é não-estacionária, porquanto a sua variância aumenta com o tempo.

O modelo apresentado acima na verdade é uma forma de um AR(1) de Box e Jenkins, em que o regressor de Y_{t-1} tem raiz unitária, isto é, assume o valor igual a 1, e a equação segue uma tendência estocástica. Se o regressor não possuir raiz unitária, e o componente aleatório também for estacionário, então não dependerá de t e, nesse caso, pode-se afirmar que a curva histórica de dados é estacionária.

Para verificar a estacionariedade de uma série, pode-se utilizar, de uma maneira mais simplificada, o teste de Dickey-Fuller, para um modelo auto-regressivo de ordem 1 de Box e Jenkins, como na equação descrita acima. O teste então se dá na seguinte forma funcional:

H_0: $\beta_1=1$

H_1: $\beta_1<1$

na equação:

$$Y_t = \beta_1 Y_{t-1} + u_t$$

Se $\beta_1=1$, então esse modelo possui raiz unitária, e pode-se reescrever a equação em função da diferença de Y. Sendo $\delta = \beta_1 - 1$, a equação acima fica da seguinte forma:

$$Y_t - Y_{t-1} = \beta_1 Y_{t-1} + u_t - Y_{t-1}$$

$$\Delta Y_t = (\beta_1 - 1)Y_{t-1} + u_t$$

$$\Delta Y_t = \delta Y_{t-1} + u_t$$

A estatística δ é conhecida como estatística de Dickey-Fuller – é conveniente expressar dessa forma, pois o *software* que será utilizado, o *Eviews*, fornece diretamente esse resultado através de um teste utilizando a distribuição t. O teste de Dickey-Fuller também pode ser realizado em um AR(p), porém não interessa, no momento, um teste com equações dessa natureza. Será encontrada a estatística de Dickey-Fuller dentro da equação acima mencionada. A razão de se ter ignorado o intercepto e a tendência deve-se ao fato de apenas o coeficiente auto-regressivo ter-se mostrado significante nos dez primeiros testes.

3.3.2. Teste de Chow para Estacionariedade de Quebra Estrutural

Para o teste de estacionariedade de quebra estrutural, uma ferramenta eficiente e largamente utilizada é o Teste de Chow. Visto que se trabalha com um conjunto grande de dados e busca-se a verificação de uma mudança significativa a partir de um determinado momento no tempo, esse teste tem-se mostrado bastante robusto.

O teste mencionado teve como objetivo principal verificar a existência de uma mudança significativa em um determinado conjunto de dados, ou, ainda, testar a estabilidade de uma regressão através de um corte brusco na série. Quis-se descobrir, nesse caso, se houve mudança significativa na regressão de uma série por uma determinada razão econômica, nesse caso a variação cambial de 1999 ou o processo eleitoral de 2002.

Divide-se a série de dados em t_1 e t_2, formando os seguintes vetores para o modelo:

$$\begin{bmatrix} y_1 \\ y_2 \end{bmatrix} = \begin{bmatrix} X_1 0 \\ 0 X_2 \end{bmatrix} \begin{bmatrix} \beta_1 \\ \beta_2 \end{bmatrix} + \mu ,$$

em que β_1 e β_2 são os vetores dos coeficientes de t_1 e t_2, respectivamente, e μ é o erro da regressão, que segue uma distribuição normal com média zero e variância constante ($\mu \sim N(0, \sigma_2)$).

A hipótese nula de ausência de mudança estrutural é a seguinte:

H_0: $\beta_1 = \beta_2$

A estatística do teste é dada pela equação abaixo:

$$F = \frac{\dfrac{(SQR - (SQR_1 + SQR_2))}{k}}{\dfrac{(SQR_1 + SQR_2)}{(n_1 + n_2 - 2k)}} ,$$

em que SQR é a soma dos quadrados dos resíduos, n o tamanho da amostra, e k, o número de parâmetros. Quando a variável apresenta o valor 1 ou 2, refere-se à primeira parte dos dados (antes da aquisição) ou à segunda parte dos dados (após a aquisição). O teste especificado é uma distribuição F, com graus de liberdade iguais a k no numerador e $(n_1 + n_2 - 2k)$ no denominador.

Como se está tratando de uma série temporal mensal de retornos, será realizada uma regressão linear simples, acrescentando uma variável auto-regressiva de grau 1, tal como acontece no teste anterior de Dickey-Fuller, para verificar se há mudança significativa entre os parâmetros antes e depois das datas estabelecidas. A escolha dessas datas se deve a motivos óbvios, pois são justamente os momentos em que se verificam quebras bruscas na curva histórica de preços e, por conseguinte, podem ter gerado também modificações na curva de retornos.

Como se pode verificar no gráfico acima, dois momentos distintos poderiam sugerir uma mudança acentuada na curva de preços. A forte alta a partir de 1999, ocasionada pela mudança cambial, e a forte baixa durante o período eleitoral de 2002, seguida por forte alta a partir desse período. Vale ressaltar que essa curva pode alterar indiretamente a curva de retornos, mas ela é aqui utilizada por facilitar mais a visualização das possíveis mudanças em um modelo de previsão.

O principal problema nesse teste é o fato de ainda não se ter um modelo formado para a previsão de retorno de ativos. Dessa forma, como ainda não há um modelo robusto, o que se poderá fazer é ver a possibilidade de se testar apenas através de um componente auto-regressivo. Porém, Lucena e Figueiredo (2003) constatam que, na maioria dos casos, os retornos apresentam, através da sua função de autocorrelação e autocorrelação parcial *white noise*, o que praticamente impossibilita esse tipo de teste. Serão feitos testes com os dez primeiros ativos da amostra para verificar a possível aderência de um componente auto-regressivo da forma AR(1).

3.3.3. Teste de sup-Wald para estacionariedade de quebra estrutural

Para a verificação de uma quebra estrutural na série temporal de retornos, pode-se também utilizar uma modificação do Teste de Chow de mudança estrutural. Nesse caso, coloca-se uma data certa para a possível quebra na equação, como freqüentemente é realizado. A modificação desse teste é conhecida como estatística de *sup-Wald*; a estatística de comparação não se enquadra nas tabelas conhecidas como Z, t e F e, sim, através de uma distribuição especial. Está-se, então, partindo do pressuposto de que a data para uma mudança estrutural seja desconhecida.

Suponha a seguinte equação:

$$Y_t = \beta_0 + \beta_1 Y_{t-1} + \gamma_0 D_t(\tau) + \gamma_1 \left[D_t(\tau) \times Y_{t-1}\right] + u_t$$

em que D_t é a *dummy* de quebra do Teste de Chow. O que mudará na verdade é não se ter a data específica da quebra, e o teste fará uma espécie de sobreposição dos vários testes e dos vários momentos em uma distribuição F. A estatística de *sup-Wald* é a maior das estatísticas F. Essa estatística pode detectar uma única quebra, várias quebras discretas ou, mesmo, uma evolução lenta na função de regressão.

Está-se, então, testando o seguinte:

H_0: $\gamma_0=\gamma_1=0$

H_1: há uma quebra estrutural na equação.

Imagine F(φ) como o valor da estatística F na data φ, na regressão da equação acima. Essa é a estatística que testa a hipótese nula de que $\gamma_0=\gamma_1=0$. O teste de *sup-Wald* é a maior dessas estatísticas no intervalo $\varphi_0 \leq \varphi \leq \varphi_1$, que é dada pela seguinte equação:

$$SW = máx[F(\varphi_0), F(\varphi_0+1),\ldots, F(\varphi_1)]$$

O valor da estatística deve ser comparado em uma tabela específica, fornecida por Stock e Watson (320:2004).

Da mesma maneira que o exigido no teste de Chow, precisa-se, anteriormente, de um modelo robusto para esse teste. Será verificada a possibilidade de realização do mesmo através do componente auto-regressivo, em uma amostra inicial de dez ativos.

4. Análise dos Resultados

A hipótese inicial de que as séries financeiras apresentavam problemas em relação à não-normalidade da sua distribuição realmente se confirmou neste trabalho. Em apenas 39 das 215 ações, não foi recusada a hipótese nula de normalidade dos dados, conforme demonstrou-se na tabela em anexo. Em 176 delas, rejeitou-se a hipótese de normalidade. Esse também foi um problema encontrado por Lucena, Andrés e Ness (2003) e por Torres, Bonomo e Fernandes (2002), ainda que para uma amostra menor. Os primeiros sugerem que o problema, nesse caso, está relacionado à densidade das caudas da distribuição. Em outras palavras, pode-se perceber que valores extremos, normalmente relacionados a momentos de *stress*, comuns a mercados emergentes, fazem com que a distribuição tenha mais valores nas suas caudas do que o previsto por uma distribuição normal.

Quando analisados individualmente os ativos, com o objetivo de selecionar uma amostra significativa para o mercado brasileiro, será necessário relaxar esse pressuposto, ou ainda agregá-lo através de carteiras, para que o mesmo não seja um empecilho que comprometa a robustez do modelo. As alternativas menos sugeridas serão as de um alisamento na série de dados, o que se justifica apenas se esse pressuposto não puder ser contornado.

Pode-se analisar se a quantidade de negociações mensais e a liquidez influenciam a normalidade dos dados, separando amostra em quartis.

A liquidez é dada pela seguinte equação:

$$L = 100 \times \left(\frac{p}{P}\right) \times \sqrt{\frac{n}{N} \times \frac{v}{V}},$$

em que p é o número de períodos que contou, pelo menos, com um negócio da ação, P é o número total de períodos escolhidos para análise, n o número de negócios da ação dentro do período escolhido, N o número de negócios de todas as ações da amostra, v o volume de dinheiro (em reais) com a ação dentro do período escolhido, e V, o volume total de dinheiro (em reais) com todas as ações da amostra no período.

Separado por quartis, obtém-se o seguinte resultado:

Tabela 1 - Número de ocorrências de não-rejeição do teste de normalidade

Critério/Quartil	1º	2º	3º	4º
Número médio de negociações	403.058	59.159	13.250	3.352
Não-rejeição à normalidade (ocorrências)	9	9	9	12
Liquidez média	1,674385	0,113413	0,017478	0,002551
Não-rejeição à normalidade (ocorrências)	8	11	8	12

Como se pode ver, não há como afirmar se a ausência de normalidade está associada ao número de negociações realizadas e à liquidez, pelo menos em relação aos dados mensais. A distribuição parece ser quase uniforme entre os quartis. Esse se afigura um problema mais complexo, que o teste de Jarque-Bera, por si só, não consegue explicar. Parece que o problema associado pode ser relacionado ao que foi sugerido por Lucena, Andrés e Ness (2003), em relação à densidade das caudas da distribuição, e que ela não tem correlação direta com a quantidade de negociações realizadas. Vale ressaltar que esse número se refere à quantidade de negociações realizadas pela ação nos últimos 120 meses.

Em relação ao teste de estacionariedade de tendência de Dickey-Fuller, encontram-se resultados bastante significativos indicando estacionariedade em todas as ações da amostra, o que permite iniciar uma busca de uma modelagem para previsão de retornos, com base em dados de séries temporais, já que os modelos auto-regressivos a exigem como pressuposto. Vale salientar que se utiliza apenas o componente auto-regressivo no teste, visto que, nos dez primeiros, foi ele o único que se mostrou significativo, ao contrário do intercepto e do componente de tendência.

O teste de estacionariedade de Mudança Estrutural não pode ser realizado nesse momento pela simples razão de se necessitar de um modelo anterior que teste uma possível mudança na equação de regressão. O que se pode fazer, nesse caso – e que não se mostrou significativo num teste com dez primeiras ações –, é criar um modelo auto-regressivo simples e testar uma possível mudança nesse componente. Porém, o problema que, então, se encontra prende-se a uma hipótese já levantada inicialmente por Lucena e Figueiredo (2003), de que os retornos das ações não podem ser modelados através da modelagem ARIMA de Box e Jenkins (1976), pois as séries apresentam ruído branco para o caso das ações da Bovespa. Dessa forma, esse teste pode ser feito após a formulação de um modelo.

5. Conclusões

A principal motivação para este trabalho foi inicialmente a de selecionar uma amostra que fosse representativa das ações negociadas no mercado brasileiro de capitais, em particular na Bolsa de Valores de São Paulo (Bovespa), e, além do mais, realizar os testes dos dois principais pressupostos dos modelos acadêmicos financeiros e de séries temporais, que são os de normalidade na distribuição de retornos e de estacionariedade da série temporal de dados.

A economia brasileira passou por uma imensa transformação, em julho de 1994, com a implantação do Plano Real, sendo comum os trabalhos na área de finanças se iniciarem a partir dessa data.

O problema é justamente a pouca representatividade de algumas ações e o início de algumas com muita liquidez, a partir de 1998, como é o caso das telefônicas. Após selecionar uma amostra representativa em função da sua liquidez e negociação, chega-se a 215 ações, levando-se em consideração pequenos ajustes nas séries. Realiza-se, inicialmente, o teste de Jarque-Bera para verificação da normalidade na distribuição, com a conclusão de que, em apenas 39 das 215 ações, não se rejeita a hipótese nula de distribuição normal. Esse resultado corrobora com o que já havia sido apresentado por Lucena, Andrés e Ness (2003), que sugerem serem densas as caudas das distribuições de retorno das ações, comprometendo assim a hipótese de normalidade.

Em relação aos testes de estacionariedade, a estatística de Dickey-Fuller se mostrou significativa em toda a amostra, isto é, a série temporal de retorno pôde ser considerada estacionária, e isse não se constituir num problema inicial para uma possível modelagem. Em relação aos testes de estacionariedade de mudança estrutural, como o de *sup-Wald* e o de Chow, os mesmos não puderam ser realizados, pois um modelo auto-regressivo simples, do tipo ARIMA de Box e Jenkins (1976), não se aplicou com robustez à série.

O teste de *sup-Wald* ainda é uma metodologia pouco utilizada e apresenta uma característica importante que o diferencia do Teste de Chow – uma possibilidade de testar uma mudança na equação de regressão sem uma data de corte. Fica como sugestão para trabalhos posteriores a aplicação desses testes nas séries de retornos.

Como se verificou, a preocupação em relação à normalidade dos retornos foi procedente e uma alternativa de transformação fez-se necessária. Cassetari (2001) sugeriu que uma transformação na distribuição pudesse resolver o problema, e que isso, apesar de ser mais um ajuste, seria melhor do que simplesmente ignorar a situação. Ele propôs uma transformação hiperbólica que, apesar de modificar sensivelmente a série, contornou o problema e possibilitou uma modelagem.

6. Referências Bibliográficas

ANDREWS, D.W.K. Tests for parameter instability and structural change with unknown change point. **Econometrica**, Evanston, v. 61, n. 4, p. 821-856, 1993.

BONOMO, M.; AGNOL, I. D. Retornos anormais e estratégias contrárias. **Revista Brasileira de Finanças**, São Paulo, v. 1, n. 2, p. 165-215, 2003.

BOX, G. E. P.; JENKINS, G. M. **Time series analysis**: forecasting and control. São Francisco: Holdon-Day, 1976.

CASSETTARI, A. Uma forma alternativa para alocação ótima de capital em carteiras de risco. **Revista de Administração da USP**, São Paulo, v. 36, n. 3, p. 70-85, abr./ago. 2001.

DeBONDT, W. F. M.; THALER, R. Does the stock market overreact? **Journal of Finance**, Cambridge, v. 40, n. 3, p. 793-805, July 1985.

GREENE, W. **Econometric analysis**. 4. ed. New York: Prentice-Hall, 2000.

LO, A.W.; MACKINLAY, A. C. **A non-random walk down Wall Street**. Princeton: Princeton University Press, 1999.

LUCENA, P.; ANDRES, T.; NESS, W. L. Não-normalidade, autocorrelação dos retornos e existência de caudas densas: um estudo empírico na Bovespa. In: TOMEI, P.A.; WETZEL, U. **Estudos em negócios II**. Rio de Janeiro: Mauad, p. 17-32, 2003.

LUCENA, P.; FIGUEIREDO, A. C. Relações entre retornos passados e futuros no Brasil. **Working Paper**, 2003. (Versão Preliminar). Disponível em: <http://sites.uol.com.br/pierrelucena>.

MARKOWITZ, H. Portfolio selection. **Journal of Finance**, Cambridge, v. 8, n. 1, p. 77-91, 1953.

TORRES, R.; BONOMO, M.; FERNANDES, C. **A aleatoriedade do passeio na Bovespa**: testando a eficiência do mercado acionário brasileiro. Rio de Janeiro: FGV, 2000. (Ensaios Econômicos da EPGE, 402).

STOCK, J.; WATSON, M. W. **Econometria.** São Paulo: Adson Wesley, 2004.

Anexo: Tabela com o teste de todos os ativos individualmente

Ação	Jarque-Bera	Prob	Dickey-Fuller	VC (1%)	Liquidez	Quantidade de Negociações
Acesita ON	136,26	0,00	-10,28	-2,58	0,1135817	67330
Acesita PN	112,64	0,00	-11,56	-2,58	0,6556575	364223
Aços Villares ON	2,25	0,32	-6,46	-2,62	0,00054121	1814
Adubos Trevo PN	98,55	0,00	-11,97	-2,58	0,005790803	9674
AES Elpa ON	13,92	0,00	-3,34	-2,69	0,001747776	8671
AES Tiete ON	77,74	0,00	-10,63	-2,60	0,01593681	8139
AES Tiete PN	107,62	0,00	-10,18	-2,60	0,02397791	23771
Albarus ON	72,12	0,00	-13,99	-2,58	0,003852297	4633
Alfa Consórcio PNF	148,27	0,00	-13,44	-2,58	0,002292383	2379
Alfa Financeira ON	221,52	0,00	-12,57	-2,58	0,000491369	1404
Alfa Financeira PN	69,17	0,00	-11,88	-2,58	0,001693632	2400
Alfa Holding PNB	1922,19	0,00	-14,56	-2,58	0,001796356	2425
Alfa Investimentos ON	168,31	0,00	-12,50	-2,58	0,001990209	2083
Alfa Investimentos PN	47,78	0,00	-13,20	-2,58	0,008214688	4181
Alpargatas ON	1233,46	0,00	-18,20	-2,58	0,002631225	2675
Alpargatas PN	71,83	0,00	-14,63	-2,58	0,01846293	8925
Amazônia Celular BN	0,52	0,77	-9,44	-2,59	0,04801512	2450
Amazônia Celular DN	5,88	0,05	-7,70	-2,61	0,1315008	801
Amazônia ON	34,32	0,00	-12,51	-2,58	0,005224439	5793
Ambev ON	1775,45	0,00	-12,74	-2,58	0,07692904	18712
Ambev PN	83,04	0,00	-13,28	-2,58	1,350696	323394
Aracruz ON	3045,20	0,00	-11,49	-2,59	0,001696711	2353
Aracruz PNB	2401,29	0,00	-13,16	-2,58	0,5408503	186358
Arthur Lange PN	2,69	0,26	-8,08	-2,60	0,000146132	1535
Avipal ON	9,58	0,01	-11,69	-2,58	0,0190284	13366
Banespa ON	41,79	0,00	-10,20	-2,58	0,03055758	14710
Banespa PN	45,84	0,00	-9,73	-2,58	0,75513	239954
Bardella PN	328,64	0,00	-11,02	-2,58	0,04564567	24945
Bco Itaú Hold Finan ON	140,02	0,00	-14,48	-2,58	0,04679416	7540

Bco Itaú Hold Finan PN	92,83	0,00	-14,83	-2,58	1,797124	479387
Belgo Mineira ON	966,62	0,00	-15,76	-2,58	0,02282637	10680
Belgo Mineira PN	570,27	0,00	-14,11	-2,58	0,1051126	34239
Besc PNB	93,21	0,00	-15,91	-2,58	0,002445356	4444
Bic Caloi PNB	37,54	0,00	-10,61	-2,58	0,004003642	8656
Bombril PN	607,03	0,00	-10,61	-2,58	0,1484078	80391
Bradesco ON	71,01	0,00	-12,14	-2,58	0,2376726	96476
Bradesco PN	58,05	0,00	-13,68	-2,58	3,043744	1028172
Bradespar ON	0,54	0,76	-6,23	-2,61	0,01057875	21258
Bradespar PN	0,88	0,64	-6,40	-2,61	0,1505651	206557
Brasil ON	0,36	0,84	-10,95	-2,58	0,4029476	210190
Brasil T Par ON	5,31	0,07	-9,26	-2,59	0,2384033	170630
Brasil T Par PN	0,42	0,80	-10,04	-2,60	0,8650891	438077
Brasil Telecom ON	34,70	0,00	-13,66	-2,58	0,02745254	12817
Brasil Telecom PN	156,73	0,00	-13,73	-2,58	1,282595	435345
Braskem PNA	83,37	0,00	-11,04	-2,58	0,4071946	162435
Bunge Brasil ON	12,37	0,00	-9,28	-2,58	0,01076139	8967
Bunge Brasil PN	44,58	0,00	-9,98	-2,58	0,02139985	16504

Ação	**Jarque-Bera**	**Prob**	**Dickey-Fuller**	**VC (1%)**	**Liquidez**	**Quantidade de Negociações**
Caemi PN	904,45	0,00	-12,96	-2,58	0,3492139	91709
CCR Rodovias ON	1,83	0,40	-3,44	-2,64	0,01633884	23071
CEB PNA	28,86	0,00	-9,31	-2,59	0,002187976	2433
Celesc PNB	37,98	0,00	-11,97	-2,58	0,5051639	233871
Celpe PNA	163,54	0,00	-9,78	-2,59	0,005065769	4058
Cemig ON	40,43	0,00	-13,99	-2,58	0,1681826	77790
Cemig PN	36,78	0,00	-13,92	-2,58	2,387338	701639
Cerj ON	16,34	0,00	-12,16	-2,58	0,09357542	51216
Cesp ON	186,42	0,00	-12,96	-2,58	0,1677015	74268
Cesp PN	189,97	0,00	-13,07	-2,58	0,7608377	355381
Chapecó ON	1038,07	0,00	-7,39	-2,60	0,003348163	9388
Chapecó PN	597,89	0,00	-12,87	-2,58	0,03540566	39855
Cia Hering PN	19,87	0,00	-11,58	-2,58	0,004928595	5286
Coelce PNA	18,64	0,00	-10,33	-2,58	0,05548119	28257
Comgas PNA	159,46	0,00	-10,89	-2,59	0,2247653	126460
Confab PN	0,96	0,62	-8,83	-2,58	0,223824	118089
Copel ON	79,26	0,00	-12,14	-2,58	0,2240863	91344
Copel PNB	14,37	0,00	-11,44	-2,59	0,7219427	352886
Copesul ON	114,37	0,00	-11,87	-2,58	0,09652596	38267
Cosipa ON	3,87	0,14	-5,72	-2,61	0,001501243	3363
Cosipa PN	0,92	0,63	-5,55	-2,61	0,02073376	25598

Coteminas ON	3,67	0,16	-8,40	-2,60	0,006530397	3215
Coteminas PN	12,53	0,00	-12,48	-2,58	0,1051146	31726
CPFL Geracao ON	7,99	0,02	-6,62	-2,63	0,000188996	1233
CPFL Geração PN	17,44	0,00	-7,22	-2,63	0,000164333	1232
CRT Celular ON	244,153	0,00	-7,81	-2,60	0,00246952	3036
CRT Celular PNA	294,33	0,00	-10,09	-2,60	0,2513932	170662
Duratex PN	12,15	0,00	-10,90	-2,58	0,086444	23397
Eletrobras ON	47,05	0,00	-12,80	-2,58	1,913335	491800
Eletrobras PNB	48,99	0,00	-12,88	-2,58	3,252247	966986
Eletropaulo Metropo PN	2,02	0,36	-10,39	-2,59	0,3467377	236845
EMAE PN	100,82	0,00	-10,62	-2,59	0,03127017	36461
Embraco PN	3,71	0,00	-11,32	-2,58	0,01636049	10708
Embraer ON	1781,94	0,00	-12,82	-2,59	0,311282	225984
Embraer PN	40,91	0,00	-12,27	-2,58	0,8482576	354615
Embratel Part ON	61,08	0,00	-9,11	-2,59	0,443263	306627
Embratel Part PN	120,88	0,00	-7,68	-2,59	1,475804	986799
Estrela PN	7,16	0,03	-10,83	-2,58	0,008097075	10863
Eternit ON	810,00	0,00	-13,10	-2,58	0,03265118	17355
F Cataguazes PNA	174,93	0,00	-13,32	-2,58	0,0267974	21013
Ferbasa PN	709,73	0,00	-13,46	-2,58	0,01560942	10935
Fertibras PN	998,37	0,00	-13,73	-2,58	0,01296345	10415
Forjas Taurus PN	0,98	0,61	-11,31	-2,58	0,04484749	37905
Fosfertil PN	237,42	0,00	-11,37	-2,58	0,1665383	72905
Fras-Le PN	21,65	0,00	-10,83	-2,58	0,005558596	7087
Gera Paranapanema ON	23,25	0,00	-9,75	-2,60	0,002252313	4429
Gera Paranapanema PN	2,76	0,25	-8,87	-2,60	0,005810294	9680
Gerdau Met PN	46,37	0,00	-11,07	-2,58	0,2270834	79513
Ação	**Jarque-Bera**	**Prob**	**Dickey-Fuller**	**VC (1%)**	**Liquidez**	**Quantidade de Negociações**
Gerdau PN	21,79	0,00	-12,15	-2,58	0,8821016	314340
Globex PN	100,72	0,00	-10,83	-2,59	0,01133261	4746
Gradiente PNA	154,13	0,00	-10,03	-2,60	0,01015581	9528
Guararapes PN	55,35	0,00	-8,53	-2,60	0,007302248	5480
Ideiasnet ON	15,46	0,00	-5,68	-2,61	0,000903097	3342
Inds Romi PN	123,87	0,00	-10,95	-2,60	0,009262906	6669
Inepar Construcoes PN	6,83	0,03	-9,08	-2,58	0,3642706	261757
Inepar Energia PNA	273,15	0,00	-13,40	-2,60	0,001463269	6038

Iochp-Maxion PN	13,01	0,00	-8,84	-2,58	0,03090358	18328
Ipiranga Dist PN	5,52	0,07	-11,34	-2,58	0,01340092	7198
Ipiranga Pet ON	22,20	0,00	-10,06	-2,58	0,001109116	1404
Ipiranga Pet PN	1,56	0,46	-12,79	-2,58	0,2630976	123836
Ipiranga Ref PN	0,67	0,71	-8,88	-2,58	0,03473575	20499
Itausa ON	1299,82	0,00	-14,35	-2,58	0,005913339	2879
Itausa PN	72,97	0,00	-13,61	-2,58	0,8600246	270589
Itautec ON	458,43	0,00	-12,49	-2,58	0,01201242	13903
Klabin PN	20,76	0,00	-9,85	-2,58	0,3114045	126762
Kuala PN	110,02	0,00	-11,28	-2,58	0,02826244	32138
Light ON	10,39	0,00	-10,65	-2,58	0,4778174	180927
LightPar ON	1945,98	0,00	-12,06	-2,59	0,08966833	47702
Loj Americanas ON	30,03	0,00	-12,59	-2,58	0,01749581	8875
Loj Americanas PN	33,87	0,00	-10,88	-2,58	0,1945942	78902
Magnesita PNA	180,92	0,00	-12,07	-2,58	0,05647587	36306
Mangels PN	6,98	0,03	-10,96	-2,58	0,008824931	9649
Marcopolo PN	1,76	0,41	-10,75	-2,58	0,06147073	30914
Mendes Jr PNA	12,52	0,00	-8,21	-2,61	0,000331418	1589
Mendes Jr PNB	17,26	0,00	-6,43	-2,61	0,000456719	2203
Metal Leve PN	48,36	0,00	-9,02	-2,58	0,02823773	10195
Metisa PN	5,65	0,06	-11,66	-2,58	0,001892491	2605
Minupar PN	20,92	0,00	-9,58	-2,58	0,0104845	18475
Mundial PN	1613,85	0,00	-13,20	-2,60	0,006323923	8260
Net PN	14,12	0,00	-8,73	-2,59	1,309058	749634
Pão de Açúcar PN	39,25	0,00	-11,98	-2,58	0,2583069	92777
Paranapanema PN	25,89	0,00	-10,86	-2,58	0,08828915	52491
Paul F Luz ON	16,30	0,00	-11,26	-2,58	0,09495287	34525
Paul F Luz PN	28,85	0,00	-9,32	-2,59	0,0120798	6507
Perdigão PN	920,07	0,00	-12,24	-2,58	0,1978034	77277
Petrobras ON	390,29	0,00	-13,71	-2,58	1,637419	348638
Petrobras PN	153,45	0,00	-13,75	-2,58	6,875349	1596369
Petroquímica Uniao PN	953,19	0,00	-10,27	-2,60	0,001237867	1919
Petroquisa PN	34367,5	0,00	-10,87	-2,58	0,00501257	6315
Pettenati PN	913,68	0,00	-14,85	-2,58	0,003694262	4493
Plascar PN	426,14	0,00	-10,21	-2,58	0,04376966	37924
Polialden PN	397,81	0,00	-13,23	-2,58	0,01287255	8936
Politeno PNB	23,84	0,00	-9,26	-2,60	0,0102327	13003
Portobello ON	2,00	0,37	-7,54	-2,60	0,000355045	2061
Pronor PNA	0,23	0,89	-6,79	-2,61	0,00328966	4502
Randon Part PN	247,08	0,00	-13,96	-2,58	0,0637467	44220

Ação	Jarque-Bera	Prob	Dickey-Fuller	VC (1%)	Liquidez	Quantidade de Negociações
Rasip Agro Pastoril PN	1,71	0,42	-8,44	-2,60	0,000613353	2544
Rhodia-Ster ON	38,84	0,00	-12,77	-2,58	0,04557963	29726
Ripasa PN	229,80	0,00	-12,52	-2,58	0,1033051	57811
Rossi Resid ON	56,06	0,00	-9,65	-2,59	0,002058424	3526
Sabesp ON	2,65	0,27	-9,46	-2,59	0,5430434	264115
Sadia SA ON	83,60	0,00	-3,72	-2,62	8,26769E-05	465
Sadia SA PN	1,59	0,00	-8,23	-2,58	0,332926	117775
Sanepar PN	11,05	0,00	-8,40	-2,60	0,01054577	11662
Santista Textil PN	21,35	0,00	-8,50	-2,60	0,01218686	6560
São Carlos ON	17,59	0,00	-11,41	-2,60	0,001027875	1373
São Carlos PN	16,18	0,00	-11,89	-2,60	0,003265483	3074
Saraiva Livr PN	37,76	0,00	-7,33	-2,61	0,002183585	2495
Seara Alim ON	59,43	0,00	-10,12	-2,60	0,001616246	3635
Seara Alim PN	27,25	0,00	-9,57	-2,60	0,006494628	8113
Sid Nacional ON	1,73	0,42	-10,76	-2,58	1,340722	359208
Sid Tubarao PN	14,66	0,00	-11,94	-2,58	0,6026477	221759
Souza Cruz ON	11,47	0,00	-11,21	-2,58	0,4197185	164734
Sudameris ON	49,26	0,00	-11,97	-2,58	0,01933165	15767
Sultepa PN	5,37	0,07	-7,18	-2,58	0,00262673	5064
Supergasbras PN	220,83	0,00	-14,12	-2,58	0,006789908	9105
Suzano Bahia Sul PN	468,44	0,00	-12,78	-2,58	0,1191017	49343
Suzano Petroquim PN	0,21	0,89	-3,36	-2,65	0,001646473	3991
Tectoy PNA	8,23	0,02	-13,96	-2,60	0,003423509	8345
Teka PN	215,65	0,00	-11,65	-2,60	0,01434777	16100
Tele Celular Sul ON	22,17	0,00	-12,40	-2,60	0,1493535	174231
Tele Celular Sul PN	28,88	0,00	-11,93	-2,60	0,3738857	334105
Tele Centroeste Cel ON	877,34	0,00	-12,02	-2,60	0,06153943	41993
Tele Centroeste Cel PN	323,97	0,00	-11,93	-2,60	0,5597574	404162
Tele Leste Celular ON	23,32	0,00	-10,06	-2,60	0,02390489	38788
Tele Leste Celular PN	20,14	0,00	-8,77	-2,60	0,1857753	215928
Tele Nordeste Celul ON	10.39	0,01	-10,99	-2,60	0,04738417	48263
Tele Nordeste Celul PN	40,87	0,00	-11,21	-2,60	0,3501978	318446
Tele Norte Celular ON	45,90	0,00	-9,23	-2,60	0,02664368	38369
Tele Norte Celular PN	183,97	0,00	-9,47	-2,60	0,08361139	105384
Tele Sudeste Celula ON	59,28	0,00	-7,77	-2,60	0,05135771	43771

Tele Sudeste Celula PN	15,65	0,00	-8,08	-2,60	0,1266212	73582
Telebras Remanesc ON	5,02	0,08	-12,91	-2,60	0,005429716	18971
Telebras Remanesc PN	1,93	0,38	-13,36	-2,60	0,01411775	33874
Telefônica BDR	0,97	0,62	-8,17	-2,61	0,05347887	16429
Telefônica Data Hld ON	7,76	0,02	-7,84	-2,62	0,001595405	8625
Telefônica Data Hld PN	1,37	0,50	-6,35	-2,62	0,005731099	22967
Telemar Norte Leste ON	88,84	0,00	-14,92	-2,58	0,04651503	21895
Telemar Norte Leste PNA	1,53	0,46	-6,39	-2,63	0,192364	185467
Telemar Norte Leste PNB	49,97	0,00	-12,17	-2,58	0,3396626	135787
Telemar-Tele NL Par ON	22,86	0,00	-11,23	-2,59	0,4205597	236322
Telemar-Tele NL Par PN	2,63	0,27	-11,43	-2,60	3,680733	1394106
Telemig Celul Part ON	1,48	0,47	-12,52	-2,60	0,0471576	45579
Telemig Celul Part PN	13,85	0,00	-9,11	-2,59	0,3895271	336440
Ação	**Jarque-Bera**	**Prob**	**Dickey-Fuller**	**VC (1%)**	**Liquidez**	**Quantidade de Negociações**
Telemig Celular ON	91,75	0,00	-12,48	-2,59	0,00100853	1634
Telesp Cel Part ON	12,83	0,00	-10,48	-2,59	0,08998047	53525
Telesp Cel Part PN	21,12	0,00	-9,71	-2,59	1,375482	870145
Telesp Operac ON	6,09	0,05	-12,11	-2,58	0,3374419	108033
Telesp Operac PN	23,85	0,00	-11,42	-2,58	1,967622	487318
Tim Nordeste BN	147,22	0,00	-13,88	-2,59	32,28364	4371
Tim Sul ON	337,01	0,00	-12,88	-2,63	0,002430801	3432
Tim Sul PNB	54,50	0,00	-11,35	-2,59	0,03667079	24023
Tractebel ON	82,45	0,00	-12,27	-2,59	0,1096144	106880
Tractebel PNB	86,74	0,00	-10,81	-2,59	0,04246848	36975
Trafo PN	535,15	0,00	-10,94	-2,59	0,005054726	6165
Transmissão Paulist ON	210,10	0,00	-9,77	-2,60	0,01456083	20918
Transmissão Paulist PN	257,33	0,00	-10,02	-2,60	0,1363244	170223
Ultrapar PN	0,22	0,89	-6,98	-2,60	0,0399257	24117
Unibanco ON	392,71	0,00	-12,67	-2,58	0,01186498	9132
Unibanco PN	25,57	0,00	-14,00	-2,58	0,09687705	32672
Unipar PNB	2267,53	0,00	-14,17	-2,58	0,1783831	87558
Usiminas ON	6,54	0,04	-10,64	-2,58	0,005028063	3604
Usiminas PNA	6,56	0,04	-11,25	-2,58	1,778294	655730
Vale Rio Doce ON	72,51	0,00	-11,59	-2,58	0,5011281	109261
Vale Rio Doce PNA	208,02	0,00	-13,70	-2,58	2,775437	666722
Varig PN	478,53	0,00	-12,74	-2,58	0,02097784	16954
Votorantim C P PN	26,46	0,00	-11,40	-2,58	0,4632944	162826
Weg PN	5,30	0,07	-11,97	-2,58	0,02356159	10696

SUCESSO E FRACASSO EM TRANSFERÊNCIA INTERNACIONAL DE ROTINAS PARA O BRASIL

Victor Prochnick (COPPEAD/UFRJ)

Tiago Fernandes (COPPEAD/UFRJ)

1. Introdução

Este artigo discute uma das dimensões da inserção competitiva das empresas transnacionais: a transferência internacional de rotinas organizacionais. De fato, a competitividade das empresas multinacionais é alcançada não apenas a partir da posse de recursos, mas, principalmente, pelo uso produtivo desses recursos, através da geração e difusão de conhecimento.

Firmas são comunidades sociais que se especializam na criação e transferência interna de conhecimento. A corporação multinacional surge não das falhas de mercado para compra e venda de conhecimento, mas da sua eficiência superior como veículo organizacional pelo qual transferir esse conhecimento através das fronteiras (Kogut e Zander, 1993, p. 625).

O conhecimento é, em geral, transferido como parte de rotinas ou práticas organizacionais. Entre outras vantagens, a transferência e o uso de uma prática proporcionam vantagem competitiva no mercado para o qual ela é transferida; dilui um investimento já realizado, pois, em geral, o custo da transferência é significativamente menor do que o investimento na criação da prática, harmoniza as operações intrafirma, etc. Um exemplo, bastante conhecido, é o das práticas de gestão da qualidade.

A eficiência superior da empresa multinacional na transferência de práticas organizacionais, entretanto, não assegura seu sucesso. Os casos de fracasso são muitos e as suas causas diversificadas.

Do ponto de vista teórico, a questão também é complexa, porquanto coexistem modelos teóricos muito diferentes entre si. Assim, para iniciar a discussão: são apresentados dois modelos teóricos divergentes: um de raízes institucionalistas – Kostova (1998) –, que enfatiza as motivações e os incentivos como responsáveis pelo sucesso ou pelo fracasso de transferências internacionais de rotinas, e outro de tom evolucionista – Szulanski (1996) –, que preconiza investimentos em sistemas organizacionais, para aumentar as possibilidades de sucesso da transferência de práticas organizacionais.

Os dois modelos são, posteriormente, analisados a partir de dois estudos de casos de transferência de rotinas organizacionais para o Brasil, um bem e o outro malsucedido.

Como também é visto nesse artigo, na análise das dificuldades encontradas no processo de transferência, os casos confirmam a importância das barreiras de conhecimento descritas por Szulanski (1996). Assim, dado o retorno potencial da transferência bem-sucedida de rotinas, recomenda-se às empresas maior dedicação de recursos administrativos ao planejamento e ao gerenciamento da transferência de rotinas.

Mas não se podem descartar totalmente os fatores motivacionais, como sugere Szulanski (1996), para quem as dificuldades na transferência de rotinas estão associadas mais à falta de conhecimento e de capacidade técnica em como fazê-lo do que à falta de vontade da fonte e do receptor em efetivá-las. Os casos também revelam a importância do poder da matriz e as suas conseqüências: relacionamento matriz/subsidiária e a resistência de funcionários à implantação das novas rotinas na decisão e na execução do processo de transferência. Portanto, eles também dão margem à ênfase em barreiras motivacionais à transferência, proposta no modelo de Kostova (1998). Alguns obstáculos externos, como diferenças das normas legais brasileiras para as estrangeiras, não considerados por Szulanski (1996), também são destacados.

Dadas a grande amplitude das divergências encontradas na literatura técnica e a relativa escassez de estudos empíricos sobre esse assunto, espera-se que o presente artigo seja útil para a discussão sobre esse tema, principalmente para as empresas brasileiras que estão começando a se internacionalizar.

Por último, em que pese a utilidade dos resultados alcançados, note-se que este trabalho, baseado em estudos de caso, é de natureza exploratória, esperando-se, com ele, angariar elementos e divisar hipóteses para pesquisas posteriores mais amplas.

2. Rotinas, Transferência e Competividade

O termo rotina, ou prática, é usado aqui no sentido a ele atribuído por Nelson & Winter (1982). Nesse trabalho, o conceito de rotinas é útil na caracterização da operação empresarial: rotinas são padrões repetidos de atividades. O termo "rotina" é empregado por Nelson & Winter (1982) de forma muito flexível, abrangendo desde conjuntos de tarefas de funcionários individuais realizadas diariamente, até conjuntos de tarefas coletivas e muito mais complexas e demoradas, como o de tarefas necessárias para assegurar a qualidade em uma linha de produção. Os ingredientes das rotinas são habilidades (*skills*), organização e tecnologia.

A transferência é uma replicação da prática dentro da própria firma, na busca da ampliação da vantagem competitiva para o grupo econômico. Se o conhecimento fosse todo codificável, a transferência de uma prática seria apenas uma transferência de informação, mas, como o conhecimento também é tácito e as práticas estão ancoradas em outras atividades (o ambiente da organização e o contexto cultural), a transferência de práticas é uma tarefa complexa. Mais ainda: as práticas organizacionais, de maneira geral, são "instituições que evoluíram no tempo, sob a influência da estória da organização, pessoas, interesses e ações" (Kostova, 1998, p.3.).

As melhores práticas, portanto, refletem o conhecimento e as competências da organização e a maneira como elas desenvolvem as suas atividades.

Nesse sentido, as melhores práticas são não apenas intensivas em conhecimento, como também em valores e significados. Desse ponto de vista, interessa tanto estudar os fatores técnicos que atuam no processo de transferência quanto os fatores sociais e humanos. Será visto, na próxima seção, como no modelo de Kostova (1998), que o nível de aceitação da prática pelos funcionários e a sua satisfação estão entre os critérios relevantes do sucesso de uma transferência de rotinas organizacionais.

3. Modelos de Transferência de Rotinas Organizacionais

Kostova (1998, págs. 2/3) revê parte da literatura sobre transferências internacionais de rotinas: ".. as práticas diferem entre as empresas, e as empresas multinacionais ganham com a transferência de práticas" (Lincoln *et al.*, 1986); as práticas sofrem grande influência do contexto social em que estão inseridas, ou seja, "...elas refletem o ambiente sociocultural em que estão envolvidas e sendo utilizadas"(Janssens *et al.* 1995); "existem várias barreiras ao sucesso da transferência que refletem as características da prática; são ou de natureza cultural ou organizacional" (Kedia e Bhagat, 1988; Kogut e Zander, 1993); "as multinacionais são melhores veículos de transferência de conhecimento que os mercados internacionais" (Kogut, 1991); "as práticas variam na sua capacidade de serem transferidas e integradas, de acordo com os objetivos globais das companhias e determinação cultural" (Robinson, 1994); "a transferência é facilitada através da integração normativa e das redes de informações verbais, além de estruturas informais coordenadas" (Pfeffer e Leblebici; 1973); e, finalmente, "a importação de práticas da matriz afeta o desempenho das subsidiárias" (Zaheer, 1995).

"A complexidade das rotinas é outro obstáculo à transferência" (Simard e Rice, 2005). As rotinas interagem entre si e a transferência de um determinado subconjunto pode tornar necessária a transferência de rotinas complementares. Problemas assim aparecem, por exemplo, nas relações existentes entre a produção, pesquisa & desenvolvimento.

Entre os estudos disponíveis, são expressos, a seguir, dois modelos representativos: os de Kostova (1998) e Szulanski (1996)

3.1. Um Modelo Institucionalista

Kostova (1998) analisa a transferência de práticas de gestão da qualidade de uma firma multinacional para dez das suas subsidiárias. No modelo de Kostova (1998), a principal variável dependente é o sucesso da transferência de práticas organizacionais.

Kostova (1998) entende o processo de transferência de práticas organizacionais como composto por dois elementos: "...a difusão de um conjunto de regras assim como a transmissão ou criação de um significado para essas regras 'infuso com valor' entre os empregados na unidade receptora". Por isso, o processo continua após a implantação das práticas, indo "...até quando os funcionários da subsidiária creditem, à prática, um significado simbólico e um valor similar ao dos funcionários da instalação em que a prática se originou."

Com base nessa visão, Kostova (1998) define o sucesso da transferência como "...o grau de institucionalização da prática...".

A institucionalização se dá em dois níveis. O nível da implementação é "...o grau de adoção formal da prática, expresso em comportamentos e ações objetivos e explícitos. A internalização, por sua vez, se refere à internalização, pelos funcionários, dos valores que a prática incorpora. Sinais de internalização são a aprovação da prática pelos funcionários, a sua satisfação no trabalho, no compromisso com a organização e o sentimento de propriedade psicológica da prática".

Quanto às variáveis independentes, Kostova (1998), dentro de uma perspectiva institucionalista, vê o conjunto de práticas usadas pela subsidiária como uma resultante da pressão de dois principais grupos de variáveis: um relacionado ao interesse da matriz na integração da subsidiária à rede global formada pela empresa e o outro advindo das "pressões por isomorfismo local" (Kostova, 1998, p. 3).

Ela seleciona variáveis relacionadas ao ambiente institucional (externo às organizações) e ambiente organizacional (interno). No ambiente institucional, são relevantes os componentes regulatório (regras e leis), cognitivo (categorias compartilhadas) e normativo (valores, normas, etc.). Em um trabalho complexo, esses três componentes são mensurados e combinados, formando um perfil institucional para cada país da amostra. As diferenças entre os perfis institucionais são as distâncias institucionais entre países. O conceito de perfil institucional é apresentado como um avanço e uma contribuição teórica principal (*major*) em relação ao conceito de cultura, que ele pretende substituir.

No entanto, enquanto se observou a esperada correlação inversa entre a distância institucional e o grau de implementação da prática, a correlação entre distância institucional e grau de internalização foi positiva, isto é, a internalização das práticas foi maior nos países em que o clima não favorecia a sua adoção e a distância institucional, para o país da sede da empresa, era maior.

No ambiente organizacional, interessa analisar a qualidade do relacionamento entre unidade doadora e receptora - Kostova (1998). A autora avalia a qualidade do relacionamento em termos de três componentes: o compromisso dos empregados na unidade receptora (a subsidiária), a identidade dos funcionários da unidade receptora com a doadora (a matriz) e a confiança dos empregados da unidade receptora nos funcionários da unidade doadora. Ela conclui pela clara não-rejeição dessas três variáveis explicativas.

Outro fator relevante é a assimetria na relação existente entre a matriz e a subsidiária. A relação matriz/subsidiária é uma relação de poder, e quanto maior é a percepção da dependência da subsidiária à matriz, mais aquela tende a concordar com as diretivas emanadas desta última, por causa dos maiores riscos implicados pela desobediência. A relação de poder é mensurada por quatro variáveis, não claramente explicadas no texto, e os resultados estatísticos são mistos. O mais interessante refere-se à autonomia. Quanto maior a autonomia da subsidiária nas suas decisões, maior o sucesso da transferência, resultado contrário à hipótese acima descrita. No entanto, outros resultados confirmam a mesma hipótese.

Kostova (1998) também testou a influência do sucesso da transferência sobre o desempenho da subsidiária. Os resultados suportaram, parcialmente, essa conclusão.

Em geral, como propõe o modelo de Kostova (1998), cada transferência deve ser estudada considerando-se as características particulares da firma doadora e receptora, seu relacionamento, o contexto em que estão envolvidas e a sua localização geográfica.

3.2. Um Modelo Evolucionista

Szulanski (1996) analisa as dificuldades (*stickiness*) internas da firma (não considera, portanto, variáveis ambientais) encontradas na transferência de 122 práticas (271 observações), em oito diferentes empresas transnacionais.

No modelo de Szulanski (1996), as variáveis dependentes são um índice geral de dificuldade de transferência e quatro índices de dificuldade da transferência, cada um relativo a uma das etapas do processo de transferência. As etapas consideradas são as seguintes:

Preparação - eventos anteriores que levam à decisão de transferência, conscientização sobre a demanda, busca ou descoberta da(s) oferta(s), *benchmarking*, análise da viabilidade, etc., um processo que, usualmente, leva meses para ser realizado.

Implementação - entre a decisão de transferir e o primeiro uso da rotina, estágio caracterizado pelo fluxo de recursos entre fonte e receptor e o estabelecimento de laços sociais. A prática, freqüentemente, sofre adaptações.

Ramp up - fase entre o primeiro dia de uso da nova prática e o primeiro dia em que o receptor alcança resultados satisfatórios. Durante esta fase, são identificados e resolvidos problemas inesperados que diminuem o desempenho da prática.

Integração - neste estágio, a prática se torna, gradualmente, rotinizada e institucionalizada na unidade receptora.

As variáveis independentes, levantadas em pesquisa exploratória anterior, por sua vez, são barreiras que dificultam a transferência, ordenadas em quatro categorias:

Características do conhecimento transferido – ambigüidade causal e experiência anterior na transferência da mesma prática.

Características das fontes de conhecimento - falta de motivação da fonte, não reconhecida como confiável.

Características dos receptores - falta de motivação, falta de capacidade de absorção e falta de capacidade de retenção (capacidade de institucionalizar o uso do novo conhecimento).

Características do contexto – esterilidade do contexto (grau em que o contexto dificulta a geração e a evolução da transferência) e grau de dificuldade das relações (tão mais importante quanto importante for o componente tácito do conhecimento).

O resultado mais relevante da pesquisa de Szulanski (1996) é a determinação das mais significativas barreiras à transferência de práticas. No estudo, as três barreiras estatisticamente mais expressivas são a falta de capacidade de absorção, a ambigüidade causal e o grau de dificuldade das relações receptor/ fonte. O autor mostra que esses fatores são barreiras ao conhecimento (a capacidade de absorção depende do conhecimento do receptor, da informação prévia da transferência; da ambigüidade causal – esta associada ao conhecimento sobre as relações de causa e efeito; a qualidade da relação afeta a habilidade de adquirir conhecimento quando necessário).

A partir desses resultados, Szulanski (1996, p. 36) critica o que ele chama de:

> ...visão convencional, que atribui as dificuldades quase exclusivamente a fatores motivacionais. De fato, práticos tipicamente citam como barreiras entre divisões, ciúmes, falta de incentivos, falta de confiança, baixa prioridade, (...) inclinação para 'reinventar a roda' ou para 'semear os mesmos campos duas vezes', recusa do receptor em fazer o que é mandado, resistência à mudança, falta de compromisso, proteção de *know-how* e, certamente, síndrome do não-inventado aqui.

Para o mesmo autor,

> os resultados sugerem que pode ser rentável devotar recursos gerenciais e atenção administrativa para desenvolver as capacidades de aprendizado das unidades organizacionais, incentivar relacionamentos mais estreitos entre unidades organizacionais e sistematicamente entender e comunicar práticas.

Mais ainda, o autor recomenda estender esses resultados para outros domínios, como a formação de alianças estratégicas, transferência de tecnologia, etc.

Assim, os resultados de Szulanski (1996) diferem, consideravelmente, dos alcançados por Kostova (1998). Os estudos de caso a seguir apresentados abrem a discussão sobre essa questão.

4. Dois Estudos de Casos

Os modelos teóricos apresentados foram usados em quatro estudos de casos, em uma das subsidiárias brasileiras de uma empresa transnacional incluída na lista das 500 maiores empresas do mundo da revista *Fortune*, em julho de 2001. A subsidiária faz consertos e reparos em bens de capital de grande porte, cujas tecnologias centrais são mecânica e elétrica. Todas as transferências analisadas aconteceram no sentido matriz - filial. Esse artigo apresenta os dois casos que revelam o maior número de questões relevantes. Os outros dois, além de mais simples, não trazem novidades substantivas em relação aos dois selecionados.

4.1. Primeiro caso: implantação de sistema contábil

4.1.1. A descrição da prática

O primeiro caso consiste na transferência de um sistema contábil.

O sistema não foi desenvolvido pela matriz, estava à venda no mercado e era utilizado inclusive por concorrentes.

Esse é um caso de fracasso, como mostram os eventos a seguir relatados, aos quais se acresce a informação de que o sistema, no Brasil, ainda não funciona a contento (julho de 2001).

O sistema tem origem no país-sede da multinacional e é responsável pela contabilização de todas as operações da empresa. Esse é o sistema contábil utilizado pela matriz e a implantação, nas filiais, obrigatória em todos os casos. A implantação inclui três módulos diferentes, implantados em momentos distintos: contas a pagar, contas a receber e contabilização geral.

Os principais clientes internos à prática são os departamentos de controladoria, financeiro e os níveis gerenciais e de diretoria da filial. Na matriz, os clientes constituem o mais alto escalão administrativo e o departamento de controladoria. Além dos clientes citados, o sistema é fundamental para a consolidação do balanço patrimonial e demonstrativo de resultados da empresa, tanto para fins legais e tributários quanto para decisões estratégicas. O funcionamento do sistema é fundamental para a administração da empresa.

4.1.2. A Transferência da prática

Como mencionado, a implantação do sistema foi mandatória a todas filiais da multinacional em questão. Antes da decisão de transferência, a filial já usava um sistema contábil nacional, que atendia todas as necessidades da empresa. Os investimentos, neste sistema, foram interrompidos, em virtude da intenção de instalar o sistema analisado. A principal motivação da matriz para a substituição dos sistemas foi a necessidade de exercer maior controle sobre as contas da filial, o que não era permitido pelo sistema anterior, que não era visível, na rede corporativa de telecomunicações, para a matriz.

O planejamento inicial da matriz alocou um total de trezentos mil dólares para a instalação completa em cinco filiais. Como a transferência encontrou problemas na filial brasileira, por motivos que serão explicitados, hoje o custo ultrapassa um milhão de dólares por mês. As cifras são surpreendentes e caracterizam a importância que a matriz coloca na implementação.

A decisão da implantação no Brasil foi tomada em 1998. Inicialmente, veio para a filial um funcionário da matriz, a fim de preparar a instalação, durante seis meses. Para o entrevistado, de nada adiantou a vinda dessa pessoa, porque não havia o menor controle por parte da matriz. O funcionário, com nacionalidade do país-sede, não tinha função definida na filial, nada contribuiu para a instalação e a sua estada foi definida pelo entrevistado como "férias pagas no Brasil".

Na segunda etapa do processo de transferência, a matriz enviou um analista sênior, funcionário da multinacional, e dois programadores terceirizados, todos de nacionalidade diferente do país-sede. O custeio dessas três pessoas foi inteiramente financiado pela matriz, constando do orçamento citado.

Os três funcionários mencionados vieram com a intenção de implementar, primeiramente, os módulos de contabilização geral e de contas a pagar. O processo iniciou-se com a instalação do módulo de contabilização junto ao Departamento de Contabilidade.

Como os responsáveis pela implantação estavam localizados junto ao Departamento de Contabilidade, o módulo de contas a pagar foi desenhado segundo a orientação do Departamento Contábil e não do Financeiro. Dessa forma, o sistema não expressava as necessidades dos responsáveis por Contas a Pagar. Essa foi a primeira dificuldade enfrentada na implantação.

Posteriormente, deu-se a implantação do módulo de Contas a Receber. Para tal, vieram ao Brasil um analista sênior, funcionário da multinacional, e um programador terceirizado, de outro país. Eles implantaram e deram treinamento para a utilização do sistema de Contas a Receber. O treinamento, em geral, teve duração de um dia para cada módulo, incluindo um treinamento ministrado no país-sede para dois gerentes da filial. Uma das pessoas que participou do curso no exterior considerou o treinamento muito superficial, não atendendo aos anseios da filial no que dizia respeito às especificidades do sistema contábil e tributário brasileiro. Quando perguntados sobre o porquê de alguns procedimentos, os instrutores não sabiam responder.

4.1.3. Variáveis relevantes que influenciaram o processo de transferência

A maior dificuldade enfrentada na implantação foi o suprimento das necessidades referentes às especificidades da legislação brasileira. O sistema instalado tinha uma configuração apropriada para os padrões legais e tributários do país-sede e não atendia às exigências brasileiras.

Além disso, como a matriz exigia a implantação dentro do prazo, não houve tempo nem disponibilidade da matriz para discutir os problemas específicos de cada filial, e o treinamento foi deficiente. Mesmo comunicando que os relatórios disponíveis no sistema não atendiam às necessidades locais, a matriz não solucionou os problemas e exigiu a implantação rápida dos novos procedimentos.

Houve ainda um preconceito por parte da matriz, com relação à capacitação dos funcionários da filial para fazer alterações no sistema. Nem mesmo operações simples, como a inclusão ou de um banco ou de um tipo de transação, puderam ser feitas por funcionários da filial. Dessa forma, o sistema ficou muito "engessado" e não realizou as adaptações necessárias. Nesse item, pôde-se perceber, claramente, a influência da diferença cultural para o sucesso da prática. Os próprios analistas responsáveis pela implantação também tinham restrições quanto a adaptações no sistema.

Como foi citado anteriormente, o fato de o sistema estar preparado para os padrões da matriz e não da filial desencadeou a decisão de reimplantação do sistema na filial brasileira. Depois de exaustivas tentativas de adaptar o sistema às especificidades brasileiras, decidiu-se reimplantá-lo realizando as mudanças necessárias. De qualquer forma, apesar de a decisão ter partido da filial, a autorização final foi da matriz, deixando clara a relação de poder existente.

Dessa vez, a implantação ficou a cargo de uma empresa brasileira terceirizada, especializada na implantação de sistemas. Foi contratada uma empresa brasileira em vez de funcionários da matriz, como fora planejado inicialmente, pelos seguintes motivos:

- maior conhecimento da legislação tributária e contábil brasileira;
- maior facilidade de comunicação com os funcionários de todos os níveis hierárquicos da filial. A principal influência, nesse caso, estaria no idioma, uma vez que o sistema seria utilizado por um grande número de funcionários de baixo escalão;
- maior maleabilidade da empresa brasileira, por influências culturais, no atendimento às necessidades locais.

O entrevistado também informou que o fator habilidade técnica não influenciou a escolha.

No esforço de reimplantação também trabalharam outras empresas brasileiras: uma de contabilidade e outra de auditoria. Foram feitas muitas viagens de técnicos da matriz para tentar sanar os problemas encontrados. A soma de todas essas despesas custou à filial cerca de um milhão de dólares por mês.

Outra barreira identificada na reimplantação do sistema foi a alta rotatividade dos funcionários da empresa terceirizada. Às vezes, funcionários da empresa estavam terminando uma parte da tarefa quando encontravam outro emprego e, devido ao caráter tácito do trabalho, a tarefa era praticamente toda perdida. Assim, na prática, não houve qualquer comprometimento da consultoria com a filial contratante.

O entrevistado informou que houve baixa motivação para a instalação e adoção da prática, porque o sistema anterior atendia as suas necessidades. Ademais, a forma como a implementação foi imposta, demonstrando o poder da matriz, causou indisposições nos funcionários da filial.

4.1.4. Desempenho após a implantação

O sistema estava sob reimplantação, na época do levantamento de campo, mas alguns itens principais já podiam ser identificados como problemáticos. Mesmo durante a reimplantação, esse era o sistema contábil utilizado pela empresa, já que o antigo fora descontinuado. Dessa forma, os problemas que seriam ou já estão sendo enfrentados são grandes e evidentes.

A multinacional não entende que o sistema utilizado na sede possa não funcionar apropriadamente na filial. As informações consideradas verdadeiras são as do sistema. Por mais que os funcionários da filial afirmem que existam erros no sistema, as únicas informações que a matriz consegue visualizar são as que o sistema apresenta. Dessa forma, é essa a base para os relatórios e análises feitos pela matriz.

Cabe ressaltar que existe um sistema de informações complementar que permite a visualização e a emissão de relatórios pela matriz, com base no banco de dados contábil das filiais. O sistema caracteriza-se por sua configuração ser baseada exclusivamente em *software* e poder ser instalado em qualquer microcomputador ou rede corporativa. Dessa forma, fica mais simples a comunicação com o sistema da matriz.

Esse sistema, entretanto, não gera um banco de dados contábil. A geração está (ou deveria estar) a cargo do sistema anteriormente discutido, mas esse sistema complementar contém comandos que permitem, à matriz, fazer lançamentos manuais nas contas da filial, o que provoca a completa falta de confiança, por parte da filial, nos dados do banco e nas análises realizadas pela matriz. Ocorrem casos em que a filial contabiliza seus números, e a matriz os altera sem qualquer controle por parte da filial.

4.2. Segundo caso – centro de desenvolvimento de novos serviços

4.2.1. A prática organizacional

A segunda prática estudada se materializa em um centro de desenvolvimento de novos serviços. Antes da subsidiária brasileira, apenas outra unidade da empresa fazia o mesmo tipo de atividade no país da matriz. O centro está plenamente operacional, caracterizando o caso de transferência como um sucesso.

Os serviços desenvolvidos são repassados aos demais setores da empresa, que implantam as rotinas de produção. Uma vez em produção, os serviços aumentam o faturamento da subsidiária. Os serviços também são repassados para outras subsidiárias do grupo, em outros países.

A atividade requer muitos equipamentos, como material de laboratório e maquinário pesado, como fornos e soldas especiais, envolvendo atividades "de alta tecnologia". Também existe intenso uso de *software* de banco de dados, manuais de diversos fabricantes, etc. A atividade tem alta intensidade de conhecimento tácito, porque o grupo de técnicos lida somente com operações que não estão no manual. As atividades exigem muito *feeling* do mecânico/engenheiro.

Inicialmente, a empresa pretendia que o grupo, na subsidiária brasileira, realizasse apenas atividades de suporte, apoiando a execução de serviços no Brasil, mas o treinamento para o desempenho dessa função foi ampliado, e o grupo, na subsidiária brasileira, passou a ser um centro de tecnologia e engenharia de novos serviços.

Há grande facilidade de relacionamento e de comunicação com a matriz, principalmente devido aos contatos realizados durante o tempo que os engenheiros passaram na matriz, em treinamento. Entretanto, os entrevistados notam um movimento de mudança nesse relacionamento, pois os técnicos da matriz sentem que os brasileiros estão "roubando" serviços deles porque a atividade, no Brasil, é mais barata e eficiente.

Todo o custo da transferência foi financiado pela matriz e, até hoje, o salário da equipe tem sido pago por ela, que tem grande interesse nessas mudanças e, por isso, arca com todos os custos. A totalidade dos serviços desenvolvidos aqui tem de ser aprovada pelos técnicos da matriz, assim como todas as atividades são supervisionadas por eles – a última palavra é, sempre, da matriz.

Os concorrentes fazem o mesmo tipo de serviço, todavia usam técnicas um pouco diferentes.

4.2.2. A transferência da prática

A decisão de transferência foi tomada no segundo semestre de 1999. A transferência foi apoiada por uma grande empresa internacional de consultoria, contratada no início de 2000. Em janeiro de 2001, a atividade já estava totalmente implantada.

A decisão foi tomada unilateralmente pela matriz, embora tendo consultado a filial brasileira.

Há algumas restrições à transferência, porque alguns dos projetos de desenvolvimento de novos serviços são financiados pelo governo do país-sede da empresa. Também há um problema de sigilo, que atinge alguns dos projetos. Por essa razão, quando os engenheiros brasileiros vão às instalações da matriz, eles só têm acesso a certas áreas e são acompanhados por pessoal local, quando têm de circular pelas instalações.

A principal atividade de transferência foi o treinamento de engenheiros brasileiros. Seis pessoas foram treinadas, no país da matriz, durante nove a doze meses. Em meados de 2001, outros quatro técnicos brasileiros estavam lá, fazendo o mesmo treinamento, por seis meses.

No primeiro treinamento, houve três meses de atraso. O curso, inicialmente de seis meses, passou a ser de nove, porque a matriz considerou que a receptora não estava preparada para receber o novo centro de desenvolvimento. Havia o receio, por parte da matriz, de que a subsidiária viesse a alocar os novos funcionários (mais capacitados e treinados) em operações do dia-a-dia, não desenvolvendo o centro tecnológico de novos serviços. Por isso, a matriz estendeu o treinamento, até ter certeza de que a receptora teria a estrutura e daria o suporte necessário.

Mesmo assim, o início das operações, no Brasil, foi problemático, pois o pessoal local tem resistência a mudanças, como será visto na próxima seção.

4.2.3. Variáveis relevantes que influenciaram o processo de transferência

Os principais motivos para a transferência da atividade foram os seguintes: vantagem de custo – o custo da mão-de-obra brasileira é significativamente menor do que o do país de origem da empresa. A subsidiária brasileira já era considerada um pólo de tecnologia. A subsidiária brasileira tinha baixa rotatividade de pessoal por ser uma ex-estatal. A pequena diferença de fuso horário facilitava a comunicação e a solução de dúvidas.

Uma restrição à transferência foi o fato de que parte das atividades desenvolvidas era financiada pelo governo do país em que se situava a sede da empresa

O fato de o Brasil ser um país em desenvolvimento em nada influenciou a transferência. A única influência foi a desvalorização do câmbio, que favoreceu o processo.

Não foram detectados problemas de falta de habilidade técnica da receptora, pois há boa formação de pessoal e bom suporte. O único problema levantado foi a falta de equipamentos, como os de laboratórios. A distância também é um problema, pois sempre que os técnicos têm uma dúvida específica, eles têm de mandar a peça para a matriz, e isso pode demorar. Nesses casos, eles não podem explicar, pessoalmente, qual é o problema.

Existe um alto grau de confiança da subsidiária brasileira, a receptora, na matriz, a fonte. A confiança se deriva do fato de a matriz ter inventado o processo, e os seus técnicos tirarem as dúvidas do pessoal local. Há algumas resistências individuais, pois a empresa local foi recentemente adquirida pela multinacional. Alguns funcionários mais tradicionais na empresa se referem à matriz como outra empresa e não como parte de um todo.

O entrevistado considera que o contexto local (ambiente da subsidiária), nesse caso, tem pouca influência na transferência. Porém, a diferença entre as culturas nacionais tem ingerência, na medida em que a forma de trabalhar dos funcionários da matriz é bem diferente: o entrevistado os vê como mais profissionais. A matriz tem mais recursos, mais funcionários e eles são mais específicos (focados) nas questões a resolver.

O entrevistado considera que a qualidade do relacionamento entre técnicos de ambos países tem grande influência. Os técnicos brasileiros têm muito bom relacionamento com a fonte, na medida em que passaram muito tempo lá e conheceram, pessoalmente, as pessoas-chave.

Por último, notou-se a grande influência do poder da matriz sobre a filial. Houve grande pressão da matriz para que a nova equipe ficasse especificamente na função de desenvolvimento de novos serviços. Além disso, se não fosse a relação de poder, a transferência não ocorreria. Por exemplo, já ocorreu de um serviço de grande porte ter sido realocado para a matriz, por apresentar maior margem de lucro. Segundo o entrevistado, a subsidiária faz apenas os serviços que a matriz não quer fazer.

Quando houve um atraso na implantação da unidade, o atraso se deveu, na opinião do entrevistado, à falta de uma definição de quais seriam as pessoas-chave para efetivar a padronização e a transformação da prática em rotina. Segundo ele, houve pouco planejamento.

4.2.4. Desempenho após a implantação

Há um problema de escassez de laboratórios na subsidiária. Devido a esse fato, o Departamento de Desenvolvimento de Novos Serviços tem de competir com o Departamento de Produção pela sua utilização, e a prioridade é concedida a este último.

Quando o serviço é feito de acordo com as normas dos concorrentes, a firma paga *royalties* ao concorrente. Se o serviço é desenvolvido na subsidiária, ele pode ser aprovado pelo cliente e pela entidade regulatória, e o pagamento de *royalties* é economizado. Quando as tecnologias são semelhantes, as empresas do segmento, muitas vezes, utilizam-se de engenharia reversa das técnicas dos concorrentes. Só que, para não pagar *royalties*, procuram utilizar materiais um pouco diferentes dos dos concorrentes.

O grupo participa de uma reunião periódica (uma vez por mês), via *conference call,* entre as diversas subsidiárias que fazem o mesmo tipo de serviço (a produção, não o desenvolvimento), para discutir as melhores práticas e solucionar problemas.

Existe um ponto focal na matriz, para onde devem ser reportados todos problemas. Por exemplo, existe um problema de acesso lento aos bancos de dados, porque não são locais. É preciso acessar os bancos de dados na matriz, e o acesso é limitado por problemas com o governo daquele país. Na matriz, existe um sistema de reclamações *on-line*. A subsidiária não tem acesso a esse sistema, só à cópia dele.

Não há limite à proposição de adaptações. Pode haver transferências daqui para a matriz também. Além disso, a subsidiária tem o certificado ISO 9002, e a matriz não, o que qualifica a subsidiária como um centro tecnológico.

5. Conclusões

O artigo discute a transferência de rotinas organizacionais em empresas transnacionais. São apresentados dois estudos de caso, um que resultou em fracasso e outro em sucesso.

A seguir, os resultados são examinados, inicialmente, à luz do modelo de Kostova (1998) e, depois, relacionados ao modelo de Szulanski. Por último, comparam-se os dois modelos também a partir dos casos discutidos.

Nos dois casos, o poder da matriz sobre a filial é identificado como o fator definidor da transferência ou da prática.

No segundo caso, consoante o modelo de Kostova (1998), há maior autonomia da subsidiária, por causa da sua capacitação técnica no campo específico da prática transferida com sucesso e, também, por causa da motivação da transferência. No caso de fracasso, a matriz se interessa por satisfazer uma necessidade de padronização e de integração das suas rotinas. No outro, o objetivo foi descentralizar uma atividade, para diminuir custos (os salários dos funcionários, na subsidiária, são significativamente mais baixos do que os na matriz).

Quanto aos fatores ambientais, note-se que o fracasso foi parcialmente causado pelo fato de a respectiva tecnologia ser a que mais requer adaptações para adequar-se à legislação nacional. Assim, a distância institucional não é independente do tipo de prática que está sendo transferida. Para Kostova (1998), essa questão não se colocou, possivelmente, pelo fato de que ela só examinou um tipo de prática, rotinas de gestão da qualidade. A adoção de perfis institucionais e as conseqüentes distâncias institucionais, que não levam em consideração o tipo de prática que está sendo transferida, proposta por Kostova (1998), devem ser feitas, portanto, com cuidado, e o conceito de perfil institucional requer maior discussão e possível aprimoramento.

Quanto aos fatores internos, os casos confirmam a importância central dos fatores internos à organização, isto é, as três dimensões da variável "qualidade do relacionamento": o compromisso dos empregados, a sua identidade e a sua confiança em relação à matriz.

A análise de Kostova (1998), ao considerar apenas a transferência de um mesmo tipo de prática, não captura outras questões. Além de outras variáveis abaixo discutidas, os casos brasileiros parecem mostrar a importância de, pelo menos, uma outra variável relacionada aos incentivos: a motivação intrínseca dos funcionários.

Para os funcionários, o sistema contábil não traz vantagens, porque um sistema antigo, agora paralisado, faz as mesmas tarefas. Já no caso do segundo sistema, há um sentimento de promoção. Funcionários que executavam tarefas, agora concebem e planejam a sua execução. Mesmo assim, certas decisões da matriz, vistas como arbitrárias, contribuem para diminuir o sentimento de pertinência dos funcionários em relação ao total do grupo, mas a capacidade técnica da matriz, que tira as dúvidas dos funcionários brasileiros, contribui no sentido contrário.

Discutindo os dois casos à luz de Szulanski (1996), nota-se que os principais resultados desse modelo se aplicam com precisão. No caso de sucesso, em relação ao de fracasso, tanto é maior a capacidade de absorção da subsidiaria brasileira quanto é menor a ambigüidade causal da prática objeto de transferência e melhor a qualidade da relação entre fonte e receptor. Mais ainda: a sugestão do mesmo autor é de que o maior investimento de recursos (tempo, atenção e recursos financeiros) na gestão (planejamento e acompanhamento) da transferência parece ter sido bem maior no caso de sucesso.

Não há uma pretensão de comparar os dois modelos à luz de apenas dois casos. Não é possível afirmar qual o que melhor se adapta (a escolha do entrevistador recairia sobre o modelo de

Szulanski (1996), o que é pouco mais do que um palpite, baseado no fato de que, mesmo sem terem "comprado a idéia", os funcionários da subsidiária se esforçaram – e ainda se esforçam – para tentar fazer funcionar o sistema contábil).

Pode-se afirmar, nos quatro casos examinados, dos quais dois foram apresentados, que nenhum dos dois modelos pode ser liminarmente rejeitado. Certamente, é importante investir em sistemas administrativos, que facilitem tanto o encontro da oferta e da demanda de práticas, como a sua transferência, adaptação ao ambiente receptor e à sistematização. Parece relevante que esses sistemas administrativos também incorporem formas de ampliar a motivação para a transferência e os incentivos a sua realização, implantação e institucionalização.

Referências Bibliográficas

FERNANDES, T.; PROCHNIK, V. Transferência de rotinas em empresas transnacionais. **Economia & Tecnologia**, São Paulo, v. 4, n. 4, jul. 2001.

JANSSENS, M.; BRETT, J; SMITH, F. Confirmatory cross-cultural research: testing the viability of a corporation-wide safety policy. **Academy of Management Journal**, Briarcliff Manor, v. 38, n. 1, p. 64-382, 1995.

KEDIA, B.; BHAGAT, R. Cultural constraints on transfer of technology across nations: implications for research in international and comparative management. **Academy of Management Review**, Briarcliff Manor, v. 13, n. 4, p. 559-571, 1988.

KOGUT, B.; ZANDER, U. Knowledge of the firm and the evolutionary theory of the multinational corporation. **Journal of International Business Studies**, Washington, v. 23, n. 4, p. 625-645, 1993.

KOGUT, B. Country capabilities and the permeability of borders. **Strategic Management Journal**, Chichester, v.12, special issue, p. 33-47, 1991.

KOSTOVA, T. **Success of the transnational transfer of organizational practices within multinational companies**. South Carolina: University of South Carolina, 1998.

LINCOLN, J.; HANADA, M.; MCBRIDE, K. Organizational structures in japanese and US manufacturing. **Administrative Science Quarterly**, Ithaca, v. 31, n. 3, p. 338 - 364, 1986.

NELSON, R.; WINTER, S. G. **An evolutionary theory of economic change**. Cambridge: MA: Belknap Press of Harvard University Press, 1982.

PFEFFER, J.; LEBLEBICI, H. Executive recruitment and the development of interfirm organizations. **Administrative Science Quarterly**, Ithaca, v.18, n. 4, p. 449-661, 1973.

ROBINSON, P. **Applying institutional theory to the study of the multinational enterprise**: parental control and isomorphism among personnel practices in American manufacturers in Japan. Cambridge, MA: Massachusetts Institute of Technology, 1994. Dissertation manuscript, 1994.

RONALD, E.; RICE, P. School of Communication, Information and Library Studies Rutgers University

SIMARD, C.; RICE, R. E. **The practice gap**: barriers to the diffusion of best practices. Disponível em: <www.odl.rutgers.edu/resources/pdf/diffusion.pdf >. Acesso em: 19 de maio de 2005.

SZULANSKI, G. Exploring internal stickiness: impediments to the transfer of best practice within the firm. **Strategic Management Journal**, New Jersey, v. 17, Special issue, p. 27-43, 1996.

ZAHEER, S. Overcoming the liability of foreignness. **Academy of Management Journal**, Briarcliff Manor, v. 38, n. 2, p. 341-363, 1995.

CULTURA ORGANIZACIONAL E "TRABALHO REMOTO": DISCUTINDO A ACULTURAÇÃO NO PROCESSO DE CONTRATAÇÃO INTERNACIONAL

Guilherme Marques de Azevedo (IAG/PUC-Rio)

Hélène Bertrand (IAG/PUC-Rio)

Resumo

Muito se tem falado acerca do uso da força de trabalho remota na cadeia internacional de fornecimento. Diferentes modelos e taxonomias foram aplicados para diferenciar tipos de trabalhadores remotos (p.ex., migrantes, expatriados, *brains-abroad*, provedores de serviço remoto...) ou tipos de estruturas de organizações internacionais (p.ex., Multinacional, Global, Metanacional). Contudo, o foco da discussão, normalmente, implica a busca da eficiência no curto prazo e as conseqüências econômicas para a economia do país de ambos: "nativo" (país da empresa estrangeira) e "anfitrião" (país da subsidiária).

A intenção dos autores é apresentar uma discussão baseada em um ponto de vista diferente; o da aculturação sobre o processo de contratação internacional. Baseado no "conceito da curva de aculturação" de Furnham e Bochner (1986), os autores examinam como a existência ou a ausência de um ambiente cultural pode alterar o valor de longo prazo da prática de contratação internacional. O conceito de "cultura organizacional" é observado sob a analogia do processo de aculturação individual e especificamente representada pelo uso do trabalho remoto.

1. Introdução

Hofstede (1996) utilizou uma analogia muito apropriada a fim de ilustrar a curva de aculturação de Furnham e Bochner (1986), que é o conceito principal desta discussão:

> 'Um americano em Paris' é o título de uma obra musical bem conhecida do compositor americano George Gershwin. Ele a escreveu durante a sua primeira visita à Europa, em 1928, e é baseada nos seus próprios sentimentos. A obra, idealizada para o balé, compõe-se de três partes. A primeira é uma mistura exuberante de barulhos de ruas parisienses, inclusive buzinas de táxis, exprimindo a alegria do visitante. A segunda é um 'blues' americano mais suave e rítmico, destinado, segundo Gershwin, a refletir a saudade sentida pelo visitante de sua pátria. No fim, a obra retoma à vivacidade da abertura, e integra os temas franceses ao 'blues' americano. (...)

A obra de Gershwin representa a experiência habitual dos povos transferidos para um ambiente cultural desconhecido. O primeiro instante, como foi definido por Furnham e Bochner (1986), é de "euforia" – ou "encantamento" –, que representa uma fase inicial de impressões positivas e de intensa aspiração para descobrir a nova cultura. Essa fase pode variar entre algumas semanas e, aproximadamente, um ano.

O segundo estágio, conhecido como "choque cultural", normalmente vem depois de algumas semanas ou meses, representando uma fase de esvaecimento e angústia. Durante esse tempo, a comparação dos modelos da cultural original com a anfitriã torna-se comum, havendo uma tendência de a primeira ser preferida.

A última etapa, usualmente tratada como "aculturação", é aquela da adaptação, quando o indivíduo tende a assimilar os novos valores que podem substituir os originais (o caso da "assimilação") ou ser integrado a eles (o caso da "integração").

"Assimilação" e "integração" não são as únicas possibilidades. Alguns casos também podem resultar em "separação" ou "deculturação", como indicado por Berry (1983). Essas alternativas – como se discutirá posteriormente – são freqüentemente produzidas por uma combinação incongruente de estímulos originais (nativos) e anfitriões, e resultam em subprodutos da miscigenação cultural.

Em administração, a questão da aculturação é normalmente aplicada para avaliar a efetividade do uso do trabalho expatriado (p.ex., Mendenhall e Oddou, 1985, Santos, 2003, Hofstede, 1997, e muitos outros) ou para verificar o processo de aculturação em eventos de fusões e aquisições (como, por exemplo, em Nahavandi e Malekzadeh, 1988 e McEntire e Bentley, 1996).

Selmer e Leon (2003 e 1996) identificaram e aprofundaramse no estudo da aculturação organizacional, a partir da adoção de valores pelos membros participantes, tanto aqueles vindos dos países de origem das empresas estrangeiras (nativa), como os dos membros dos países hospedeiros (anfitrião) envolvidos na operação.

Observando o advento do trabalho remoto, os autores pretendem discutir também o processo da aculturação dos trabalhadores nas economias anfitriã e nativa, quando usados como parte de uma produção globalizada ou de uma cadeia de serviço. Este estudo estará, portanto, focalizando a assim chamada "cultura organizacional".

A fim de verificar a plausibilidade desta análise, primeiramente, serão identificadas as características peculiares do trabalhador remoto como um subgrupo especial, o assim chamado "trabalhadores globais". Posteriormente, busca-se entender como o processo de aculturação acontece na perspectiva cultural de ambos, nativo e anfitrião, e, finalmente, observa-se como esses conceitos podem convergir, ou seja, como a aculturação, em termos de cultura organizacional, pode estar presente no processo internacional de contratação.

2. Os Trabalhadores Remotos

Os trabalhadores remotos – "provedores de serviço remoto" e "produtores remotos de manufatura" – são um subconjunto particular dos assim chamados "trabalhadores globais", definidos como os "grupos de trabalhadores que, particularmente, são afetados pelo processo de globalização" (Azevedo e Bertrand, 2002).

O movimento dos trabalhadores, usualmente, é indicado como um das facetas da globalização. Esses grupos de itinerantes são constituídos de "trabalhadores globais" (ou "trabalhadores globalizados"), mas outras categorias não-itinerantes, que executam tarefas globais, podem também ser consideradas como trabalhadores globais. Para o escopo deste estudo, os trabalhadores globais são os grupos de trabalhadores que, particularmente, são impactados pelas mudanças relacionadas à globalização de companhias, mercados e visões.

Praticamente, todos os processos de produção e serviço de todas as localidades do mundo estão, ao menos minimamente, vinculados ao advento da globalização. Dessa forma, é difícil identificar pessoas nos países desenvolvidos e nos emergentes, cujo trabalho não seja afetado. Há, entretanto, alguns grupos específicos que sofrem uma influência mais forte. Entre eles, encontram-se os seguintes:

- "migrantes": pessoas que vão para o exterior em busca de novas possibilidades de trabalho;

- "expatriados": migrantes que são enviados ao exterior por empresas, a fim de executarem tarefas específicas;
- "*brains-abroad*": migrantes que possuem habilidades culturais específicas adquiridas na terra de origem e usadas em outros países;
- provedores de serviço remoto: trabalhadores que produzem serviços a serem usados em outros países; e
- produtores remotos de manufatura: trabalhadores produtores de bens que são utilizados em outros países.

Na medida em que se tornou mais simples exportar produtos e, em alguns casos, serviços, as diferenças de custo de mão-de-obra entre os países contribuíram para a transferência de posições de trabalho para as regiões de custo mais baixo. Inicialmente relacionada ao estabelecimento de indústrias no exterior, a tecnologia da informação permitiu que serviços também fossem produzidos remotamente.

Na abordagem de Selmer e Leon (2003), salienta-se que o aumento de custos e o crescimento das competências locais têm motivado as empresas multinacionais a substituir expratriados por gerentes locais.

Hsieh, Lavoie e Samek (1999) – em *Think global, hire local* – ("Pense global, empregue local) explica a tendência de contratar gerentes locais:

> Gerentes locais não somente têm uma compreensão dos seus mercados, mas também dos relacionamentos que os expatriados não têm. O problema é que, em mercados emergentes, gerentes locais qualificados são difíceis de achar, desenvolver e reter. Multinacionais devem ser criativas na identificação de talentos, investir pesadamente em programas de treinamento e fazer o que seja necessário para distingui-las dos competidores locais, assim como comunicar os benefícios específicos de se trabalhar com uma companhia global. (Livre tradução dos autores)

Atualmente, os serviços remotos estão possibilitando mudanças de deslocamento das várias partes do sistema de negócios das empresas. Como prevê Sharma, Sood e Vollenweider (2000), até 2008, as operações globais de serviço remoto podem assumir atividades que correspondam a aproximadamente meio trilhões de dólares ao redor do mundo, e representar todos os elementos da cadeia de valor: atividades primordiais, tais como pesquisa e *design*; atividades relacionadas com produção, tais como aquisição e logística; atividades de frente, como *marketing* e vendas; e funções operacionais, tais como contabilidade, tecnologia da informação, e gerência de recursos humanos. Yip (1995) identifica que isso cria uma "cadeia global de valor".

Um aspecto relevante em relação a essas novas possibilidades, diz Ohmae (2000), é a disponibilidade de integradores de frete globais de alta velocidade (tal como serviços aéreos de entrega expressa), das redes (internet) e do sistema financeiro (cartões de crédito e bancos). Esses são partes de uma disponibilidade logística global, baseada na gerência de transportes intermodais e na rede de tecnologia de informação.

Os provedores de serviço remoto e os produtores de manufatura remota incrementam essa cadeia global de valor. No entanto, não somente cortes de custo orientados movem os trabalhos e as pessoas além das fronteiras, especialmente, as mercadorias e os serviços também demandam trabalhadores com habilidades, deslocando empregos e pessoas. Então, esses grupos de desenvolvimento, em que certos tipos de atividades de vanguarda são executados, também atraem novas posições de trabalho, não simplesmente por causa da base do custo de competitividade, mas, principalmente, por causa da inovação do ambiente e da sinergia (Porter 1998). Kanter (1995) chama também a atenção para o fato de que a produtividade total é mais importante do que taxas de salários.

3. Conseqüências Iniciais do Trabalho Remoto

Como identificado em trabalho precedente (Azevedo e Bertrand, 2003), as conseqüências do advento dos trabalhadores globais podem ser observadas a partir de dois diferentes grupos de movimento, que são a transferência de pessoas e a posições de trabalho.

Ambos os movimentos representam uma busca para equilibrar a situação presente. Duas principais preocupações são, então, envolvidas: a busca de vantagens competitivas nas mercadorias de baixo custo e nas plataformas de produção e a procura por vantagem competitiva nos bens especiais e na produção de plataformas de serviços.

O resultado dos fluxos de posições de trabalho e de trabalhadores é a resposta à busca combinada por vantagens competitivas, em que ambas as áreas mandam e recebem transferências de posições de trabalho e trabalhadores. As áreas com eficiência de preço recebem posições de trabalho com baixo custo, e as áreas de especialização acolhem posições a serem preenchidas por trabalhadores hábeis.

Por outro lado, migrantes de áreas de baixo custo são transferidos para áreas de especialização a fim de executarem algumas habilidades específicas (como é o caso dos *brains-abroad*) ou, simplesmente, buscarem uma ampliação dos seus níveis de vida; os migrantes de áreas de especialização são transferidos para áreas de baixo custo tipicamente para implementar e gerir centros de produção de baixo custo (como é o caso dos expatriados) ou procurar simplesmente oportunidades para novos empreendimentos.

O caso da transferência de pessoas implica, principalmente, mudanças no modelo cultural e comportamental dos grupos de deslocamento específicos. Os diversos grupos de migrantes serão expostos a um novo conjunto de estímulos ambientais, que modificarão a sua maneira de viver e, especificamente, os seus conceitos culturais, isto é, o processo da aculturação irá claramente ter seu lugar. Os resultados são, por conseguinte, intensos mas restritos a pontos específicos das pessoas. Os efeitos secundários nos países que recebem migrantes são também perceptíveis como suplementos sutis à cultura local.

O caso do segundo grupo, o de transferência de trabalho, resulta, principalmente, em mudanças locais. Essas modificações locais concernem a ambos os lugares onde os trabalhos são criados e perdidos. Criando trabalhos no estrangeiro, as companhias transnacionais também estão transferindo conhecimento e habilidades técnicas a outras economias. As economias que perdem posições de trabalho são desafiadas a achar novas possibilidades de emprego que tendem a estar mais relacionadas à tecnologia e à geração de conhecimento do que à produção de mercadorias e de serviços – a solução está relacionada à afirmativa de "conhecimento intensivo das economias" (Gomes, Azevedo e Carvalho, 2001).

4. Cultura Organizacional

Para obter um melhor entendimento do processo de aculturação, é necessário considerar o que é cultura organizacional. A cultura organizacional pode ser definida de diferentes maneiras, cada uma delas enfatizando um aspecto particular ou um nível de análise. Algumas definições específicas podem ainda reconhecer a cultura como um conceito de multiníveis e multidimensões (p.ex.: Schein, 1984 e 1985). O aspecto mais freqüentemente enfatizado é aquele que compartilha valores e crenças entre os membros de uma organização. Portanto, a cultura organizacional pode ser considerada um conjunto de crenças e valores compartilhados numa determinada organização. Esses valores dominantes podem ser expressos por significados diferentes e coexistentes.

É importante salientar que o foco desta discussão não está centrado em como uma cultura organizacional é construída, mas, sim, em como ela pode ser adaptada – aculturação organizacional – quando interagindo com um modelo cultural exógeno, mais especificamente quando os anfitriões são confrontados com os nativos representados por uma gerência remota de uma matriz (*headquarter*).

5. Tipos de Visão Organizacional

Entre alguns dos primeiros estudos sobre empresas internacionais, a cobertura geográfica das ações era usualmente considerada como a característica principal das companhias multinacionais. Alguns autores, mais recentemente, argumentaram que medidas quantitativas externas, tais como escopos geográficos, não eram suficientes para definir multinacionalidade: "Quanto mais se penetra na realidade de uma firma internacional, mais se percebe que é necessário dar um peso de importância para a forma como os executivos pensam em fazer negócios mundo afora", Perlmutter (1969).

Perlmutter (1969), em seu principal *paper*, amplia o entendimento sobre empresas internacionais a partir da discussão de medidas quantitativas externas, tais como o escopo geográfico não ser suficiente para definir a sua categoria. O modo de pensar sobre a forma como os executivos cogitam fazer negócios mundo afora, torna-se importante para classificar uma empresa internacional. Muitos outros autores consideram que o modo de pensamento gerencial é determinante para entender a posição estratégica de uma organização. Para ilustrar a importância sobre a forma de pensar, Iqbal (2001) menciona que "em outras palavras o que nós pensamos é o que nosso mundo se torna".

A taxonomia de Perlmutter (1969) define multinacionalidade em termos de modos de pensamentos gerenciais, contrastando modos de pensamento "etnocêntrico" (país de origem), "policêntrico" (país anfitrião) e "geocêntrico" (orientação global). Entendendo que as mesmas orientações possam ser atribuídas não somente no nível gerencial, mas também para a empresa como uma organização inteira, as classificações atuais dos tipos de visão organizacionais remetem-se quase à mesma coisa.

Ter uma visão etnocêntrica significa observar o mundo apenas com referências domésticas, assim como as companhias domésticas o fazem e assim como pode ser apreendido do conceito original de etnocentrismo por Sumner (1906). Sob essa atitude, os gerentes tendem a tratar o mercado internacional meramente como uma saída para lidar com os problemas associados ao mercado doméstico – o qual é o foco primário. Essa visão está relacionada aos primórdios do processo de internacionalização. Normalmente, os primeiros movimentos tendem a ser causados pelas ameaças dos mercados internos, como, por exemplo, a baixa de demanda ou uma crise econômica, em vez de ser o fruto de uma decisão estratégica. Como apontam Czinkota e Ronkainen (1995), essas são "motivações reativas" para se tornar internacional.

Esse primeiro passo é, normalmente, relacionado a resultados internacionais fracos e a uma ausência de posicionamento. As principais razões para isso são as baixas preocupações dadas às operações internacionais e a inabilidade de entender as diferenças. Essa "miopia" ocorre quando as organizações tentam observar o mundo apenas com referências domésticas.

Como complementa Iqbal (2001), "você se mantém provinciano se a empresa adota essa abordagem, pois não há distinção entre as suas operações domésticas e não-domésticas (...)".

Nesse sentido, as companhias multinacionais tendem a adotar uma visão policêntrica, ou seja, tendem a observar o mundo com diferentes visões domésticas. Cada mercado nacional é tido como um mercado único, requerendo estratégias separadas, independentes e diferentes. Um esforço mínimo, ou baixo, é, então, feito para comparar, coordenar ou integrar as ações. O foco é ser tão capaz quanto possível para alcançar as necessidades específicas de cada país. As fronteiras nacionais tendem a ser respeitadas.

A visão geocêntrica (ter o mundo como referência) é tipicamente atribuída a empresas globais, que "se consideram como cidadãs do mundo, e não de nenhum país específico" (Joag, 2000). Kobrin (1994) argumenta que o objetivo de uma gestão de recursos humanos geocêntrica é a eliminação gradual da idéia central do país de origem, bem como a do país anfitrião, contrapondo etnocentrismo e geocentrismo.

Em alguns contextos, como, por exemplo, nos mercados comuns e nas regiões integradas, o regiocentrismo emerge como um estado intermediário. À luz desse conceito, as fronteiras são ignoradas e o mundo (ou a região) é conceituado como um único mercado.

Assim, nos dias de hoje, muitos autores entendem que a visão geocêntrica é um atributo importante das chamadas organizações globais. Essa visão diz respeito a aspectos internos das organizações (p.ex., Bartlett e Ghoshal, 1987a, 1987b e 1989; e Keegan, 1995), bem como a aspectos externos. Como apontado por Randolph (1990), a estratégia multidoméstica (policentrismo), adotada por companhias multinacionais, foi útil quando o mundo era um lugar menos complexo e as nações eram mais insulares. Atualmente, alguns autores argumentam que as companhias que continuam a usar essa abordagem provavelmente não sobreviverão.

Muitas definições atuais das empresas globais são atreladas à referência de escopo geográfico. Assim, conforme Parker (1998), o "mundo como casa" refere-se a uma presença global. Outros autores, como Porter (1990) e Omahe (1985), também se referem à presença global como estando presente em todos os mercados-chave do mundo. Sendo assim, pode-se provavelmente inferir que o escopo geográfico e a visão organizacional tendem a caminhar juntos.

Em síntese, os tipos de visões organizacionais atualmente aceitos são os seguintes:

- Etnocêntrico: observa o mundo apenas com referências domésticas, como as companhias domésticas têm feito.
- Policêntrico: observa o mundo com diferentes referências domésticas, como as companhias multinacionais têm feito.
- Regiocêntrico: observa o mundo com referências regionais (grupos de nações), tipicamente atribuídas a companhias que focalizam os blocos de serviços regionais; e
- Geocêntrico: tem o mundo como referência, como as companhias globais têm feito.

Investigando o grau de pluralismo cultural desses modelos, pode-se salientar que tanto as visões etnocêntricas quanto as geocêntricas são uniculturais. Mesmo sendo completamente diferentes, a primeira refere-se a uma cultura nacional, e a segunda, a uma cultura global comum – faltando a ambas a visão pluralista da policêntrica e da geocêntrica.

Tipos de visões organizacionais	Grau de pluralismo cultural
Etnocêntrico	Unicultural
Policêntrico	Culturas diversificadas
Regiocêntrico	Algumas culturas diversificadas
Geocêntrico	Unicultural

A visão organizacional e o pluralismo cultural podem ser determinantes no favorecimento e na obstrução do processo de aculturação nas operações entre organizações.

A taxonomia acima citada prevê uma correspondência entre o tipo de visão e o modelo de companhias internacionais: a companhia no início da sua internacionalização tende a ter uma visão etnocêntrica; a companhia multinacional clássica, uma visão policêntrica; a companhia pré-global, uma visão regiocêntrica, e a companhia global, uma visão global. Outros modelos de companhias, representando os novos avanços da companhia global, estão sendo propostos. Como ilustração, pode-se mencionar a "Companhia Transnacional" de Barlett e Ghoshal (1989) ou, mais recentemente, a "Companhia Metanacional" de Doz (2001), descritas como "uma companhia que constrói um novo tipo de vantagem competitiva por descobrir, acessar, mobilizar, e alavancar o conhecimento de muitas localidades em torno do mundo".

6. O Processo da Aculturação

O processo de aculturação vem sendo estudado por antropólogos, psicólogos e pesquisadores das interseções culturais, desde os anos 1980. Esse processo é normalmente definido como "mudanças induzidas em sistemas como um resultado de fusão de elementos culturais em ambas as direções" (Berry, 1980), e está-se assumindo a troca de valores entre dois grupos. Esse processo impacta os dois grupos de indivíduos, bem como se apresenta sobre três estágios. Esses estágios foram apresentados por (Barry, 1983) como "contato", "conflito" e "adaptação". Entretanto, os autores do presente estudo preferem considerar a abordagem de Furnham e Bochner (1986) que considera a "curva de aculturação", em que os três estágios são "euforia", "choque cultural" e "aculturação". Considerando a definição de (Berry, 1980), a aculturação é normalmente observada entre dois grupos diferentes.

Deve-se salientar que, normalmente, os membros de uma determinada cultura podem tentar dominar os membros de outras, de modo que, dificilmente, haja uma configuração equilibrada (Nahavandi e Malekzadeh, 1988, Berry, 1980, e outros). Essa intenção de dominação pode ser utilizada de modo a controlar as operações estrangeiras. Selmer e Leon (2003 e 1996) observam como as companhias estrangeiras podem efetivar o controle das subsidiárias através da aculturação organizacional.

Muitos estudos têm sido desenvolvidos para observar o processo de aculturação em momentos específicos. Uma ocasião especial a ser observada será nos processos de fusão ou de aquisição.

O processo de aculturação de natureza multidimensional é também identificado por Mendenhall e Oddou (1985), no caso de aculturação de expatriados. Depois da revisão de muitos estudos empíricos, eles concluem que o sucesso do ajustamento do expatriado a um novo ambiente cultural pode ser apropriadamente representado como uma função de quatro dimensões específicas: orientação para si, orientação para outros, dimensão perceptual e pensamento cultural.

7. Formas de Aculturação Organizacional

O processo de aculturação pode ou não ser desejado pelos membros dos diferentes grupos, mesmo se forem forçados a interagir juntos. Diferentes combinações podem emergir; Berry (1983 e 1984) identifica quatro formas de aculturação. Essas formas explicam as diferentes modalidades, nas quais dois grupos podem adaptar-se entre si.

A terminologia adotada para identificar os grupos foi a de "nativo" (país da empresa estrangeira), representando a cultura do grupo dominante, e de grupo "anfitrião" (país da subsidiária), referindo-se ao grupo sob dominação. A seguir, apresentam-se as quatro modalidades:

- **Integração**: esse modelo acontece quando o membro do grupo anfitrião deseja preservar a sua própria cultura, identidade e autonomia. Berry (1983) sugere que, nesse caso, haja a assimilação da cultura do nativo. Embora a integração envolva interação e adaptação entre as duas culturas, requerendo contribuição mútua, não representa uma mudança importante na identidade cultural para ambos os grupos e cria um resultado multicultural.

- **Assimilação**: essa forma representa um processo unilateral pelo qual o grupo hospedeiro deseja adotar a cultura e a identidade do grupo nativo (empresa estrangeira). Esse processo é mais provável de ocorrer quando a operação do país anfitrião é lançada como uma nova parte da operação hospedada (empresa estrangeira) localizada no estrangeiro, com completo controle cultural, ou quando a operação hospedeira adquirida pela empresa estrangeira não tem tido sucesso, e os gerentes locais e empregados percebem a sua cultura e as práticas não compatíveis com o objetivo de sucesso da empresa.

◆ **Separação**: essa modalidade advém quando o grupo anfitrião quer integralmente preservar a sua identidade, seja nos aspectos culturais, seja nos estruturais. Ambos os grupos permanecerão separados e independentes, bem como resistirão a qualquer tentativa de adaptação ou de reconciliação.

◆ **Deculturação**: a última forma de aculturação envolve perda cultural e psicológica, tanto do grupo anfitrião quanto dos grupos nativos (empresas estrangeiras). A deculturação dos membros anfitriões é representada por localizar-se fora de ambas as culturas (grupo anfitrião e estrangeiro). Ocorre quando membros da operação anfitriã não valorizam a sua própria cultura nem as práticas organizacionais e, ao mesmo tempo, não aceitam ser assimilados pela cultura do grupo estrangeiro (nativo).

8. Aculturação no Processo de Contratação Internacional

Muitos casos referentes aos expatriados têm sido estudados. Alguns autores observam o ponto de vista do expatriado, como é o caso de Stahl (2000), no qual identifica que um dos desafios principais dos expatriados é o de enfrentar as exigências competidoras do ajuste à cultura local e, ao mesmo tempo, manter uma relação confiante com a sede corporativa.

Outros estudos focalizam a posição do empregado da subsidiária anfitriã. Florkowski e Fogel (1999) identificam a relutância das subsidiárias anfitriãs em aceitar gerentes estrangeiros, sendo isso citado como um impedimento importante à acumulação de experiência internacional. A preocupação com o mercado de trabalho interno (p.ex., a apreensão de que os expatriados criem carreiras "tetos de vidro" para os gerentes locais) parcialmente explica essa oposição ao anfitrião.

A discussão sobre esse tema é altamente desafiadora, uma vez que está calcada em estudos que ainda tratam de um assunto explorado até agora timidamente. As barreiras para o maior aprofundamento do tema estão nos valores da cultura que fazem parte da evolução dos valores e das crenças dos membros das organizações, sejam nativas (empresas estrangeiras), sejam anfitriãs (empresas subsidiárias), que buscam, em conjunto, a otimização do desempenho das empresas na conquista de novos mercados e na necessidade de utilizar os recursos humanos existentes nos países anfitriões.

O presente estudo está calcado na literatura existente sobre o assunto. Sugere-se que esses mesmos estudos sejam replicados com pesquisas empíricas.

9. Referências Bibliográficas

AZEVEDO, G.; BERTRAND, H. The "managerial ethnocentrism" endurance on the global arena and the advent of the "global workers": a discussion on the relationship, origin, and effects of the two phenomena. In : IV WORKSHOP DE INTERNACIONALIZAÇÃO DE EMPRESAS, 4., 2003, Rio de Janeiro. **Anais**... Rio de Janeiro : COPPEAD, 2003.

_____. O advento dos trabalhadores globais e sua relação com as mudanças na visão organizacional. In : IX CONGRESSO COPPEAD DE ADMINISTRAÇÃO, 9., 2002, Rio de Janeiro. **Anais**... Rio de Janeiro : COPPEAD, 2002.

BARTLETT, C. **Managing across borders** : the transnational solution. Boston : Harvard Business School Press, 1989.

_____. Managing across borders : new strategic requirements. **Sloam Management Review**, Cambridge, v. 28, n. 4, p. 7-16, summer 1987.

_____. Managing across borders : new organizational responses. **Sloam Management Review**, Cambridge, v. 28, n. 1, p.43-53, fall 1987.

BERRY, J. W. Acculturation: a comparative analysis of alternative forms. In : SAMUDA, R. J.; WOODS, S. L. (Eds.) **Perspectives in Immigrant and Minority Education. Lanham**: University Press of America, 1983.

_____.Cultural relations in plural societies: alternatives to segregation and their sociopsychological implications. In : MILLER, N.; BREWER, M. B. (Eds.). **Groups in contact**. Orlando : Academic Press, 1984.

_____.Social and cultural change. In : TRIANDIS, H. C.; BRISLIN, R.W. (Eds). **Handbook of cross-cultural psychology**, Boston, v. 5, p. 211-279, 1980.

CZINKOTA, M. R., RONKAINEN, I. **A. International marketing**. Orlando: Dryden Press, 1995.

DOZ, Y. **From global to metanational**: how companies win in the knowledge economy. Boston : HBS Press, 2001.

FLORKOWSKI, G. W.; FOGEL, D. S. Expatriate adjustment and commitment: the role of host-unit treatment. **International Journal of Human Resource Management**, London, v. 10, n. 5, p.783-807, october 1999.

FURNHAM, A.; BOCHNER S. **Culture shock** : psycholigal reactions to unfamiliar environment. London : Methuen, 1986.

GOMES, E.; AZEVEDO, G.; CARVALHO, H. F. The invisible handshake : the role of knowledge in the globalizing world. In: SOCIETY FOR THE ADVANCEMENT OF SOCIOECONOMICS : 13th ANNUAL MEETING, 13., 2001, Amsterdam. **Proceedings**...Amsterdam : Amsterdam University, 2001.

HOFSTEDE G. **Cultures and organizations** : the software of the mind. New York : McGraw-Hill, 1997.

_____. An american in Paris : the influence of nationality on organizational theories. **Organizational Studies**, London, v. 17, n. 3, p. 525-537, 1996.

HSIEH, T.; LAVOIE, J.; SAMEK, R. A. P. Think global, hire local. **The McKinsey Quarterly**, New York, n. 4, p. 92-101, 1999.

IQBAL, M. Z. **International accounting** : a global perspective. 2. ed. Mason : South-Western, 2001.

JOAG, S. G. Globalization : a many-faced marketing phenomenon. In : GLOBAL BUSINESS AND TECHNOLOGY ASSOCIATION : INTERNATIONAL CONFERENCE 2000, 2000, Rio de Janeiro. **Proceedings**... Rio de Janeiro: Pontifícia Universidade Católica, june 2000.

KANTER, R. M. The new business cosmopolitans. **Strategy & Business Journal**, New York, p.66-77, fall 1995.

KEEGAN, W. J. **Global marketing management**. 5. ed. New Jersey : Prentice-Hall, 1995.

KOBRIN, S. Is there a relationship between a geocentric mindset and multinational strategy? **Journal of International Business Studies, Basingstoke**, v.25, n. 3, p. 493- 511, 1994.

McENTIRE M. H.; BENTLEY, J. C. When rivals become partners: acculturation in newly-merged organization. **The International Journal of Organizational Analysis**, Bowling Green, v. 4, n. 2, p. 154-174, 1996.

MENDENHALL M.; ODDOU, G. The dimensions of expatriate acculturation : a review. **Journal of Management Review**, New York, vol. 10, n. 1, p. 39-47, 1985.

NAHAVANDI, A.; MALEKZADEH, A. R. Acculturation in merges and acquisitions. **Academy of Management Review**, Briarcliff Manor, v. 13, n. 1, p. 79-90, 1988.

OHMAE K. **The invisible continent** : global strategy in the new economy. New York : Harper Business, 2000.

_____. **Triad power** : the coming shape of global competition. New York : Freepress, 1985.

PARKER, B. **Globalization and business practice** : managing across boundaries. London : Sage, 1998.

PERLMUTTER, H. The tortuous evolution of the multinational corporation. **Columbia Journal of World Business**, Amsterdam, v. 4, n. 1, p. 9-18, 1969.

PORTER, M. **The competitive advantage of nations**. London : Macmillian, 1990.

_____. Clusters and competition. In : PORTER, M. E. **On Competition**. Boston : HBS Press, 1998.

RANDOLPH, B. When going global isn't enough : training in multinational organizations. **The Magazine of Human Resources Development**, Training, v. 27, n. 8, p. 47-52, august 1990.

SANTOS, C. M. B. Expatriadas brasileiras nos Estados Unidos : desafios e conquistas. In : ENCONTRO ANUAL DA ANPAD 2003, 2003, Itatiaia. **Anais**... Itatiaia, Brazil : Conference Proceeding, 2003.

SELMER, J.; DE LEON, C. Parent cultural control of foreign subsidiaries through organizational acculturation : a longitudinal study. **The International Journal of Human Resource Management**, London, v. 13, n. 8, p. 1147-1165, dec. 2003.

_____. Parent cultural control through organizational acculturation : HCN employees learning new work values in foreign business subsidiaries. **Journal of Organizational Behavior**, Chichester, v. 17, n. 6, p. 557-572, 1996.

SHARMA, S.; SOOD, R.; VOLLENWEIDER, M. Globalizing services. **The McKinsey Quarterly**, New York, n. 4, p. 9-11, 2000.

STAHL G. Between ethnocentrism and assimilation : an exploratory study of the challenges and coping strategies of expatriate managers. **Academy of Management Proceedings**, Briarcliff Manor, p. E1-E6, 2000.

SUMNER, W. G. **The sociological importance of usages, manners, customs, mores, and morals**. New York : Ginn & co., 1906.

YIP, G. S. **Total global strategy** : managing for worldwide competitive advantage. New Jersey : Prentice Hall, 1995.

POSICIONAMENTO DOS PAÍSES EMERGENTES NO MERCADO INTERNACIONAL DE S*OFTWARE*

Luis Claudio Kubota (COPPEAD/URFRJ)

Roberto Nogueira (COPPEAD/UFRJ)

Resumo

O objetivo deste trabalho é desenvolver um estudo do posicionamento dos principais *players* emergentes no mercado internacional de *software*. Como resultado deste estudo, é possível identificar as diferentes estratégias seguidas pelas empresas de países emergentes que buscam os mercados internacionais.

Realizou-se um estudo de caso com as indústrias de quatro nações: Índia, Israel, Irlanda e Brasil. Com relação ao Brasil, efetuaram-se entrevistas junto a cinco empresas brasileiras que atuavam no mercado internacional, bem como junto a representantes de entidades do setor. A pesquisa contribuiu para esclarecer a questão da necessidade de capital para a exportação de produtos, que está mal elaborada na literatura, além de trazer subsídios para a formulação das estratégias das empresas brasileiras e das ações da política industrial de *software* brasileira.

Introdução

Software é uma das opções estratégicas da Política Industrial, Tecnológica e de Comércio Exterior (PITCE) do Governo brasileiro. Trata-se de um setor dinâmico que possui um papel de bem intermediário em uma economia digital. Conforme aponta Athreye (2003), o *software* tem um papel análogo ao de bens de capital em uma economia baseada em tecnologias mecanizadas.

O mercado de *software* é complexo, pois abrange tanto serviços quanto produtos e mesmo os produtos são atípicos: têm um caráter intangível semelhante ao dos serviços. Gutierrez e Alexandre (2004) apresentam várias formas de classificar o *software*. Uma delas é baseada no modelo de negócios que resulta em três categorias: produtos, serviços e embarcado. Os produtos de *software*, por sua vez, são divididos em três categorias: infra-estrutura (ex: sistemas operacionais, programas servidores, *middleware*, gerenciador de redes, gerenciador de armazenagem, gerenciador de sistemas, segurança); ferramentas (ex: linguagens de programação, de gerenciamento de desenvolvimento, de modelagem de dados, de *business intelligence*, de *data warehouse*, ferramentas de internet); aplicativos (ex: ERP, CRM, recursos humanos, SCM).

Outra forma de classificar os produtos é em função do mercado a que se destinam, ou seja, horizontal, quando se aplicam a qualquer tipo de usuário, ou vertical, ligados a algum usuário ou atividade específica. Uma terceira maneira de classificar os produtos é em função da sua forma de comercialização: pacote (produtos padronizados), customizado (permitem adaptações para cada usuário) e sob encomenda.

Os serviços, por sua vez, são classificados pelas autoras em função do método de compra. *Outsourcing* é definido como a contratação de serviços por meio da transferência de uma parte significativa da responsabilidade pelo gerenciamento para o provedor de serviços. O *outsourcing* se diferencia de serviços discretos, aqueles que são realizados em um período de tempo curto e predeterminado. O *outsourcing* envolve relações contratuais de longo prazo e, muitas vezes, apresenta metas de desempenho, além de requerer uma razoável troca de informações, coordenação e confiança entre as partes. O nível de responsabilidade do provedor de serviço é variável.

As autoras classificam o *outsourcing* em duas categorias: convencional e *business process outsourcing* (BPO). O primeiro envolve a terceirização de uma atividade específica da área de TI, que tanto pode ser a infra-estrutura (ex: *call* center, gerenciamento de rede) quanto a gestão e a manutenção de aplicativos. Já o BPO pode ser definido como um contrato com uma organização externa, para que ela assuma a responsabilidade em fornecer um processo ou em função de negócio. O provedor é o responsável pelo projeto, assegurando o seu funcionamento, a eficiência da interface com as outras funções da empresa e a obtenção dos resultados desejados.

O *software* embarcado é aquele que não é percebido nem tratado separadamente do produto ao qual está integrado, seja esse produto uma máquina, um equipamento, seja um bem de consumo – um exemplo é o *software* embarcado em celulares.

O mercado de *software* é amplamente dominado por países desenvolvidos, com destaque para os Estados Unidos, sede das maiores empresas de informática do mundo. Entretanto, três países emergentes se destacam no mercado internacional de Tecnologia da Informação e Comunicação (TIC): Índia, Israel e Irlanda – os "3 Is". O presente trabalho tem, entre seus objetivos, analisar o padrão de exportação de cada um desses países em função dos mercados, trazendo contribuições para a análise estratégica das empresas brasileiras e para as pesquisas e ações da política industrial brasileira.

Revisão bibliográfica

Correa (1996) aponta três diferentes estratégias para a exportação de *software*. A primeira é a exportação de mão-de-obra. A segunda é a exportação de desenvolvimento de serviços de *software*, que pode se dar de três modos: desenvolvimento de *software* sob medida, de acordo com as especificações do cliente; subcontratação, que, em muitos casos, está confinada a atividades de programação; estabelecimento de *joint ventures*, em que o grau de envolvimento do parceiro local pode variar muito.

A terceira estratégia é a da exportação de produtos, que, segundo o autor, exige mais capital e habilidades de *marketing*: seu risco é consideravelmente mais alto que nas duas primeiras estratégias, principalmente quando há necessidade de desenvolver canais de distribuição e prestar serviços pós-venda. Athreye (2003) aponta que os produtos são mais intensivos em capital. Arora *et al.* (2001) defendem que são necessários investimentos substanciais para desenvolver e comercializar produtos. Conforme se verá adiante, essa relação entre necessidade de capital e produtos de *software* não se aplica a todos os produtos de *software*.

Mintzberg, Ahlstrand e Lampel (2000) defendem que o conceito de estratégia requer cinco definições diferentes: a estratégia é um *plano*, uma direção, um curso de ação para o futuro; a estratégia é um *padrão*, ou seja, um comportamento consistente ao longo do tempo; a estratégia é uma *posição*, isto é, a localização de determinados produtos em determinados mercados; a estratégia é uma *perspectiva*, ou a maneira fundamental de uma organização fazer as coisas; a estratégia é um *truque*, uma manobra específica para enganar um oponente ou concorrente. O conceito utilizado por Correa (*op. cit.*) é o de estratégia como uma posição, e é essa definição que será enfatizada no presente trabalho.

O relatório "A indústria de *software* no Brasil" (2002) aponta que a Índia é conhecida pelos serviços; a Irlanda, pela localização (tradução e adaptação de *software*); a China, pela gigante indústria de *hardware*; pode-se acrescentar Israel, com seus produtos avançados e pesquisa e desenvolvimento. O Brasil não tem uma imagem definida no mercado.

Segundo Baily e Farrell (2004), a acentuada queda nos custos de telecomunicações internacionais e a revolução digital propiciaram que atividades como programação e atendimento ao cliente passassem a ser executadas em países com baixo nível salarial, como a Índia.

Os consultores da McKinsey refutam as críticas protecionistas nos Estados Unidos, argumentando que aquele país é o principal beneficiário dessa tendência, podendo concentrar-se em atividades de maior valor agregado. Um estudo dessa conceituada consultoria indica que, para cada dólar gasto por uma empresa norte-americana ao transferir serviços para a Índia, as empresas estadunidenses economizam 58 centavos e, muitas vezes, recebem um serviço com melhor qualidade e produtividade. De modo semelhante, Arora e Gambardella (2004) defendem que, ao realizarem *outsourcing*, as empresas estadunidenses ganham importantes vantagens em relação a empresas européias ou japonesas, em termos de custos, flexibilidade e ciclos de desenvolvimento de produto mais curtos.

Os autores acrescentam que a flexibilidade do mercado de trabalho e o empreendedorismo dos EUA permitem que aquele país crie mais empregos do que os perdidos pelo *offshoring*. Ao elevar a produtividade, o *offshoring* permite que as empresas norte-americanas invistam mais nas tecnologias da nova geração, e, tendo a economia mais flexível e inovadora, os EUA estariam mais bem posicionados para se beneficiarem dessa tendência.

Essa idéia de que existe uma divisão internacional do trabalho, com as empresas estadunidenses se concentrando nas atividades mais avançadas tecnologicamente e terceirizando as tarefas de menor valor agregado, encontra respaldo no trabalho de Arora e Gambardella (*op. cit.*). Ao analisarem as exportações indianas, os autores concluem que as atividades de análise e desenho de requisitos, bem como a criação de novos produtos e soluções, são domínio dos Estados Unidos, visto que o país concentra os dois principais recursos para a inovação em *software*: talentosos *designers*, engenheiros de *software* e programadores, e proximidade com empresas grandes e tecnicamente sofisticadas. O resultado é a atração dos melhores talentos para os EUA.

A indústria indiana

A indústria indiana apresentou vendas de US$ 12,5 bilhões em 2002, obtidas através do trabalho de 250 mil empregados. As cifras representam 2,5% do PNB, conforme dados de Arora e

Gambardella (2004). A indústria doméstica indiana é pouco expressiva, o que explica em parte a sua orientação para o exterior, e está concentrada ao sul e a oeste do país, principalmente em Bangalore, onde estão localizadas as transnacionais. As exportações representam 76% do total, conforme Veloso *et al.* (2003).

Athreye (*op. cit.*) afirma que a Índia iniciou as suas exportações com a primeira estratégia apontada por Correa (*op. cit.*), e, em um estágio posterior, passou para a segunda, devido às iniciativas de *outsourcing* das empresas norte-americanas. A exportação de mão-de-obra se deu em virtude dos baixos salários dos programadores indianos em relação aos norte-americanos, o que representa uma vantagem comparativa para as empresas indianas. No que diz respeito à segunda estratégia, segundo Arora e Gambardella (2004), o próprio sucesso da indústria indiana seria reflexo de uma atitude proativa das transnacionais norte-americanas, que teriam mostrado ao mundo a viabilidade da Índia como destino viável de *outsourcing*, além de terem treinado uma massa crítica de trabalhadores locais.

Segundo Veloso *et al.* (2003), no caso indiano a exportação de mão-de-obra é a mais significativa, com crescente participação do *offshoring*, atividades de desenvolvimento realizadas na própria Índia, em função de crescentes restrições à imigração nos EUA e dos significativos investimentos diretos estrangeiros. As exportações são extremamente concentradas em poucas empresas, sendo que o conglomerado *Tata* responde pela maior parte delas.

Correa (*op. cit.*) e Athreye (*op. cit.*) apontam que as redes de relacionamento foram importantes para o sucesso da Índia no mercado de TIC. O elevado número de indianos atuando em empresas norte-americanas facilitou o contato com empresas do país asiático. Atualmente, as empresas indianas estão buscando ativamente alianças estratégicas nas suas iniciativas de penetração do mercado norte-americano (Clancy, 2004; Services Sell, 2001; Bills, 2004).

A fluência do idioma inglês é fundamental nesse mercado. Trabalho da UNCTAD (2002) traz a informação de que a Índia possui o segundo maior contingente de cientistas fluentes em inglês do mundo.

Definindo posicionamento como a forma como o produto é definido pelos consumidores quanto aos seus atributos mais importantes, ou o lugar que ele ocupa na cabeça dos consumidores com relação aos seus concorrentes, pode-se constatar que a indústria indiana de *software* está posicionada no mercado de serviços de baixa complexidade. Entretanto, Athreye (*op. cit*) ressalta que a indústria indiana tem obtido contratos de maior porte a partir de 2001, citando projetos para empresas como a Motorola, Airbus, British Telecom, Lehmann Brothers, Ericsson e GE Medical Systems, que atingem cifras de até US$ 70 milhões anuais. Isso indica que as empresas indianas estão começando a penetrar o mercado de maior valor agregado.

As grandes empresas têm buscado se especializar: *Tata* e *Infosys,* no mercado financeiro e de seguros; *Pentafour*, em animação; *Satyam*, em sistemas automatizados em manufatura de transporte; e *Wipro*, em telecomunicações e serviços de pesquisa e desenvolvimento.

Outra ação adotada pelas empresas indianas é a obtenção de certificados de qualidade, como o *Capability Maturity Model* (CMM). Cerca de metade das empresas que possui o certificado nível 5 (mais elevado) no mundo é da Índia. Além de exercer um papel de sinalização para o mercado, o processo de certificação garante que as empresas tenham um maior controle sobre os defeitos de programação, e os defeitos em fases mais adiantadas de um projeto têm custos dezenas de vezes maiores do que as falhas detectadas em uma fase inicial. Como a prática de mercado cada vez mais se dá por projetos de preço fixo, os estouros nos custos e o orçamento de projetos devem ser arcados pelas desenvolvedoras, ou, no mínimo, envolver uma dura negociação com os clientes. Com isso, também são muito importantes os conhecimentos de gerenciamento de projetos (PMI).

A indústria irlandesa

A indústria nacional irlandesa movimentou US$ 1,6 bilhões (1,3% do PNB), empregando 12.600 empregados em 2002, segundo dados de Arora e Gambardella (2004). Já as multinacionais instaladas no país venderam US$ 12,3 bilhões (10,1% do PNB), empregando 15.300 pessoas no mesmo ano. As empresas estão concentradas em Dublin, conforme Ó Riain (1997). Os dados indicam que as vendas por empregado são mais de seis vezes maiores para as multinacionais do que para as empresas nativas. Assim como no caso indiano, o mercado doméstico irlandês é pouco representativo, e 59% do valor gerado pelas empresas nacionais eram exportados em 1995.

Ó Riain (*op. cit.*) analisa a indústria irlandesa de TIC, responsável pela expressiva taxa de crescimento de uma das economias mais pobres da Europa, dividindo-a em duas grandes atividades:

- **Logística de *software* e localização** (o processo de traduzir e adaptar um *software* para novos mercados). Essa atividade é dominada pelas transnacionais norte-americanas, que desenvolvem no país atividades menos sofisticadas de desenvolvimento e tradução e são servidas por gráficas, tradutores e outros fornecedores. Essa atividade é totalmente voltada para a exportação, visto que a Irlanda se tornou o principal centro da Europa para a localização.

- **Desenvolvimento de *software***: dominada por pequenas e médias empresas irlandesas que estão ganhando reconhecimento nos mercados internacionais e construindo parcerias estratégicas com empresas dos Estados Unidos. Em alguns casos, estão emitindo ações no mercado norte-americano.

Ó Riain (*op. cit.*) ressalta que as perspectivas de que as transnacionais transfiram atividades mais sofisticadas de desenvolvimento são vistas com ressalvas. Os gerentes que o autor entrevistou relatam que, em função da distância, as empresas norte-americanas têm receio de perderem o controle do desenvolvimento. As restrições quanto à capacidade técnica não são centrais. As transnacionais buscam manter controle dos processos estratégicos de desenvolvimento e *marketing* de *software*. Assim como no caso indiano, a rede de relacionamentos exerce um papel importante. Executivos irlandeses em transnacionais nos EUA atuam no sentido de desenvolver a indústria irlandesa.

A indústria do país celta está posicionada nos serviços de baixa complexidade, principalmente em localização. O fato de a indústria irlandesa ser, em grande parte, uma base de localização na Europa para as empresas transnacionais torna a sua experiência menos relevante para o Brasil, único país lusófono em continente de fala espanhola.

A indústria israelense

A indústria israelense movimentou US$ 4,1 bilhões (3,7% do PNB) em 2001, empregando 15 mil pessoas, conforme informações de Arora e Gambardella (2004). Segundo Teubal, Avnimelech e Gayego (2002), a indústria está concentrada em Tel Aviv e Hertzliya, e, em menor escala, em Haifa e Jerusalém. Apenas 28% do valor gerado pelas empresas nacionais eram exportados em 1994, segundo Ó Riain (*op. cit.*).

De acordo com Teubal, Avnimelech e Gayego (2002), o setor de TIC israelense cresceu 4,5 vezes durante os anos 90. A participação do crescimento de TIC no crescimento do setor empresarial foi de 74% no ano 2000 e de 39% nos anos 90. A participação do setor de TIC no setor empresarial é de 13,3%, quase o dobro da média dos países da OCDE. Esse crescimento é caracterizado por um *cluster* de empresas em que a presença de *star-ups* e firmas de *venture capital* é uma característica marcante. Trata-se de um setor extremamente ligado às empresas do Vale do Silício, de Boston, e a outras áreas dos Estados Unidos. O número de *initial public offerings* (IPOs) de empresas israelense nos EUA é o terceiro maior, atrás apenas de empresas estadunidenses e canadenses.

Entre os fatores que os autores apresentam para esse crescimento espetacular, estão assim listados: a disponibilidade de um grande contingente de pessoal altamente qualificado (o país possui um dos maiores percentuais de engenheiros como fração da população do mundo), a existência de um setor de alta tecnologia nos anos 80, o estabelecimento de transnacionais nos anos 70, a existência de instituições como o Exército e de fortes capacidades empreendedoras, especialmente na fase de *start-up*. Assim como nos casos indiano e israelense, as experiências de gerentes, engenheiros, empreendedores e investidores nos Estados Unidos, bem como as resultantes redes de relacionamento, são um fator explicativo do sucesso. Os autores destacam uma série de empresas da área de segurança de informação que conseguiram desenvolver e lançar produtos no mercado internacional. Segundo Arora e Gambardella (2004), as transnacionais se instalaram em Israel para gerar pesquisa e promover desenvolvimento.

A indústria brasileira

A indústria brasileira de *software* movimentou cerca de US$ 7,7 bilhões em 2001 (1,5% do PNB), empregando160 mil pessoas, conforme informações de Arora e Gambardella (2004). Em flagrante contraste com os casos anteriores, apenas 1,5% do valor gerado pela indústria é exportado, conforme Veloso *et al.* (2003). Ao contrário do que ocorre nos casos irlandês e indiano, o mercado doméstico de *software* no Brasil é extremamente significativo, o que desestimulou as exportações. Existem pólos de *software* em todas as regiões do País, mas a maior concentração de empresas se dá no Sudeste, e, em seguida, no Sul.

O objetivo de ampliar a inserção das empresas brasileiras de *software* no cenário internacional é antigo. O Programa Nacional de *Software* para Exportação – Softex 2000 – tinha o objetivo de alcançar um por cento do mercado internacional no ano 2000, cifra estimada na época em US$ 2 bilhões. As melhores estimativas de exportações para 2000 são da ordem de US$ 190 milhões, ou seja, menos de 10% da meta original. Em 1996, o Programa

Softex deixou de ser gerido pelo Governo Federal, passando a ser coordenado por uma Organização da Sociedade Civil de Interesse Público (Oscip), a Sociedade Softex.

Um trabalho da OCDE (1998) ressalta que as estatísticas sobre exportação de *software* são muito pouco confiáveis, mesmo nos países centrais. As estatísticas de importação – pelo Japão – de *software* oriundo dos Estados Unidos, em 1994, variavam de US$ 216,8 milhões a US$ 2.436,2 milhões. No caso brasileiro, o depoimento de representante do Ministério da Ciência e Tecnologia aponta na mesma direção: "A rigor, não se sabe o número exato das exportações do Brasil, porque a estatística do Banco Central não capta o valor obtido na venda de serviços de software" (Oliveira, 2005, p. 38).

A indústria brasileira de *software* enfrenta algumas dificuldades nos âmbitos interno e externo. Uma delas é o do baixo nível de internacionalização das empresas, como aponta Behrens (2003). Ao contrário dos casos indiano, irlandês e israelense, existe um número reduzido de técnicos estrangeiros atuando no setor no País, poucos brasileiros estudando ou trabalhando com tecnologia da Informação e da Comunicação (TIC) no exterior.

Outro fator inibidor, apontado por Behrens (*op. cit.*), é o *country of origin effect*, o impacto que as generalizações e as percepções a respeito de um país exerce sobre a avaliação de produtos e/ou marcas daquele mesmo país. O Brasil é um país cuja pauta de exportações é fortemente regrada em *commodities* agrícolas e minerais, e produtos industrializados de menor conteúdo tecnológico, como calçados e suco de laranja. Segundo o exportador César Gon, CEO da Ci&T:

> A imagem do Brasil nunca está associada à oferta de tecnologia. Gasto 80% da janela de vendas falando do Brasil e da sua competência em tecnologia da Informação e da Comunicação (TIC). Nenhum executivo de empresa norte-americana é demitido por contratar serviços da Índia, já o Brasil é visto basicamente como fornecedor de *commodities* agrícolas. (Oliveira, 2005, p. 33 e 34).

Lampert e Jaffe (1996) defendem que o sucesso de uma empresa em penetrar em um mercado estrangeiro depende de vantagens relativas de custos, esforço de *marketing* e da sua imagem percebida do país e da indústria. Em um mercado internacional, a imagem do país de origem da empresa e o viés do país de origem do comprador podem ser mais importantes que a imagem da marca de um produto importado. A imagem do país de origem afeta o preço que os consumidores estão dispostos a pagar. Ó Rian (1997, p. 202) cita o depoimento de um representante do *Irish Trade Board* nos Estados Unidos, para o qual, para se obter sucesso no mercado norte-americano, "você precisa se tornar, parecer e sentir como uma empresa Norte-Americana".

Outra dificuldade enfrentada pela indústria brasileira é o tamanho das suas empresas. A primeira empresa brasileira do *ranking* IDG (100 MAIORES Informática 2004, 2004), em vendas de *software* e serviços, é a *Politec*, com faturamento de R$ 402,4 milhões em 2003, ou US$ 139,3 milhões ao câmbio de 31 de dezembro de 2003. Desconsideram-se a Serpro (estatal) e a Serasa (cujo foco não é TIC). A IBM faturou com *software* e serviços no Brasil, no mesmo período, R$ 3,1 bilhões. Ou seja, as empresas brasileiras têm menor porte frente às multinacionais mesmo no mercado interno. Relatório do *Massachussets Institute of Technology* (A INDÚSTRIA de *software* no Brasil 2002, 2002) aponta que as cinco maiores empresas nativas indianas vendem todas mais de US$ 300 milhões. Os valores mais atualizados indicam que a *Infosys Technologies*, a *Tata Consultancy Services* e a *Wipro Technologies* superaram US$ 1 bilhão em vendas.

Metodologia

O objetivo deste trabalho é estudar o posicionamento das empresas de países emergentes no mercado internacional de *software*. Para atingir tal objetivo, desenvolve-se um estudo de caso com as indústrias de *software* de quatro países: Índia, Israel, Irlanda e Brasil. O estudo pode ser classificado como múltiplo e descritivo, utilizando a nomenclatura de Yin (1993). Os "3 Is" foram selecionados por serem os países emergentes que mais têm-se destacado no mercado internacional de *software*. O Brasil foi selecionado porque é objetivo do estudo contribuir com subsídios para a política industrial brasileira.

Utilizaram-se diversas fontes de informação, conforme o recomendado por Yin (1989). No caso dos "3 Is", as fontes foram basicamente artigos acadêmicos e consultas a sítios de entidades como a indiana NASSCOM. No caso brasileiro, além de artigos acadêmicos, aproveitaram-se relatórios de institutos de pesquisa especializados em Informática, como a IDG, e entrevistas realizadas junto aos principais executivos de cinco empresas que desenvolviam atividades no mercado internacional: *Consist*, Datasul, Ci&T, Compera e *D'Accord*. No caso da *Consist*, o vice-presidente executivo foi entrevistado pessoalmente, e o presidente participou dos Estados Unidos via audioconferência. Além desses executivos, entrevistou-se na sua residência o professor Alfredo Behrens, que desenvolveu pesquisa sobre o *software* brasileiro em projeto da *London Business School*, juntamente com os executivos da Associação Brasileira de *Software* (ABES), em São Paulo, e *Softex*, em Campinas. As entrevistas fazem parte de um projeto de pesquisa mais amplo, que não abrange apenas a questão da internacionalização, e inclui outras organizações além das citadas.

As entrevistas foram conduzidas nas sedes das empresas, com exceção da *D'Accord*, que foi feita durante um Congresso em São Paulo. No caso da *D'Accord*, utilizaram-se também informações do caso apresentado durante o Congresso. Preparou-se um questionário com perguntas abertas, adaptadas à realidade e aos pontos de interesse de cada empresa. As perguntas visavam meramente nortear as entrevistas, sendo que houve abertura para o surgimento de novos temas de discussão. A coleta de dados de campo foi feita em 2004.

Segue uma breve descrição das empresas e o motivo da sua seleção na pesquisa:

◆ *Consist*, com sede em São Paulo, empresa com coligadas em dez países: Estados Unidos, Austrália, Argentina, Chile, Paraguai, Uruguai, México, Espanha, Alemanha e Israel.

◆ Ci&T, com sede em Campinas. Seu CEO é fundador de um consórcio de empresas de Campinas voltadas para a exportação (*Actminds*).

◆ Compera, com sede em Campinas. Empresa com atuação no mercado latino-americano, focada em mobilidade e *softwares* embarcados em celulares. Tem como clientes todas as operadoras de telefonia móvel do Brasil.

◆ *Datasul*, com sede em Joinville, uma das mais conhecidas firmas de TIC do Brasil, segunda empresa de *software* do *ranking* do Balanço Anual 2004, da Gazeta Mercantil. Fundadora da Associação Brasileira das Empresas de *Software* e Serviços para Exportação (Brasscom).

◆ *D'Accord*, com sede em Recife. Empresa de pequeno porte, com 60% da receita oriunda de vendas no exterior.

Análise e resultados

Produtos e necessidade de capital

Conforme ressaltou-se anteriormente, vários autores (Athreye, 2003; Correa, 1996; Arora *et al.*, 2001) defenderam que o desenvolvimento e a comercialização de produtos requerem grande quantidade de capital. Se, por um lado, é consensual que o desenvolvimento de produtos de *software* é uma atividade complexa, por outro, esses autores, aparentemente, desconsideram a *Internet* como um meio de comercialização dos *softwares*. O trabalho da OCDE (*op. cit*) destacou as oportunidades abertas pela revolução da distribuição eletrônica de *software*, resultado da *Internet*.

A experiência da pequena *D'Accord* é um exemplo de que essa relação não se aplica a todos os tipos de produtos de *software*. Segundo Amorim e Dornelas (2004), a empresa nasceu no Centro de Informática da Universidade Federal de Pernambuco, no ano de 2000. Em 2003, a Companhia lançou o produto *D'Accord Guitar Chord Dictionary*, cujas vendas no exterior apresentaram excelente resultado. Além desse produto, a empresa também comercializou o *D'Accord Easy Tuner* e o *D'Accord Keybord Chord Dictionary*.

Entre os parceiros da empresa, destacam-se os *sites* de conteúdo musical visitados por músicos profissionais e amadores. Para ter seu produto divulgado, a empresa criou um sistema de parceria comissionada, em que o *site* recebe uma comissão de 20% sobre o valor das vendas geradas pelos seus usuários. Outros parceiros são os *sites* de *downloads*. O processamento dos pagamentos das transações internacionais também é feito através de um parceiro estratégico, que processa todas as etapas da compra, desde o pedido até o fechamento da venda. O usuário efetua o pagamento para a parceira, que consolida os pedidos, desconta a sua comissão e repassa o restante para a *D'Accord*. Além da redução de custos, outras vantagens são o aumento da confiança do consumidor ao lidar com uma empresa norte-americana estabelecida, bem como o serviço ao cliente via *e-mail* ou *fax* durante o pedido de compra. O CEO da empresa ressalta a importância de se estabelecer um canal de comunicação eficiente com o parceiro. A transparência deve ser uma constante, para garantir a construção de um relacionamento baseado na confiança e no apoio mútuo.

A experiência da *D'Accord* demonstra que produtos de baixa complexidade de uso, que não requerem demonstração presencial para sua venda e que possam ser comercializados via *Internet*, podem ser exportados sem necessidade de vultosos investimentos. A realização de alianças estratégicas contribui para viabilizar esse tipo de negócio. Moen, Endresen e Gavlen (2003) ressaltam que *softwares* padronizados e baratos são mais adequados para a compra pela *Internet*.

Posicionamento dos países

A análise dos casos indica que os países estão posicionados da seguinte maneira na tabela a seguir:

Tabela 1 – Matriz de complexidade e natureza do *software*. Elaboração do autor.

	Serviços	Produtos
Baixa complexidade	1	2
Alta complexidade	4	3

As empresas indianas – em virtude das suas vantagens comparativas – ocupam principalmente o primeiro quadrante, mas procuram introduzir produtos no terceiro e têm conseguido vender projetos de maior complexidade no quarto quadrante. As empresas irlandesas estão posicionadas principalmente no segundo quadrante, procurando alcançar posições também no terceiro quadrante. A indústria israelense está posicionada confortavelmente no terceiro quadrante.

Recomendações estratégicas para as empresas brasileiras

Os estudos de caso trazem as seguintes recomendações para as empresas brasileiras. Em qualquer estratégia, as empresas brasileiras têm desvantagens com relação às concorrentes indianas, israelenses e irlandesas, em função da baixa penetração de seus profissionais no *networking* de TIC norte-americano. Outra desvantagem é um efeito negativo do *country of origin effect* no caso das empresas brasileiras de *software*. Uma terceira desvantagem diz respeito ao idioma. O inglês é a língua oficial da Irlanda, e as pessoas escolarizadas na Índia e Israel são fluentes naquele idioma.

O setor de serviços de baixa complexidade está fortemente dominado, há décadas, pelas empresas indianas que apresentam porte muito maior que as brasileiras. Em função disso, a entrada é difícil e pouco atraente devido à baixa rentabilidade. A experiência da *D'Accord* ilustra uma oportunidade de mercado para as empresas no segmento de produtos de baixa complexidade. A estratégia recomendada, nesse caso, é a de desenvolver alianças estratégicas com empresas estrangeiras, e a de comercializar produtos de nicho através da *Internet*. A experiência israelense demonstra que, para ter sucesso com produtos de alta complexidade, é necessário efetuar pesquisa e promover desenvolvimento, além de lançar produtos inovadores – em nível internacional – no mercado.

Para obter colocações no quarto quadrante, o objetivo de empresas como a Ci&T – a obtenção de certificados de qualidade como o CMM – é fundamental, tendo em vista que os projetos estão sendo vendidos por preço fixo, o que requer um rigoroso controle sobre os defeitos, os custos e orçamento do projeto. Além disso, as concorrentes indianas são líderes mundiais em certificação de nível 5. A estratégia de realizar alianças com outras empresas brasileiras voltadas para a exportação, como a Ci&T e *Datasul* estão fazendo, é interessante em virtude do porte das concorrentes indianas. É oportuno ressaltar que tanto as empresas brasileiras quanto as indianas têm de enfrentar a resistência – por parte das empresas norte-americanas – de abrir mão do controle sobre etapas mais críticas de desenvolvimento.

Conclusões

O presente trabalho procurou posicionar as empresas dos principais *players* emergentes no mercado internacional de *software*, além de identificar diferentes estratégias seguidas pelas companhias indianas, irlandesas e israelenses em cada segmento de mercado. Isso permitiu levantar recomendações estratégicas para firmas brasileiras que buscam atuar no exterior. Outra contribuição da pesquisa foi a de esclarecer que, ao contrário do que prega a literatura, nem sempre a comercialização de produtos de *software* requer somas vultosas de capital. A distribuição dos *softwares* pela *Internet*, somada à realização de alianças estratégicas com empresas estrangeiras, permite que mesmo pequenas empresas participem desse mercado. Os resultados foram obtidos através de uma extensa revisão de artigos acadêmicos, consulta a *sites* na *Internet*, entrevista a executivos de empresas e de entidades representativas da indústria brasileira de *software*.

Referências Bibliográficas

100 MAIORES informática 2004. São Paulo: IDG Brasil, 2004.

A INDÚSTRIA de software no Brasil 2002 : fortalecendo a economia do conhecimento.

Massachussets Institute of Technology, Campinas: Softex, 2002. 80 p.

AMORIM, A. N.; DORNELAS, J. S. Ambiente virtual: oportunidade para exportar software brasileiro. In : CONGRESSO ANUAL DE TECNOLOGIA DA INFORMAÇÃO, 1., 2004, São Paulo. **Anais...** São Paulo : EAESP/FGV, 2004. 1 CD-ROM.

ARORA, A. et al. The indian software services industry: structure and prospects. **Research Policy**, Amsterdam, v. 30, n. 8, p. 1267-1288, 2001.

______; GAMBARDELLA, A. **The globalization of the software industry** : perspectives and opportunities for developed and developing countries. May 2004. Disponível em: <http://www.nber.org/books/innovation5/arora-gambardella5-3-04.pdf>. Acesso em: 1 Fev. 2005.

ATHREYE, S. S. **The Indian software industry**. New York: Carnegie Mellon Software Industry Center, oct. 2003. (Working paper, 03-04). Disponível em: <http://www.softwarecenter.cmu.edu/CenterPapers/Indian_Software.pdf>. Acesso em: 4 Fev. 2005.

BAILY, M. N.; FARRELL, D. Exploding the myths of offshoring. **The McKinsey Quarterly**, New York, July 2004. Disponível em: <http://www.mckinseyquarterly.com/article_print.aspx?L2=4&L3=115&ar=1453>. Acesso em: 1 Fev. 2005.

BEHRENS, A. **Brazilian software**: the quest for an export-oriented business strategy. London : London Business School, abr. 2003. (DRC Working Papers, 21). Disponível em: <http://www.london.edu/cnem/Current Research/DRC Working Papers/DRC21.pdf> Acesso em: 30 Nov. 2004.

BILLS, S. Indian software firm's end run around offshoring. **American Banker**, New York, v. 169, n. 174, p. 17-9, Sept. 2004.

CLANCY, H. Offshore companies seek U.S. presence, partner expertise. **CRN**, New York, n. 1116, p. 12-11, Aug. 2004.

CORREA, C. M. Strategies for software exports from developing countries. **World Development**, Oxford, v. 24, n. 1, p. 171-182, 1996.

GUTIERREZ, R. M. V.; ALEXANDRE, P. V. M. Complexo eletrônico: introdução ao software. **BNDES Setorial**, Brasília, n. 20, p. 3-76, set. 2004.

LAMPERT, S, I.; JAFFE, E. D. Country of origin effects on international market entry. **Journal of Global Marketing**, New York, v. 10, n. 2, p. 27-52, 1996.

MINTZBERG, H.; AHLSTRAND, B.; LAMPEL, J. **Safári de estratégia:** um roteiro pela selva do planejamento estratégico. Porto Alegre: Bookman, 2000. 299 p.

MOEN, Ø; ENDRESSEN, I.; GAVLEN, M. Use of the internet in international marketing: a case study of small computer software firms. **Journal of International Marketing**, Chicago, v. 11, n. 4, p. 129-149, 2003.

OCDE. **Measuring party on the information economy**. DSTI/ICCP/IE(98)3/FINAL, 1998. Disponível em: <http://www.oecd.org/dataoecd/32/52/2094340.pdf>. Acesso em: 14 Jan. 2005.

OLIVEIRA, E. Exportar já é mais que promessa : empresas brasileiras encontram muitos nichos de mercado para pegar a onda do offshoring. **Desafios do Desenvolvimento**, Brasília, n. 6, p. 32-38, jan. 2005.

Ó RIAIN, S. Na offshore Silicon Valley? The emerging Irish software industry. **Competition & Change**, London, v. 2, n. 2, p. 175-212, 1997.

SERVICES SELL. **Business India Intelligence**, New York, v. 8, n. 9, p. 6, Sept. 2001.

TEUBAL, M.; AVNIMELECH, G.; GAYEGO, A. L. Company growth, acquisitions and access to complementary assets in Israel's data security sector. **European Planning Studies**, Abingdon, v. 10, n. 8, p. 933-953, 2002.

UNCTAD. **Changing dynamics of global computer software and services** : implications for developing countries. United Nations :UNCTAD/ ITE/TEB/12, 2002. Disponível em: <http://www.unctad.org/en/docs/ psitetebd12_en.pdf>. Acesso em: 15 Dez. 2004.

VELOSO, F.; BOTELHO, A. J. J.; TSCHANG, T.; AMSDEN, A. **Slicing the knowledge-based economy in Brazil, China and India** : a tale of 3 software industries. Campinas : Softex, 2003. Disponível em: <http://www.softex. br/cgi/cgilua.exe/sys/ start.htm?sid=177&user=reader>. Acesso em 21 Set. 2004.

YIN, R. **Case study research**: design and methods. Newbury Park: Sage, 1989.

YIN, R. **Applications of case study research**. Newbury Park: Sage, 1993.

MENSURAÇÃO DO DESEMPENHO ORGANIZACIONAL: QUESTÕES CONCEITUAIS E METODOLÓGICAS

Jorge Carneiro (IAG/PUC-Rio)

Resumo

O desempenho organizacional é um tema que tem recebido considerável atenção em estudos conceituais e empíricos. Diversos trabalhos já abordaram os fatores que afetam o desempenho, enquanto muitos outros endereçaram questões relativas à definição do construto e à sua mensuração. Embora o tema seja bastante relevante, ou talvez em conseqüência de tal relevância, não se chegou (talvez nem se deva esperar que se chegue) a um consenso sobre como caracterizar o construto *desempenho* e sobre como mensurá-lo. O objetivo deste artigo é propor um esquema genérico para caracterização do *desempenho* que evidencie a existência de distintas dimensões conceituais (relativas à definição do construto) e metodológicas (relativas à coleta e tratamento dos dados). Tal esquema poderá servir como orientação para autores na área, bem como facilitar a comparação entre diversos trabalhos de pesquisa.

Introdução

O presente artigo visa a contribuir para a pesquisa na área de Gestão Estratégica por meio de uma extensa revisão e organização da literatura, cobrindo as áreas de Gestão Estratégica e de Negócios Internacionais e, em menor extensão, as áreas de *Marketing* e de Novos Negócios. São quatro seus objetivos:

- Discutir a conceituação e a mensuração do construto *desempenho* através de uma revisão e organização da literatura conceitual e empírica, cobrindo as áreas de Gestão Estratégica e Negócios Internacionais e, em menor extensão, também as áreas de *Marketing* e de Novos Negócios.

- Propor um esquema genérico de caracterização do *desempenho* de forma a evidenciar dimensões complementares (embora eventualmente conflitantes) do construto que possam servir como orientação básica para futuras contribuições teóricas e empíricas, bem como facilitar a comparação entre diversos trabalhos de pesquisa.

- Detalhar as dimensões componentes do desempenho e discutir a sua aplicabilidade, bem como algumas das principais limitações no uso de diversas medidas e indicadores.

- Organizar e apresentar os tipos de indicadores de *desempenho* que têm sido mais freqüentemente utilizados nas pesquisas empíricas no campo da Gestão Estratégica.

Multidimensionalidade do construto desempenho

O *desempenho* organizacional é um fenômeno complexo e multifacetado, que escapa a uma concepção simplista. Diferentes pesquisadores têm focado a sua atenção em distintos e específicos aspectos de tal conceito. Seja devido a limitações de tempo ou de recursos ou de disponibilidade de dados, seja devido a objetivos específicos das suas pesquisas ou a suas orientações disciplinares, cada autor acaba enfatizando apenas uma ou algumas poucas perspectivas sob as quais o fenômeno do *desempenho* pode ser entendido. Constitui um considerável desafio organizar as diferentes perspectivas do *desempenho* em um todo integrado e consistente, desafio que se torna ainda maior quando a busca por parcimônia também deve ser respeitada.

Em geral, não é possível descrever o sucesso de uma empresa, de uma divisão ou de um projeto fazendo-se uso simplesmente de uma única métrica. De fato, diversas perspectivas deverão ser consideradas para se avaliar se o sucesso está ou não alcançado. Além disso, dado que os executivos trabalham num contexto de racionalidade limitada (March & Simon, 1958) e têm que, de alguma forma, atender aos interesses de *stakeholders* diversos (Hill & Jones, 1998), o sucesso pode, a rigor, ser entendido como uma questão de grau ou de nível, dependente do ponto de vista do avaliador, e não uma simples questão dicotômica entre "sim" ou "não".

Barney (1996) menciona terem sido propostas diversas definições para *desempenho organizacional*, sem haver consenso sobre qual definição seria a melhor ou sobre quais critérios deverão ser utilizados para se julgarem as definições; tendo em vista que cada medida de desempenho tem as suas limitações, será adequado adotar-se para tal uma multiplicidade de abordagens. Barney organiza a sua análise em torno de quatro abordagens do *desempenho*: sobrevivência, medidas contábeis, perspectiva de múltiplos *stakeholders* e medidas de valor presente.

As medidas tradicionais contábeis-financeiras, por exemplo, podem indicar o *desempenho* de uma empresa no passado recente, mas não servem como garantia de desempenho futuro, em especial se as circunstâncias do futuro não repetirem as condições do passado (Barney, 1996). Com relação à parcela de mercado, um aumento nesse indicador pode ser devido a causas diversas – por exemplo, o produto pode ter tido uma excepcional aceitação pelos clientes ou, ao contrário, a empresa pode estar "comprando" mercado por meio de cortes nos preços ou, ainda, a categoria específica de produto pode estar substituindo outras categorias em outras indústrias, ou seja, a métrica, em si, pouco diz sobre se o *desempenho*, definido em termos amplos, efetivamente melhorou ou se o *desempenho* da empresa melhorou mais que o de seus concorrentes. Ademais, em determinadas circunstâncias (por exemplo, desenvolvimento de novos produtos, entrada em novos segmentos, expansão internacional, reposicionamento da marca), é possível que prejuízos de curto prazo sejam toleráveis, no entendimento de que são parte do preço a pagar para se conquistar uma posição mais forte no futuro.

Muitos pesquisadores têm sugerido o uso de múltiplas medidas para se definir um conceito tão complexo como o de *desempenho* organizacional. Venkatraman & Ramanujam (1986), por exemplo, compararam as vantagens e as desvantagens de indicadores financeiros *vs*. operacionais, bem como de fontes primárias *vs*. fontes secundárias. Hirschey & Wichern (1984) sugerem que as medidas contábeis não refletem o mesmo fenômeno subjacente de lucratividade capturado por medidas de mercado, ou seja, cada um dos tipos de medida forneceria evidência distinta sobre o desempenho. Fiegenbaum *et al*. (1996) propõem o uso de diversos "pontos de referência", tanto internos (entradas e resultados estratégicos) quanto externos (concorrentes, clientes, outros *stakeholders*).

Essa posição também é defendida na literatura de Negócios Internacionais. Por exemplo, Madsen (1998) entende que "uma determinada operação exportadora pode ser considerada bem-sucedida se as suas metas são atingidas ou ultrapassadas" (p.82). Contudo, tendo em vista que um julgamento sobre se determinado objetivo está ou não atingido pode depender da percepção subjetiva do avaliador, o autor sugeriu o uso de medidas objetivas e subjetivas, bem como o uso de medidas relativas (*benchmarks*).

Katsikeas *et al*. (2000) revisaram a literatura sobre *desempenho* de exportações e encontraram três visões complementares desse tema: eficácia, eficiência e adaptabilidade. Além disso, eles encontraram também diferentes perspectivas de referência: doméstica, da indústria, dos objetivos estratégicos e temporal. Foram identificadas três orientações temporais: histórica, atual e futura. Por fim, foram observados pontos de vista diversos: de orientação interna, baseados nos concorrentes ou baseados nos clientes.

Usando a análise fatorial, Shoham (1998) conclui que o desempenho exportador pode ser caracterizado por três "dimensões" principais: receitas de exportação, lucratividade e crescimento. Segundo o autor, no longo prazo é esperado que as três medidas se mostrem relacionadas, embora no curto prazo possam existir significativas divergências, tendo em vista possíveis conflitos entre os objetivos – por exemplo, uma política agressiva de preços baixos pode levar a um aumento da participação de mercado, embora com uma queda na lucratividade de curto prazo, mas a lucratividade pode vir a ser recuperada no longo prazo, caso os custos sejam significativamente sensíveis à escala.

Kaplan & Norton (1992) propuseram uma combinação de quatro visões complementares do *desempenho* – conjuntamente designadas por *balanced scorecard* ou indicadores balanceados – que, ao mesmo tempo que relatariam a história passada, também trariam indicações sobre o desempenho futuro esperado: visão financeira, visão dos clientes, visão dos processos internos e visão de inovação e aprendizado.

Num artigo em que enfoca a definição conceitual e as formas de se operacionalizar o conceito de estratégia, Ginsberg (1984) discute, entre outros pontos, questões relativas a três importantes aspectos de mensuração: a origem (ou fonte) dos dados, o formato dos dados e as técnicas de análise dos dados. As suas conclusões podem ser extrapoladas da conceituação de estratégia para a caracterização do construto *desempenho*.

Proposição de modelo genérico

Tomando por base os trabalhos anteriormente mencionados e uma revisão de mais de 150 artigos, cobrindo *desempenho* organizacional na literatura de Gestão Estratégica, Negócios Internacionais, *Marketing* e Novos Negócios, um modelo geral de classificação dos diversos aspectos do desempenho é aqui proposto (Tabela 1), o qual leva em conta as macrodimensões conceituais (ou seja, de definição) e as macrodimensões metodológicas (ou seja, relativas à coleta dos dados). A terminologia utilizada na Tabela 1 e as regras de classificação adotadas podem ser diferentes das de outros esquemas de modelagem e classificação encontrados na literatura. Contudo, tais decisões refletem o melhor entendimento dos autores desse trabalho com relação às diversas perspectivas do fenômeno e representam um esforço para padronizar a terminologia em futuros estudos sobre desempenho. As categorias gerais foram construídas a partir da inter-relação entre seus componentes e em função de considerações de parcimônia.

Nas próximas duas seções, será conduzida uma breve discussão dessas macrodimensões e medidas, focando na sua relevância, aplicabilidade e limitações.

Detalhamento das macrodimensões componentes do construto desempenho

Óptica dos stakeholders

Os *stakeholders* de uma empresa são indivíduos ou grupos que têm interesse na empresa ou são afetados pelas suas ações (Hill & Jones, 1998). Cada *stakeholder* colabora com recursos ou outras contribuições e, em contrapartida, espera que seus interesses sejam atendidos. A Tabela 2 apresenta exemplos de tais contribuições e expectativas.

Tabela 1 – Modelo Genérico para Caracterização do Desempenho Organizacional.

Macrodimensões conceituais					Macrodimensões metodológicas		
Óptica dos *stakeholders*	Classes de Medidas	Perspectiva de referência	Orientação temporal		Nível de Análise	Objetividade dos dados	Formato dos dados
▪ Acionistas ▪ Clientes ▪ Empregados ▪ Executivos e Gerentes ▪ Credores ▪ Fornecedores ▪ Canais de distribuição ▪ Parceiros ▪ Sindicatos ▪ Beneficiários de pensões ▪ Membros do Conselho de Adm. ▪ Comunidade local ▪ Público geral ▪ ONG's ▪ Governos	▪ Contábeis-financeiras ▪ de Clientes / de Mercado, ▪ de Processos internos (eficiência ou eficácia), ▪ de Inovação e Aprendizado, ▪ Sociais, ▪ Ambientais, ▪ Comportamentais / Situacionais, ▪ Gerais /, Agregadas.	▪ Absoluta. ▪ Relativa, - média dos (principais) competidores - *benchmark,* - outras operações da empresa, - objetivos prédefinidos.	▪ Transversal / Estática: - passado recente, - expectativas de futuro. ▪ Longitudinal / Dinâmica: - mudança no passado recente, - mudança nas expectativas de futuro.		▪ U.E.N. ▪ Conjunto de U.E.N.'s. ▪ Empresa. ▪ Combinação específica: produto-mercado.	▪ Objetivos: - fontes secundárias, - auto-reportados. ▪ Subjetivos / Perceptuais (fontes primárias): - auto-avaliação, - avaliação por competidores, - avaliação por especialistas. ▪ Subjetivos / Perceptuais (fontes secundárias): - material de casos.	▪ Narrativo ▪ Qualitativo - nominal - ordinal ▪ Quantitativo - de intervalo - de relação / de razão

Tabela 2 – Visão Parcial das Contribuições e Expectativas de Diversos *Stakeholder*

Stakeholders	Contribuições	Expectativas
acionistas	capital	Retorno sobre os investimentos
clientes	receitas	Qualidade dos produtos, preços justos e responsividade
empregados / gerentes	trabalho	Salário justo, condições de trabalho, oportunidades de carreira
fornecedores	insumos	Pagamentos justos e no prazo
credores	recursos financeiros	Remuneração justa e repagamento confiável
comunidade	infra-estrutura	Responsabilidade social e ambiental
governos	arcabouço legal	Pagamento de impostos e cumprimento das leis

Os interesses de alguns *stakeholders*, contudo, podem ser conflitantes com os interesses de outros. Por exemplo, os empregados podem desejar salários mais altos, mas isso pode contrariar os interesses de rentabilidade dos acionistas ou as expectativas de preços dos consumidores. Por outro lado, conforme sugerem Lubatkin & Shrieves (1986), um aumento no valor das ações da empresa (que, a rigor, reflete as expectativas de desempenho futuro) pode, ao mesmo tempo, atender aos interesses dos acionistas (mais dividendos), dos empregados (melhores salários e mais oportunidades de carreira), dos credores (menor risco de inadimplência) e da comunidade (mais oportunidades de emprego). Para a empresa ser bem-sucedida, é necessário haver um certo nível de cooperação entre os diversos *stakeholders*. Por essa razão, deve ser um importante objetivo organizacional minimizar a insatisfação de alguns desses *stakeholders* (por exemplo, a comunidade), enquanto se aumenta a satisfação de outros (por exemplo, acionistas), que sejam julgados mais prioritários (Chakravarthy, 1986). Torna-se, pois, necessário alcançar no curto e no longo prazos um certo equilíbrio (embora não necessariamente consensual) nos níveis de *desempenho*, de acordo com as diversas ópticas envolvidas.

Classes de medidas

Medidas contábeis-financeiras. Do ponto de vista dos acionistas, as medidas contábeis-financeiras são importantes, posto que indicam quão bem os recursos financeiros vêm sendo geridos. Barney (1996) classifica tais medidas em quatro categorias: índices de lucratividade, de liquidez, de alavancagem e de atividade.

Medidas de clientes/de mercado. A boa imagem junto aos clientes pode ser um bom indicador de sucesso passado. Além do mais, alguns indicadores de mercado, tais como a qualidade de produto, a satisfação dos clientes, a lealdade dos clientes ou a imagem da marca, podem ser melhores preditores de desempenho futuro do que as próprias medidas contábeis-financeiras. Essa classe de medidas é relevante sob a óptica tanto dos clientes quanto dos acionistas (uma vez que esteja correlacionada com *desempenho* financeiro).

Medidas de processos internos. Tendo em vista que os retornos financeiros nada mais são do que uma conseqüência de receitas e custos, é importante medir os fatores que impactam as receitas e os custos. Nesse sentido, medidas de eficiência indicam quão bem os recursos vêm sendo usados para gerar receitas e também se tem havido desperdício de recursos – por exemplo, índices de retrabalho, número de acidentes, consumo de tempo (ou outros recursos) para se cumprirem as tarefas. As medidas de eficácia também são relevantes, uma vez que indicam o atingimento de níveis mínimos ou máximos de objetivos organizacionais – por exemplo, proporção de visitas bem-sucedidas a clientes, nível de reservas (como numa empresa de petróleo) ou perda de receitas decorrentes de falta de produto na prateleira (como no varejo). As medidas de processos internos (eficiência e eficácia) são, na verdade, determinantes do desempenho financeiro, sendo importantes tanto para a satisfação dos acionistas quanto para o moral e a motivação dos empregados.

Medidas de inovação e aprendizado. A rapidez e a intensidade das mudanças no ambiente obrigam as empresas a adaptar seus produtos e seus processos a novas condições. Sob esse aspecto, o comprometimento da força de trabalho para com os objetivos organizacionais e o investimento em áreas promissoras (fronteiras tecnológicas, novos produtos ou novos mercados/países) podem ser importantes preditores de resultados futuros. As medidas de inovação e de aprendizado têm impacto tanto na satisfação dos acionistas (retornos esperados) quanto na dos clientes (produtos novos e melhores) e na dos empregados (oportunidades de carreira e auto-estima).

Medidas sociais. Uma vez que a empresa não é um ser isolado, mas parte de um sistema social complexo, é essencial que as suas ações contribuam para o atendimento das necessidades da sociedade. A sua contribuição pode ser medida pelas iniciativas destinadas a melhorar o bem-estar da comunidade em sua volta, por exemplo. O patrocínio de atividades culturais e esportivas, a participação em campanhas de saúde pública ou auxílio para a restauração de áreas urbanas são alguns exemplos de responsabilidade social que aumentam a satisfação dos empregados, dos clientes e dos governos e que podem, em conseqüência, vir a melhorar o desempenho financeiro da empresa.

Medidas ambientais. Os cuidados com o meio ambiente devem ser uma preocupação permanente de empresas que extraiam recursos naturais (madeira, minérios, produtos agrícolas) ou que, devido aos seus processos de produção ou de descarte de rejeitos, poluam o ar, a água ou o solo. Se uma empresa alcança bom desempenho financeiro às custas do meio ambiente, seus objetivos não estarão sendo atingidos de maneira equilibrada e o seu futuro pode ficar ameaçado por ações de governo ou por boicote de clientes.

Medidas comportamentais/situacionais. Na literatura sobre Negócios Internacionais, alguns pesquisadores propõem medidas como a entrada em novos mercados, grau de internacionalização ou a dicotomia exportador *versus* não-exportador (Aaby & Slater, 1989; Chetty & Hamilton, 1993; Rocha & Christensen, 1994). Embora tais medidas representem importantes decisões estratégicas, a sua natureza é diferente da de outras discutidas anteriormente. Comentários semelhantes se aplicam a medidas que reflitam o contexto situacional enfrentado pelas empresas, tais como obstáculos (percebidos) à exportação ou à propensão a exportar. Um deslocamento ao longo de tais dimensões não tem relação direta com o fato de a empresa estar melhor ou pior. No entanto, um tipo de medida situacional, como a sobrevivência, pode dar alguma indicação, ainda que imperfeita, de sucesso ou fracasso. Por seu turno, a propensão a exportar, por exemplo, poderia ser, na realidade, considerada uma medida indicativa de *desempenho* passado percebido, uma vez que os executivos provavelmente estarão mais inclinados a ampliar as vendas para o exterior se o *desempenho* exportador passado tiver sido considerado satisfatório. Portanto, parece razoável considerar que a propensão à exportação, o sucesso percebido da exportação ou a satisfação com a atividade de exportação sejam medidas com alta correlação entre si.

Medidas gerais/agregadas. Uma vez que podem ser necessários vários tipos de medidas para contar a trajetória de sucesso ou de fracasso de uma empresa, será recomendável utilizar algum tipo de medida que forneça uma informação consolidada dos resultados de diversas áreas. Por exemplo, atingimento dos objetivos ou nível percebido de sucesso ou satisfação com os resultados gerais são indicadores que parecem capturar um quadro mais amplo do *desempenho*, ao mesmo tempo que incorporam importantes aspectos que, dificilmente, seriam capturados apenas com medidas contábeis-financeiras ou de clientes/de mercado.

Perspectiva de referência

Perspectiva absoluta. As medidas absolutas, tais como 15% de ROA (retorno sobre os ativos) ou 7% de *market share* ou zero acidente por ano, podem ser usadas para comparar os resultados da empresa em um determinado período com os seus próprios resultados em outro período ou com uma determinada expectativa ou meta de desempenho.

Medidas relativas. As medidas relativas comparam os resultados da empresa ou de uma das suas áreas com algum *benchmark* (por exemplo, a média da indústria ou dos principais concorrentes, da concorrente-referência ou do melhor concorrente em alguma área, de outras operações da mesma empresa). Assim sendo, tais medidas oferecem informação adicional em relação às medidas absolutas. Se as vendas de uma empresa aumentaram num determinado período, deve ser realizada uma comparação com as vendas dos competidores, de forma a avaliar se esse aumento das vendas pode ser atribuído a um melhor gerenciamento ou é simplesmente a resultante de um aumento generalizado nas vendas da indústria ou se o desempenho da empresa foi melhor ou pior que o dos seus concorrentes. Matthyssen

& Pauwels (1996) consideram que uma perspectiva externa, como a comparação com os concorrentes, tem mais validade que uma perspectiva interna, qual seja a doméstica (comparação das operações internacionais com as operações da empresa em seu país de origem) ou aquela relacionada a objetivos predefinidos. Eles alertam, contudo, que a comparação com os concorrentes exigirá que se selecionem indicadores de desempenho apropriados às questões que sejam relevantes ao grupo estratégico particular de que a empresa faça parte. Para Madsen (1998), a dificuldade de avaliação torna-se ainda maior ao se compararem empresas. Por exemplo, como se poderia comparar a opinião de um gerente de produção de uma pequena empresa de engenharia com a opinião do presidente de uma grande multinacional? Contudo, especialmente no caso de operações internacionais, é importante comparar seus resultados com os das operações domésticas, tendo em vista que uma importante decisão que os executivos têm de tomar é para quais projetos vão-se destinar os escassos recursos (financeiros, de pessoas, de instalações) da sua empresa. Por vezes, o ponto de referência pelo qual o *desempenho* pode ser julgado é algum objetivo predefinido pela empresa. Tal pode se dar ou no caso dos passos iniciais de internacionalização ou no lançamento de um novo produto ou nas decisões de retaliação a um concorrente ou, ainda, na construção de redes de relacionamento, quando as empresas podem apresentar determinados objetivos estratégicos e metas predefinidas, não necessariamente relacionadas com *desempenho* de curto prazo, seja financeiro, seja de mercado. Em todos esses casos, no entanto, é razoável considerar-se que a decisão estratégica somente fará sentido como parte de um programa mais amplo ou de aumentar ou de preservar a rentabilidade (esperada) geral de longo prazo da empresa. Torna-se, portanto, primordial contextualizar o *desempenho* dentro do contexto estratégico do processo decisório antes de se definirem os indicadores apropriados de sucesso. O julgamento do nível de sucesso dependeria, portanto, dos critérios utilizados, ou seja, estratégias que levariam a bom *desempenho* segundo determinado critério e poderiam ser diferentes das estratégias necessárias para se chegar ao sucesso consoante algum outro juízo.

Orientação temporal

Medidas transversais/estáticas. Os estudos transversais fixam um determinado ponto ou período no tempo e aí coletam informações. Dados financeiros passados, tais como ROA ou ROE, podem ser úteis para análises e comparações, mas deve ficar claro que eles representam uma "foto" de um determinado momento no tempo e pouco dizem sobre o "filme" que a empresa está rodando (a sua história e o seu progresso passados) ou virá a rodar (seu potencial de *desempenho* futuro). Por outro lado, medidas de valor presente (Barney, 1996; Rappaport, 1981) incorporam projeções de *desempenho* futuro, mensuradas no momento presente, e podem se tornar apropriadas para avaliar expectativas de resultados de longo prazo, especialmente nos casos em que a empresa esteja empreendendo ações que possam reduzir o *desempenho* de curto prazo (tais como despesas de P&D para evitar obsolescência tecnológica ou despesas de propaganda para melhorar a imagem da marca) com o objetivo de construir uma posição mais forte e colher os respectivos benefícios no futuro. Exemplos de tais medidas incluem o valor da ação e o valor de mercado adicionado (MVA), os quais são indicadores consolidados, uma vez que levam em conta resultados esperados de curto e de longo prazos, ao mesmo tempo que consideram o impacto financeiro decorrente dos resultados operacionais e de mercado (Lubatkin & Shrives, 1986). A flexibilidade e a adaptabilidade também podem ter um importante papel no *desempenho* futuro, mas a avaliação de seu impacto não costuma ser facilmente traduzida em termos de medidas financeiras, podendo, talvez, o uso de metodologia de opções reais (Copeland & Antikarov, 2001) ajudar na sua mensuração.

Medidas longitudinais/dinâmicas. É importante mensurar a variação nos indicadores ao longo do tempo para se entender como a empresa está progredindo no sentido de atingir seus objetivos e metas. Tais medidas podem, ainda, dar uma melhor indicação sobre as perspectivas de desempenho futuro do que simplesmente as medidas transversais/estáticas.

Nível de análise

Nível da unidade estratégica de negócios (U.E.N.), de um conjunto de U.E.N. ou *da empresa.* O uso de medidas corporativas fornece informações no nível agregado de resultados de diversas operações, mas praticamente não oferece nenhuma indicação sobre a contribuição individual de cada operação ou de cada produto, sejam eles um "sucesso" ou um "fracasso" (Matthyssens & Pauwels, 1996).

Nível de combinação específica produto-mercado. Dadas as considerações anteriores, fica claro que pode ser interessante considerar-se um nível mais desagregado e analisar as atividades de um determinado produto em um determinado mercado (tais como analisar as operações internacionais uma a uma, embora se deva admitir que possa haver efeitos sinérgicos entre elas). Contudo, tende a existir uma considerável dificuldade na extração ou na segregação dos dados sobre cada nível produto-mercado, a partir dos dados da empresa no seu todo, uma vez que os contadores não costumam manter registros separados para cada tipo de operação (embora os *controllers* devam fazê-lo!), e os gerentes podem não estar dispostos (ou não ser capazes) de liberar informação em nível tão detalhado. Tais dificuldades na coleta podem ser uma das razões pelas quais diversos estudos têm optado pelo uso de medidas colhidas para a empresa como um todo.

Objetividade dos dados

Dados objetivos. Em princípio, dados colhidos "objetivamente" deveriam refletir a "verdade" e ser mais apropriados a comparações entre empresas. Tais dados vêm, em geral, de fontes secundárias, usualmente públicas (por exemplo, relatórios anuais de atividades ou *press releases*), podendo também ser reportados pelos executivos. Neste último caso, não se solicita ao respondente que emita a sua opinião pessoal, mas, sim, que informe um dado, o qual, espera-se, deveria ser reportado exatamente da mesma forma, independentemente de quem forneça a informação. É interessante notar que algumas das pesquisas mais proeminentes sobre os fatores que explicam os componentes da variância do *desempenho* de empresas (McGahan & Porter, 1997; Roquebert *et al.*, 1996; Rumelt, 1991; Schmalensee, 1985) se basearam em dados objetivos colhidos de fontes secundárias (p.ex.: Pims ou Compustat).

Dados subjetivos/perceptuais. Por seu turno, as medidas subjetivas capturam a opinião pessoal ou a percepção do respondente sobre uma determinada faceta do desempenho. Tais medidas revelam-se especialmente importantes na ausência de medidas objetivas, o que tende a ser o caso em empresas ou pequenas ou de capital fechado ou em operações internacionais (cujos números não costumam ser explicitamente segregados das demais operações de uma empresa). Visto que a forma como os executivos percebem e julgam o desempenho é um determinante significativo das suas ações futuras (Louter *et al.*, 1991), devem ser colhidas medidas perceptuais. Além disso, ao perguntar a opinião sobre o sucesso percebido ou a satisfação com uma determinada operação da empresa ou, ainda, com o atingimento dos objetivos, o pesquisador estará obtendo uma medida que, de certa forma, incorpora e consolida algum tipo de ponderação explícita ou implícita entre os diversos aspectos do *desempenho.* Contudo, deve ficar claro que tais medidas perceptuais gerais enriquecem o entendimento do *desempenho*, mas não constituem medidas independentes de outras medidas mais específicas, tais como as financeiras ou de mercado (Shoham, 1998). Matthyssen & Pauwels (1996) afirmam que a perspectiva objetiva seria a mais confiável, posto que estará na mão do pesquisador definir o ponto de corte entre sucesso e fracasso. Entretanto, na opinião desses autores, a perspectiva subjetiva seria a mais válida, posto que o pesquisador deve aceitar que um projeto é bem-sucedido (ou, alternativamente, é um fracasso) quando os gerentes envolvidos assim o vêem. O fato de, nesse caso, o pesquisador não ter controle sobre o ponto de corte torna esse tipo de medida menos confiável.

Formato dos dados

Quanto ao formato dos dados, Ginsberg (1984) elenca três tipos: qualitativos, quantitativos não-métricos e quantitativos métricos. Neste artigo, para assegurar a consistência com a terminologia usualmente empregada em textos de estatística, serão utilizadas, respectivamente, as expressões a seguir: dados narrativos, qualitativos e quantitativos. Naturalmente, o pesquisador não precisa ficar preso a um único tipo de dados, podendo valer-se de uma combinação dos três tipos descritos.

Dados narrativos. Podem ser colhidos, por exemplo, a partir de relatórios investigativos ou de estudos de casos.

Dados qualitativos. Aqui se incluem os dados representados por escalas nominais (que classificam as observações de acordo com uma relação de categorias), bem como por escalas ordinais (nas quais os dados são ordenados de acordo com a quantidade exibida de um determinado atributo). Ginsberg (1984) lembra que as informações codificadas em escalas ordinais discretas podem vir a receber tratamento como se fossem dados intervalares.

Dados quantitativos. Aqui estão incluídos os dados no formato de escalas de intervalo – aquelas cujas unidades de medidas são constantes, de tal forma que as diferenças entre quaisquer dois pontos adjacentes na escala sejam sempre iguais – e de escalas de relação (ou de razão) – que exibem as mesmas propriedades das escalas intervalares, com a vantagem de possuírem um ponto de zero absoluto.

Limitações de algumas medidas de desempenho

As diversas medidas de *desempenho* examinadas neste artigo apresentam limitações conceituais, metodológicas e operacionais, algumas das quais serão agora discutidas.

Limitações das medidas contábeis-financeiras

Embora implicitamente seja usual assumir que tais medidas serão objetivas e confiáveis, as medidas contábeis-financeiras podem não ser apropriadas para se realizarem comparações entre empresas distintas, em função das diferenças entre países e entre empresas decorrentes das seguintes possibilidades (Leonidou *et al.*, 2002; McGuire *et al.*, 1986; Hirschey & Wichern, 1984):

- considerável variabilidade nas práticas contábeis, por exemplo, regimes de depreciação, avaliação de estoques, tratamento de custeio *vs.* capitalização de diversos itens (P&D, propaganda, *leasing* etc.), custos de reposição, métodos de consolidação de demonstrações financeiras, entre outras;
- falta de uniformização nas práticas gerenciais (exemplo: critérios para rateio e alocação de custos e receitas, subsídios cruzados, preços de transferência);
- variabilidade nos regimes fiscais;
- possibilidade de manipulação por parte dos executivos (incluindo, entre outras, as práticas de sub ou sobrevalorização de ativos ou exigibilidades);
- tradução dos resultados de uma subsidiária no exterior para a moeda do país de origem (sujeitos às distorções das variações nas taxas de câmbio).

Além do mais, a literatura de Finanças, ao menos no que tange ao investimento em *portfolios* de ativos financeiros negociados no mercado de capitais, assume que os investidores são avessos a risco, ou seja, para assumirem maiores riscos, eles exigiriam maior retorno esperado (Elton & Gruber, 1995). As medidas financeiras tradicionais não incorporam informação sobre os custos de oportunidade ou sobre o risco (Hirschey & Wichern, 1984). De acordo com a teoria de Finanças, o único risco relevante para o investidor é o risco sistemático. Não obstante, muitas empresas são relativamente pequenas e seus sócios ou acionistas podem não ser investidores individualmente diversificados. Para eles, tanto o risco sistemático quanto o não-sistemático deverão ser levados em conta (Lubatkin & Shrieves, 1986). Além disso, os gerentes deverão definir um limite máximo para o tamanho relativo das atividades – por exemplo, nível de exportação (Shoham, 1998), tipo de produto, área geográfica de atuação – como forma de controlar a sua exposição, ou seja, reduzir seu risco de falência.

Há uma diversidade considerável de definições para as várias medidas contábeis-financeiras, em especial aquelas relativas à lucratividade, tais como retorno sobre os ativos (ROA) ou retorno sobre os investimentos (ROI). As variações podem ser encontradas tanto no cálculo do numerador (exemplo: lucros após juros e impostos *vs.* lucros antes de juros mas após impostos ajustados *vs.* lucros antes de juros e impostos; regime de caixa *vs.* de competência; inclusão ou não de receitas/despesas não recorrentes ou de resultados de investimentos não-operacionais; etc.) quanto do denominador (exemplo: valor bruto *vs.* valor líquido – após depreciação acumulada) dos ativos; valor histórico *vs.* valor de mercado; inclusão ou não de ativos financeiros ou não-operacionais; forma de valoração do fundo de comércio; inclusão ou não de exigibilidades de curto prazo isentas de juros; etc. (para maiores detalhes, vide Gitman, 1999; Damodaran, 1996; ou Copeland *et al.*, 1996).

Apesar das suas limitações conceituais e da operacionalização, as medidas contábeis-financeiras são relevantes, haja vista que, embora a lucratividade possa não cobrir todos os aspectos do *desempenho* organizacional, é razoável esperar-se que empresas bem gerenciadas apresentem retornos financeiros mais altos que seus concorrentes mal gerenciados (Snow & Hrebiniak, 1980, p.322).

Limitações das medidas de mercado

Leonidou *et al.* (2002) argumentam que as medidas de parcela de mercado (no seu caso, especificamente parcela de mercado de exportação) são imprecisas, não apenas porque dependem de informação externa nem sempre disponível para o respondente, como também porque diferentes empresas poderão utilizar diferentes bases de comparação – algumas podem considerar como "mercado" os seus concorrentes no mundo inteiro, enquanto outras podem considerar apenas as empresas do seu próprio país ou da sua principal região de atuação. Além disso, a definição de "mercado total", sobre o qual será calculada a participação relativa, está sujeita às já conhecidas dificuldades para se definirem as fronteiras de um mercado (Rocha & Christensen, 1999) ou as fronteiras de uma indústria (Porter, 1980).

Limitações das medidas relativas

Um dos problemas no uso de medidas relativas de *desempenho* se deve ao fato de diferentes respondentes poderem utilizar diferentes padrões de comparação. Alguns podem considerar a indústria (e pode haver importantes diferenças na forma como cada respondente entende as fronteiras da indústria); outros podem considerar apenas um certo grupo de competidores (e diferentes respondentes podem selecionar grupos distintos de competidores). Uma forma de se minimizar a probabilidade de tais discrepâncias ocorrerem é tomar muito cuidado na redação das perguntas da pesquisa, sendo que pode não ser fácil conseguir uma redação adequada ao nível da proposta.

A comparabilidade entre diferentes empresas torna-se ainda mais difícil se o desempenho for medido relativamente por objetivos predefinidos (exemplo: satisfação com o atingimento de objetivos), a menos que o pesquisador inclua controles relativos aos diferentes tipos de objetivos.

Limitações das medidas subjetivas/perceptuais e das medidas objetivas

A literatura de negócios é farta em razões que explicam as limitações de relatos perceptuais e retrospectivos de *desempenho*. Dentre algumas das limitações já documentadas, podem-se citar as seguintes:

- racionalização *expost facto* (March & Sutton, 1997); e
- respostas incorretas ou enviesadas (Huber & Power, 1985) em função de motivação pessoal, limitações perceptuais ou

cognitivas, informação insuficiente ou solicitação de informação por meio de procedimentos ou instrumentos não-apropriados.

Ademais, nem sempre será possível controlar a perspectiva de referência do respondente (Katsikeas *et al.*, 2000). Assim, enquanto alguns respondentes podem reportar uma medida percebida como absoluta de *desempenho*, outros podem, mesmo que inadvertidamente, reportar diferenças entre o *desempenho* percebido e o esperado, ou seja, uma medida relativa. Além disso, o pesquisador não conseguirá controlar o grau de importância que cada respondente atribui a cada aspecto particular do *desempenho* ou a cada objetivo específico (financeiro *vs.* de mercado *vs.* inovação e aprendizado; ou curto prazo *vs.* longo prazo) (Madsen, 1998). Adicionalmente, a própria percepção do que signifique sucesso pode variar entre diferentes respondentes (Leonidou *et al.*, 2002).

Devido a tais limitações, é questionável o quanto as medidas subjetivas de *desempenho* servirão para comparar diferentes empresas (Madsen, 1998; Louter *et al.*, 1991). Alguns pesquisadores, no entanto, defendem o uso de medidas subjetivas de *desempenho*, uma vez que os gerentes são influenciados por suas próprias percepções, em vez de por dados objetivos "frios" (Louter *et al.*, 1991) e, além disso, já foi demonstrado que se pode esperar uma alta correlação (convergência) entre medidas subjetivas e medidas objetivas de desempenho (Geringer & Herbert, 1991; Venkatraman & Ramanujam, 1986, 1987; Dess & Robinson, 1984).

Por outro lado, a discussão apresentada anteriormente sobre a confiabilidade das medidas contábeis-financeiras e a sua comparabilidade entre diferentes empresas impõe restrições também ao uso de medidas objetivas.

Além do mais, tanto em medidas subjetivas quanto em medidas objetivas, o ponto de corte entre "sucesso" e "fracasso" pode estar sujeito a uma definição relativamente arbitrária realizada pelo pesquisador ou pelo respondente (Styles, 1998).

Medidas de desempenho nas pesquisas empíricas

Na Tabela 3, são apresentados exemplos que ilustram alguns dos tipos de medidas e de indicadores de desempenho que têm sido utilizados com mais freqüência nas pesquisas empíricas em Gestão Estratégica. Note-se, no entanto, que tal tabela não se propõe a ser exaustiva, mas meramente ilustrativa.

Tabela 3 – Relação parcial das medidas de desempenho organizacional na literatura sobre Gestão Estratégica.

	Classes de Medidas			
	Contábeis-Financeiras		**De Clientes / De Mercado**	
	Objetividade dos Dados		***Objetividade dos Dados***	
	Objetivos	**Subjetivos**	**Objetivos**	**Subjetivos**
Perspectiva de referência: Absoluta *Orientação Temporal*: Transversal / Estática	Retorno / Rentabilidade / Lucratividade: 1. retorno sobre os ativos; 2. retorno sobre os investimentos; 3. retorno sobre o capital empregado; 4. retorno sobre o patrimônio líquido; 5. retorno sobre capitalização total; 6. receitas totais / ativos totais; 7. fluxo de caixa / investimento; 8. ROI ajustado pelo risco; 9. lucratividade (*); 10. EVA - *economic value added* (valor econômico adicionado); 11. RI – *residual income* (lucro residual). Margem 12. retorno sobre as vendas; 13. fluxo de caixa sobre receitas; 14. relação custos / receitas. Receitas 15. Receitas. Fluxo de caixa 16. Fluxo de caixa. Lucro 17. lucro líquido; 18. lucro por ação (LPA). Risco financeiro 19. alavancagem financeira. 20. liquidez, Outros 21. investimento de capital; 22. política de dividendos; 23. valor presente; 24. remuneração do CEO; 25. taxa de retorno; 26. relação preço/lucro (P/L); 27. custos diretos em relação aos competidores.	Retorno / Rentabilidade / Lucratividade 28. lucratividade percebida. Margem. Receitas. Fluxo de caixa. Lucro. Risco financeiro. Outros.	*Market share* (**) Satisfação dos clientes: 29. satisfação dos clientes; 30. lealdade dos clientes. Outros.	*Market share* Satisfação dos clientes. Outros.

Perspectiva de referência				Classes de Medidas			
				Contábeis-Financeiras		**De Clientes / De Mercado**	
				Objetividade dos Dados		*Objetividade dos Dados*	
				Objetivos	**Subjetivos**	**Objetivos**	**Subjetivos**
Perspectiva de referência	**Relativa**	*Orientação Temporal*	**Longitudinal / Dinâmica**	Retorno / Rentabilidade / Lucratividade 1. crescimento do ROI; 2. crescimento da lucratividade. Margem 3. crescimento do retorno sobre as vendas. Receitas 4. crescimento da receita. Fluxo de caixa Lucro 5. crescimento dos lucros; 6. crescimento do lucro por ação (LPA). Risco financeiro 7. instabilidade do ROI; 8. redução da volatilidade (dos retornos). Outros 9. valorização das ações.	Retorno / Rentabilidade / Lucratividade 10. crescimento do ROI; 11. crescimento do fluxo de caixa / investimento. Margem. Receitas. Fluxo de caixa. Lucro 12. crescimento dos lucros. Risco financeiro. Outros.	*Market share* Satisfação dos clientes. Outros.	*Market share* Satisfação dos clientes. Outros.
		Orientação Temporal	**Transversal / Estática**	Retorno / Rentabilidade / Lucratividade 13. lucratividade "geral" vis-a-vis os concorrentes; 14. ROI em comparação aos concorrentes; 15. ROA em comparação aos concorrentes. Margem. Receitas. Fluxo de caixa. Lucro. Risco financeiro. Outros.	Retorno / Rentabilidade / Lucratividade 16. ROA percebido em comparação aos concorrentes; 17. ROI percebido em comparação com os concorrentes. Margem. Receitas. Fluxo de caixa. Lucro. Risco financeiro.; Outros.	*Market share* 18. parcela de mercado. Satisfação dos clientes. Outros.	*Market share* Satisfação dos clientes. Outros 19. Qualidade do produto em relação aos concor-rentes. 20. Atividades com novos produtos em relação aos compe-tidores.

		Classes de Medidas			
		Contábeis-Financeiras		De Clientes / De Mercado	
		Objetividade dos Dados		*Objetividade dos Dados*	
		Objetivos	Subjetivos	Objetivos	Subjetivos
Orientação Temporal	Longitudinal / Dinâmica	Retorno / Rentabilidade / Lucratividade. Margem. Receitas 1. crescimento da receita em comparação com os concorrentes. Fluxo de caixa. Lucro 2. crescimento do lucro líquido em comparação com os concorrentes. Risco financeiro. Outros.	Retorno / Rentabilidade / Lucratividade Margem Receitas 3. percepção de crescimento da receita em comparação com os concorrentes. Fluxo de caixa. Lucro 4. crescimento do lucro líquido em comparação com os concorrentes. Risco financeiro. Outros.	*Market share* 5. crescimento de *market share*. Satisfação dos clientes. Outros.	*Market share* 6. percepção de crescimento de *market share*. Satisfação dos clientes. Outros.

Nota: As subcategorias deixadas em branco indicam medidas que não foram encontradas na revisão bibliográfica dos estudos empíricos realizada neste trabalho.
(*) Alguns autores usam o termo lucratividade, mas não deixam claro como ele é definido e operacionalizado.
(**) Com relação a *market share*, boa parte dos autores não esclarece como o indicador é calculado, ou seja, qual a base de definição do mercado relevante a considerar e dos concorrentes a incluir.

Em termos de classes de medidas, a Tabela 3 apresenta apenas indicadores contábeis-financeiros e indicadores de clientes / de mercado, que são praticamente os únicos tipos encontrados nas pesquisas sobre Gestão Estratégica. Já na literatura sobre Negócios Internacionais, parece haver maior diversidade de indicadores e uma distribuição mais equilibrada entre as diversas classes de medidas (por limitação de espaço, as medidas empregadas em pesquisas de Negócios Internacionais não são apresentadas neste artigo, mas poderão ser disponibilizadas pelos autores mediante solicitação). Além disso, uma vez que alguns indicadores referentes a determinadas *classes de medidas* apresentam uma forte relação um-para-um com alguns indicadores referentes à *óptica dos stakeholders* (contábeis-financeiros? acionistas, mercado? clientes, sociais? comunidade, por exemplo), essa macrodimensão não foi incluída na tabela, como forma de reduzir a sua complexidade sem perda de substância. Por razões de simplificação, também não constam da tabela as macrodimensões relativas em nível de análise e de formato dos dados.

- Tendo em vista que há muitos tipos de medidas *contábeis-financeiras* e *de mercado* e há também uma certa diversidade conceitual no conjunto de medidas *comportamentais / situacionais* e *gerais / agregadas*, a Tabela 3 apresenta um nível adicional de classificação que procura agregar indicadores de natureza semelhante e diferenciá-los de indicadores da mesma classe de medidas, porém referentes a outros aspectos. Espera-se, com isso, facilitar a compreensão e o entendimento, ao mesmo tempo que se explicita a complexidade e a diversidade do fenômeno *desempenho*. Tais medidas foram detalhadas nas seguintes subcategorias de medidas contábeis-financeiras: retorno / rentabilidade / lucratividade, margem, receitas, fluxo de caixa, lucro, risco financeiro e outras.

- Subcategorias de medidas de clientes / de mercado: *market share*, satisfação dos clientes e outras (vale mencionar que, na literatura sobre Negócios Internacionais, são utilizadas, além dessas, diversas outras categorias de medidas de clientes / de mercado, tais como volume, cobertura de mercado, diversificação de mercado e imagem).

Considerações finais

O primeiro passo para se entender um fenômeno é a sua conceituação. Neste artigo foram enfatizadas a complexidade e a natureza multidimensional do fenômeno *desempenho*. O segundo passo envolve a sua mensuração. Dadas as limitações metodológicas e operacionais da coleta e da análise dos dados, bem como restrições práticas (tais como recursos financeiros e disponibilidade de tempo dos respondentes e dos pesquisadores), somente umas poucas facetas do *desempenho* poderão ser cobertas em qualquer trabalho individual e mesmo essas serão mensuradas de forma imperfeita. Cada dimensão e cada tipo de indicador de *desempenho* apresentam as suas vantagens e as suas desvantagens particulares, as quais devem estar bem claras para o pesquisador antes que ele escolha quais utilizar e antes que chegue a conclusões ou proponha generalizações a partir dos resultados da sua pesquisa. Venkatraman & Ramanujam (1986) consideram o que segue:

> (...) os pesquisadores deveriam colher dados sobre indicadores de desempenho organizacional a partir de uma classificação *a priori* que reconheça a dimensionalidade da questão ou deveriam explicitamente testar a dimensionalidade na sua conceituação do *desempenho* organizacional (p.807).

A discussão conceitual aqui conduzida e o esquema de classificação proposto são relevantes, posto que podem

- ajudar a entender as vantagens e as limitações de cada dimensão e medida de *desempenho,* bem como o contexto geral em que cada uma seria mais aplicável;

- incentivar os pesquisadores a explicitamente considerar quais os aspectos da mensuração do *desempenho* estarão sendo tratados e a atentar para outros aspectos que venham a ser deliberadamente deixados de lado (em função de limitações de recursos e de tempo ou dos objetivos específicos da pesquisa), considerando as implicações das suas decisões;

- uniformizar a terminologia e facilitar a comparação entre diferentes trabalhos de pesquisa.

Para pesquisadores e acadêmicos, um esquema conceitual robusto e um conjunto de procedimentos de mensuração apropriados são de suma importância para que se possam fazer inferências e generalizações e se possa chegar à orientação normativa. Matthyssens & Pauwels (1996) afirmaram que a maioria dos estudiosos sobre *desempenho* não teria explicitado a lógica subjacente (ou seja, faltaria um *framework* de referência). Por seu turno, Venkatraman & Grant (1986) entenderam que "uma forte relação entre os conceitos e as suas medidas impulsionam o desenvolvimento da teoria" (p.71).

Como se vê, nenhuma medida individual conseguirá capturar toda a riqueza e a complexidade do fenômeno de *desempenho*. O sucesso das empresas deverá ser mensurado de acordo com as ópticas de distintos *stakeholders* (podendo elas ser complementares ou conflitantes entre si), usando tanto indicadores financeiros quanto não-financeiros. O desempenho deverá também ser comparado com *benchmarks* e avaliado sob a luz do atingimento de objetivos predefinidos. As medidas correntes e expectativas futuras de desempenho também deveriam ser comparadas com resultados passados, no sentido de se avaliar a sua melhora ou a sua piora. A independência conceitual entre os diferentes tipos de medidas não significa que não haja correlação entre elas, já que, de alguma forma, todas se referem à mesma situação, ainda que a encarando de ângulos diferentes.

Embora não se possa chegar a uma abordagem-padrão universalmente aplicável para se mensurar o *desempenho* organizacional em geral ou o *desempenho* de operações em particular, o referencial conceitual aqui proposto é genérico o suficiente para atender às exigências da maioria das pesquisas empíricas. Isso se alinha à opinião de Zeithaml *et al.* (1988), que consideram que a falta de definições consistentes de *desempenho* tem levado a uma proliferação de modelos contingenciais. Naturalmente, cada estudo específico deverá selecionar um subconjunto parcimonioso de dimensões e indicadores de *desempenho*.

Referências Bibliográficas

AABY, N.; SLATER, S. F. Management influences on export performance: a review of the empirical literature 1978-88. **International Marketing Review**, London, v. 6, n. 4, p. 7-25, 1989.

BARNEY, J. B. **Gaining and sustaining competitive advantage**. Reading, MA: Addison-Wesley, 1996.

CHAKRAVARTHY, B. S. Measuring strategic performance. **Strategic Management Journal**, Chichester, v. 7, n. 5, p. 437-458, 1986.

CHETTY, S. K.; HAMILTON, R. T. Firm-level determinants of export performance: a meta analysis. **International Marketing Review**, London, v.10, n. 3, p. 26-34, 1993.

COPELAND, T.; ANTIKAROV, V. **Real options**. New York: Texere, 2001.

COPELAND, T.; KOLLER, T.; MURRIN, J. **Valuation**: measuring and managing the value of companies. 2. ed. New York : J. Wiley, 1996.

DAMODARAN, A. **Investment valuation** : tools and techniques for determining the value of any asset. New York : J. Wiley, 1996.

DESS, G. G.; ROBINSON, R. B. Measuring organizational performance in the absence of objective measures. **Strategic Management Journal**, Chichester, v. 5, n. 3, p. 265-273, 1984.

ELTON, E. J.; GRUBER, M. J. **Modern portfolio theory and investment analysis**. 5. ed. New York: J. Wiley, 1995.

FIEGENBAUM, A.; HART, S.; SCHENDELK, D. Strategic reference points theory. **Strategic Management Journal**, Chichester, v. 17, n. 3, p. 219-235, 1996.

GERINGER, J. M.; HERBERT, L. Measuring performance of international joint ventures. **Journal of International Business Studies**, Washington, v. 22, n. 2, p. 246-263, 1991.

GINSBERG, A. Operationalizing organizational strategy: an integrative framework. **Academy of Management Review**, Briarcliff Manor, v. 9, n. 3, p. 548-557, 1984.

GITMAN, L. J. **Principles of managerial finance**. 9. ed. Boston, MA: Pearson Addison Wesley, 1999.

HILL, C. W. L.; JONES, G. **Strategic management theory**: an integrated approach. 4. ed. Boston: Houghton Mifflin, 1998.

HIRSCHEY, M.; WICHERN, D. W. Accounting and market-value measures of profitability: consistency, determinants and uses. **Journal of Business and Economic Statistics**, Evanston, v. 2, n. 4, p. 375-383, 1984.

HUBER, G. P.; POWER, D. J. Retrospective reports of strategic-level managers: guidelines for increasing their accuracy. **Strategic Management Journal,** Chichester, v. 6, n. 2, p. 171-180, Apr./June 1985.

KAPLAN, R. S.; NORTON, D. P. The balanced scorecard: measures that drive performance**. Harvard Business Review**, Massachusetts, v. 70, n. 1, p.71-79, 1992.

KATSIKEAS, C. S.; LEONIDOU, L. C.; MORGAN, N. A. Firm-level export performance assessment: review, evaluation and development. **Academy of Marketing Science**, Greenvale, v. 28, n. 4, p. 493-511, 2000.

LEONIDOU, L. C.; KATSIKEAS, C. S.; SAMIEE, S. Marketing strategy determinants of export performance: a meta-analysis. **Journal of Business Research**, New York, v. 55, n. 1, p. 51-67, 2002.

LOUTER, P. J.; OUWERKERK, C.; BAKKER, B. A. An inquiry into successful exporting. **European Journal of Marketing**, Bradford, v. 25, n. 6, p. 7-23, 1991.

LUBATKIN, M.; SHRIEVES, R. E. Towards reconciliation of market performance measures to strategic management research. **Academy of Management Review**, Briarcliff Manor, v.11, n.3, p.497-512, 1986.

McGAHAN, A. M.; PORTER M. E. How much does industry matter, really? **Strategic Management Journal**, Chichester, v. 18, p.15-30, Special Summer 1997.

McGUIRE, J.; SCHNEEWEIS, T.; HILL, J. An analysis of alternative measures of strategic performance. In : LAMB, R.; SHRIVASTAVA, P. (eds.) **Advances in Strategic Management,** Greenwich, v. 4, n. 1, p. 127-154, 1986.

MADSEN, T. K. Managerial judgment of export performance. **Journal of International Marketing**, Chicago, v. 6, n. 3, p. 82-93, 1998.

MARCH, J. G.; SUTTON, R. I. Organization performance as a dependent variable. **Organization Science**, Linthicum, v. 8, n. 6, p. 698-706, 1997.

MARCH, J. G.; SIMON, H. A. **Organizations**. New York: J. Wiley, 1958.

MATTHYSSENS, P.; PAUWELS, P. Assessing export performance measurement. In: CAVUSGIL, S. T.; AXINN, C. N. (eds.). **Advances in International Marketing,** Greenwich, v. 8, n. 1, p. 85-114, 1996.

PORTER, M. E. **Competitive strategy**: techniques for analyzing industries and competitors. New York: The Free Press, 1980.

RAPPAPORT, A. Selecting strategies that create shareholder value. **Harvard Business Review**, Massachusetts, v. 59, n. 3, p. 139-149, 1981.

ROCHA, A.; CHRISTENSEN, C. H. **Marketing**: teoria e prática no Brasil. 2. ed. São Paulo: Atlas, 1999.

ROCHA, A. The export experience of a developing country: a review of empirical studies of export behavior and the performance of brazilian firms. In: CAVUSGIL, S. T.; AXINN, C. N. (eds.). **Advances in International Marketing,** Greenwich, v. 4, 1994. p. 112-142.

ROQUEBERT, J. A.; PHILLIPS, R. L.; WESTFALL, P. A. Market vs. management: what "drives" profitability? **Strategic Management Journal**, Chichester, v. 17, n. 8, p. 653-664, 1996.

RUMELT, R. P. How much does industry matter? **Strategic Management Journal**, Chichester, v. 12, n. 3, p.167-85, 1991.

SCHMALENSEE, R. Do markets differ much? **American Economic Review**, Nashville, v. 75, n. 3, p. 341-350, 1985.

SHOHAM, A. Export performance: a conceptualization and empirical assessment. **Journal of International Marketing**, Chicago, v. 6, n. 3, p. 59-81, 1998.

SNOW, C. C.; HREBINIAK, L. G. Strategy, distinctive competence and organizational performance. **Administrative Science Quarterly**, New York, v. 25, n. 2, p. 317-336, 1980.

STYLES, C. A. Cross-cultural examination of export performance. **Journal of International Marketing**, Chicago, v. 6, n. 3, p. 5-31, 1998.

VENKATRAMAN, N.; GRANT, J. H. Construct measurement in organizational strategy research: a critique and proposal. **Academy of Management Review**, Briarcliff Manor, v. 11, n. 1, p. 71-87, 1986.

VENKATRAMAN, N.; RAMANUJAM, V. Measurement of business economic performance: an examination of method convergence. **Journal of Management**, Bloomington, v. 13, n. 2, p.109-122, 1987.

VENKATRAMAN, N.; RAMANUJAM, V. Measurement of business performance in strategy research: a comparison of approaches. **Academy of Management Review**, Briarcliff Manor, v. 11, n. 4, p. 801-814, 1986.

ZEITHAML, V. A.; VARADARAJAN, P. R.; ZEITHAML, C. P. The contingency approach: its foundations and relevance to theory building and research in marketing. **European Journal of Marketing**, Bradford, v. 2, n. 7, p. 37-64, 1988.

CONSIDERAÇÕES METODOLÓGICAS SOBRE A GESTÃO DE ESTOQUES DE PEÇAS DE REPOSIÇÃO: UM ESTUDO DE CASO

Peter Wanke (COPPEAD/UFRJ)

Introdução

Uma típica empresa fabricante de bens de consumo tende a manter entre US$ 5 milhões e US$ 15 milhões de dólares imobilizados em peças de reposição, a um custo de oportunidade anual que oscila entre 20% e 40% do valor em estoque (SANDVIG e ALLAIRE, 1998). De modo geral, há um consenso de que os estoques de peças de reposição não podem ser gerenciados pelos modelos ou métodos tradicionais, já que as condições para a sua aplicação não são satisfeitas, isso porque o padrão de consumo é esporádico (ou seja, é irregular e pequeno), os tempos de resposta do ressuprimento são longos e os custos de aquisição são elevados (BOTTER e FORTUIN, 2000). Mesmo assim, as perguntas básicas da gestão de estoques ainda devem ser respondidas: quais itens devem ser estocados e o quanto de cada item deve ser mantido em estoque.

A gestão das peças de reposição também pode ser entendida pelo aspecto do serviço ao cliente e não apenas pelo aspecto financeiro e/ou de logística. Para muitas empresas que enfrentam um ambiente competitivo mais acirrado, a satisfação dos clientes é crucial (FIGUEIREDO *et al.*, 2003). Um meio bastante comum de manter os clientes satisfeitos é na assistência pós-venda, através do rápido reparo dos produtos e sistemas defeituosos. Para isso, uma quantidade suficiente de peças de reposição deve ser mantida em estoque para atender determinados níveis de serviço ao cliente. O serviço ao cliente pode ser normalmente medido em termos de disponibilidade de produto, como nos indicadores de probabilidade de não faltar produto em estoque e *Fill Rate* (SILVER e PETERSON, 1985 e WANKE, 2003), e em termos de prazo de entrega.

Sob o prisma da administração de materiais, as peças de reposição podem ser divididas em duas principais categorias: itens reparáveis ou itens consumíveis ou descartáveis (BOTTER e FORTUIN, 2000). Os itens reparáveis englobam as peças de reposição que são técnica e economicamente recuperáveis. Em caso de falha, a peça antiga é substituída por uma peça nova e enviada para um centro de reparo, sendo posteriormente disponibilizada em estoque. Já os itens consumíveis correspondem às peças que não são técnica e economicamente recuperáveis. Em caso de falha, a peça antiga é simplesmente descartada. No primeiro caso, a possibilidade de recuperação de um item acarreta implicações na gestão de estoques, uma vez que, em linhas gerais, as quantidades em processo de recondicionamento devem ser deduzidas das quantidades a serem ressupridas no futuro (SHERBROOKE, 1968 e KIM *et al.*, 1996).

Este artigo baseia-se num estudo de caso (YIN, 1994). Nele são apresentadas considerações metodológicas sobre como segmentar a gestão de estoques por diferentes peças de reposição consumíveis em termos das suas características principais (WILLIAMS, 1984): consumo médio e coeficiente de variação do consumo, ou seja, a razão entre seu desvio padrão e a sua média. Também são tecidas considerações sobre como operacionalizar essa segmentação a partir de um modelo ou de uma política de gestão de estoques atualmente em curso e sobre como estimar os ganhos potenciais em termos de aumentos nos níveis de serviço, de redução dos estoques e de redução nos erros de previsão. Mais especificamente, é descrita a metodologia operacionalizada através de planilha MS-EXCEL e do pacote estatístico SPSS para os itens consumíveis de uma empresa fabricante de equipamentos e implementos agrícolas instalada no Brasil. Por razões óbvias, as informações sensíveis à empresa, ao seu posicionamento na indústria e às suas operações serão omitidas ou disfarçadas.

Revisão da Literatura

A gestão de estoques tem recebido substancial atenção dos meios acadêmico e empresarial nos últimos anos. A maior parte da literatura está focada em determinar, estabelecer ou aplicar métodos para ressuprimento dos estoques em ambientes de produção e distribuição (BOTTER e FORTUIN, 2000). Nesses ambientes, a demanda e o tempo de resposta tendem a ser previstos com maior grau de certeza e a maioria dos modelos empregados permite a tomada de decisões adequadas sobre quanto manter em estoque de cada item ou produto (veja-se, por exemplo, SILVER *et al.*, 1998). Nesse artigo, a tomada de decisão em gestão de estoques ocorre num contexto totalmente diferente, ou seja, o ressuprimento de peças de reposição. Nesse contexto, empresas e gerentes enfrentam um problema mais complexo: peças de reposição são caras, a demanda é errática e difícil de prever, tempos de resposta são longos e estocásticos, e os clientes querem receber as peças de reposição rapidamente.

Dessa forma, a literatura sobre o ressuprimento de peças de reposição tende a ser mais escassa (BOTTER e FORTUIN, 2000), e os desenvolvimentos nos últimos dez anos tendem a apresentar várias abordagens para o problema, como a determinação do último pedido (HILL *et al.*, 1999), a determinação do intervalo ótimo de revisão (SHIBUYA *et al.*, 1998) e a determinação de políticas de estoque com base na criticidade dos itens (DEKKER *et al.*, 1998). Mais especificamente, o desenvolvimento da revisão de literatura foi direcionado para o mapeamento de abordagens realistas, previamente testadas em empresas, como as de Yeh (1997), Robison (2001), Sandivg e Allaire (1998) e as dos próprios Botter e Fortuin (2000); abordagens puramente teóricas e hipotéticas por natureza foram desconsideradas, sendo privilegiada a sua aplicabilidade prática.

Yeh (1997) adotou a premissa da distribuição *Gama* da demanda para determinação dos pontos de ressuprimento numa empresa de médio porte, fabricante de produtos eletrônicos, localizada em Taiwan. Pelo fato de mais da metade dos 10.000 itens analisados apresentarem algum consumo menos de 10 vezes por ano, a premissa da distribuição *Normal* foi inicialmente descartada. A distribuição *Poisson*, também utilizada bastante na prática (cf. SHERBROOKE, 1968 e WANKE, 2003) e proposta como uma alternativa à distribuição *Normal* para itens de baixo consumo, também foi descartada. De acordo com Yeh (1997), a aplicabilidade da premissa da distribuição *Poisson* depende da razão entre a variância e a média da demanda, que deve se situar entre os limites de 0,9 e 1,1.

Robison (2001) desenvolveu uma técnica para analisar os níveis de estoque e prever o nível de serviço ao cliente, considerando-se simultaneamente 15.000 itens. De modo inverso, dado um determinado nível de serviço, a técnica desenvolvida permite calcular os níveis de estoque necessários. Mais especificamente, através de métodos como Análise de Regressão Linear, Robison (2001) determinou as equações que relacionam níveis de serviço aos níveis de estoque, com coeficientes de determinação (R^2) ao redor de 0,70.

Sandvig e Allaire (1998) desenvolveram um modelo em planilha MS-EXCEL para evidenciar como os níveis de estoque respondiam em termos de nível de serviço, sob diferentes cenários de demanda. A partir dos dados reais de consumo de milhares de peças de reposição numa empresa norte-americana, os autores determinaram que níveis de serviço mais baixos resultavam da interação da elevada variabilidade da demanda com longos tempos de resposta. Ações foram tomadas no sentido de reduzir os níveis de estoque a partir de mudanças na sistemática de colocação dos pedidos por parte dos clientes.

Botter e Fortuin (2000) segmentaram 50.000 peças de reposição em níveis decrescentes de consumo, tempo de resposta, preço e criticidade de cada item, com a subseqüente determinação dos valores médios para cada nível. Os níveis de serviço foram calculados para esses segmentos com base nesses valores, considerando-se situações alternativas de ressuprimento a partir de um centro de distribuição regional ou de um armazém local. Ganhos em termos de redução de níveis de estoque e aumento nos níveis de serviço também foram estimados para cada segmento.

A breve descrição dessas quatro abordagens práticas, aplicadas à gestão de peças de reposição, permite inferir alguns aspectos metodológicos sobre como empresas e gerentes estão encaminhando a determinação desses níveis de estoque:

- a aproximação dos dados de consumo pela distribuição Gama para cálculo dos pontos ou níveis de reposição dos estoques (YEH, 1997);
- a utilização de técnicas de análise estatística multivariada para relacionar níveis de estoque a medidas de nível de serviço, como, por exemplo, o Fill Rate (ROBISON, 2001);
- a utilização de dados reais do consumo para testar as políticas de estoques propostas (SANDVIG e ALLAIRE, 1998) em termos de nível de serviço;
- a segmentação das peças de reposição com base em diferentes critérios e o cálculo de estimativas sobre ganhos de nível de serviço e reduções nos níveis de estoque para cada segmento (BOTTER e FORTUIN, 2000).

A empresa e a política atual de gestão de estoques

A empresa é um dos maiores fabricantes multinacionais de equipamentos e implementos agrícolas instalados no Brasil. Para apoiar a assistência técnica e o serviço pós-venda de seus equipamentos, a empresa mantém 20.833 diferentes tipos de itens centralizados em seu armazém de fábrica, totalizando um montante de capital empatado em estoque da ordem de 20 milhões de dólares. Existem, aproximadamente, 1.000.000 de unidades em estoque, o que perfaz um valor unitário médio de 20 dólares.

Atualmente, a empresa decide repor os estoques com base em previsões de consumo para os próximos meses. Todos as peças de reposição são produzidas internamente, e os ciclos de programação da produção das peças de reposição observam o horizonte de um mês. Em linhas gerais, pode-se dizer que o tempo de resposta para disponibilização de um pedido de peças de reposição tem média de um mês e desvio padrão zero.

De acordo com a Tabela 1, o consumo anual médio por item (D_YR) é de quase 63 unidades, e seu desvio padrão é de 422 unidades. O consumo anualizado por item, com base nos últimos 36 meses, vai de um mínimo de 0,30 a um máximo de 29.756 unidades, denotando simultaneamente grande amplitude e concentração dos dados para valores inferiores à média. Já a média do coeficiente de variação do consumo mensal (CV) é de, aproximadamente, 2,8, e o erro mensal médio de previsão em valores absolutos (MAD – *Mean Absolute Deviation*), por item, é de 4,1. O desvio padrão do erro de previsão médio absoluto é de 24 unidades por mês.

Já de acordo com a Tabela 2, metade dos itens (mediana) apresenta consumo anualizado menor ou igual a 5,70 unidades. Com relação ao coeficiente de variação do consumo mensal, metade dos itens apresenta valores superiores a 2,4. Esses dados refletem as características principais envolvidas na gestão de estoques de peças de reposição apontadas na literatura: consumo pequeno e irregular, com elevado desvio padrão dos erros de previsão, implicando elevados níveis de estoque em relação ao consumo médio.

Tabela 1: Estatísticas descritivas para os últimos 36 meses

	N	Mínimo	Máximo	Média	Desvio-padrão
D_YR					
20.833	0,30	29.756,00	62,6849	422,42238	
CV					
20.833	0,30	6,00	2,7699	1,59721	
MAD					
20.833	0,00	1.218,20	4,0879	24,12931	
N Válido					
20.833					

Tabela 2: Distribuição de freqüências para os últimos 36 meses

		D_YR	CV	MAD
N				
Válidos	20.833	20.833	20.833	
Faltas	0	0	0	
Mediana				
	5,7000	2,4000	0,6000	
Desvio-padrão				
	422,42238	1,59721	24,12931	
Percentis				
25	1,7000	1,5000	0,2000	
50	5,7000	2,4000	0,6000	
75	22,0000	3,7000	2,1000	

A empresa mede o nível de serviço oferecido aos seus clientes através de indicadores de *Fill Rate* para cada item pedido. Por exemplo, para um determinado item, se a quantidade inicialmente solicitada for de 100 unidades e só houver 80 unidades disponíveis em estoque, o *Fill Rate* é calculado como 80%.

Conforme o indicado na Tabela 3, nos últimos 36 meses, o *Fill Rate* médio para todos os itens da empresa foi de 80,28%, sendo que 50% dos itens apresentaram *Fill Rate* inferior a 83,30%. Um quarto dos itens apresentou *Fill Rate* superior a 91,70%, provavelmente denotando excesso de itens em estoque.

Tabela 3: Distribuição de freqüências - *fill rate* e nível de estoque

		Fill Rate	Nível de Estoque
N	**Válidos**	20.824	20.833
	Faltas	9	1
Média		0,8028	52,4009
Mediana		0,8330	8,0000
Desvio-padrão		0,12885	237,37580
Mínimo		0,03	0,00
Máximo		1,00	9.810,00
Percentis	**25**	0,7500	2,0000
	50	0,8330	8,0000
	75	0,9170	27,0000

De acordo com a Tabela 3, com relação aos níveis de estoque de peças de reposição, existem em média 52,4 unidades para cada item em estoque; 25% dos itens possuem mais de 27 unidades em estoque, com estoque máximo de 9.810 unidades. Outros 25% dos itens possuem menos de duas unidades em estoque, com estoque mínimo de zero. Esses dados, quando confrontados aos da Tabela 1, indicam uma cobertura agregada de quase 10 meses de consumo em estoque.

No presente momento, a empresa está reestruturando a gestão de estoques de peças de reposição. O seu objetivo principal passa pela determinação de previsões de consumo mais precisas para cada item, como meio para, simultaneamente, reduzir os níveis de estoque e equilibrar os níveis médios de *Fill Rate* para os diferentes itens.

Metodologia Utilizada

Com base na revisão da literatura, a metodologia empregada para a redefinição da gestão de estoques de peças de reposição consistiu das etapas descritas a seguir. Inicialmente, foram determinados os níveis de reposição dos estoques com base na distribuição *Gama* do consumo mensal. A distribuição *Gama* foi definida por dois parâmetros (YEH, 1997), sendo o primeiro, a razão entre o consumo médio e o coeficiente de variação do consumo, e o segundo, o próprio coeficiente de variação do consumo.

Para cada item, esses níveis de reposição foram, primeiramente, determinados para diferentes níveis de probabilidade de não faltar produto em estoque (doravante denominados de modelos 10%, 20%, 30%, 40%, 50%, 60%, 70%, 75%, 80%, 85%, 90%, 95% e 99%) e, secundariamente, utilizados como previsões probabilísticas de consumo. Essas previsões probabilísticas de consumo foram confrontadas com os dados reais de cada item para os últimos 36 meses, sendo calculados, item a item, novos valores para o erro-médio absoluto de previsão (MAD), o *Fill Rate* e o nível de estoque.

Através de técnicas de análise multivariada, foi possível relacionar o consumo anual e o coeficiente de variação do consumo mensal de cada item às variações no MAD, *Fill Rate* e nível de estoque, decorrentes da comparação entre o modelo atualmente adotado pela empresa e os modelos propostos. Também foi possível relacionar, para cada item, o modelo de previsão de consumo de menor erro ao consumo anual e ao coeficiente de variação do consumo mensal.

Análise dos Resultados

As previsões probabilísticas de consumo geradas a partir da distribuição *Gama* resultaram na redução do erro-médio absoluto de previsão (MAD) para 8.893 itens. O modelo utilizado pela empresa (MCOMPANY) apresentou menor erro de previsão para 11.940 itens analisados (57,3% do total). Na Tabela 4, foi apresentada a distribuição de freqüências dos modelos de previsão de consumo que apresentaram menor MAD para o horizonte considerado de 36 meses. Também foram apresentadas as medianas do consumo anual (D_YR) e do coeficiente de variação do consumo mensal (CV) de cada modelo.

Tabela 4: Distribuição de freqüências e medianas dos modelos.

MODELO	N	Porcentagem marginal	CV	D_YR
10%	5.995	28,80%	1,90	15,70
20%	358	1,70%	1,00	65,35
30%	355	1,70%	1,00	52,30
40%	294	1,40%	1,00	44,00
50%	351	1,70%	1,10	28,70
60%	433	2,10%	1,10	24,30
70%	357	1,70%	1,20	20,00
75%	192	0,90%	1,20	16,70
80%	199	1,00%	1,30	15,00
85%	151	0,70%	1,50	13,00
90%	109	0,50%	1,30	33,00
95%	52	0,20%	1,00	101,85
99%	47	0,20%	0,90	438,00
MCOMPANY	11.940	57,30%	3,40	2,00
Válidos/Total	20.833	100,00%	2,40	5,70

Uma Análise de Regressão Logística Multinomial foi conduzida com os 8.893 itens, para os quais houve redução no erro de previsão, com o objetivo de quantificar e relacionar simultaneamente os valores do consumo anual (D_YR) e do coeficiente de variação do consumo mensal (CV) para cada modelo.

Apesar de as medianas apresentadas na Tabela 4 fornecerem uma medida de tendência central para D_YR e CV, a sua utilização conjunta pode não ser representativa da maior parte dos itens de cada modelo. Os resultados da regressão são apresentados na Tabela 5, sendo que o modelo 99% constitui a categoria de referência. A regressão é significativa ao nível de 0,001 e explica quase 32% da variância na associação de um dado modelo a um determinado par de valores de D_YR e CV. O coeficiente de variação não discrimina todos os modelos simultaneamente, sendo significativo a 0,05 para os modelos 10%, 85%, 90% e 95%. O consumo anual também não discrimina todos os modelos concomitantemente, sendo significativo a, pelo menos, 0,01 para todos os modelos, à exceção do modelo 95%.

Tabela 5: Segmentação dos modelos pelo consumo e pelo coeficiente de variação.

		B	Erro Padrão	*Wald*	Significância
10%	Constante	1,89	0,41	21,68	0,000
	CV	2,24	0,36	39,76	**0,000**
	D_YR	(0,00)	0,00	12,93	**0,000**
20%	Constante	3,04	0,44	47,31	0,000
	CV	(0,46)	0,38	1,43	0,231
	D_YR	(0,00)	0,00	44,79	**0,000**
30%	Constante	3,27	0,45	53,82	0,000
	CV	(0,61)	0,38	2,54	0,111
	D_YR	(0,00)	0,00	51,59	**0,000**
40%	Constante	3,21	0,46	49,25	0,000
	CV	(0,61)	0,39	2,40	0,121
	D_YR	(0,00)	0,00	51,86	**0,000**
50%	Constante	3,28	0,45	52,91	0,000
	CV	(0,38)	0,38	0,98	0,323
	D_YR	(0,01)	0,00	67,25	**0,000**
60%	Constante	3,14	0,44	50,92	0,000
	CV	(0,19)	0,38	0,25	0,614
	D_YR	(0,00)	0,00	66,45	**0,000**
70%	Constante	3,11	0,45	47,61	0,000
	CV	(0,16)	0,38	0,17	0,680
	D_YR	(0,01)	0,00	68,53	**0,000**
75%	Constante	1,90	0,48	15,86	0,000
	CV	0,30	0,39	0,59	0,444
	D_YR	(0,01)	0,00	32,82	**0,000**
80%	Constante	1,29	0,47	7,63	0,006
	CV	0,69	0,38	3,26	0,071
	D_YR	(0,00)	0,00	25,36	**0,000**
85%	Constante	0,18	0,47	0,15	0,694
	CV	1,16	0,38	9,22	**0,002**
	D_YR	(0,00)	0,00	11,30	**0,001**
90%	Constante	(0,10)	0,49	0,04	0,835
	CV	1,08	0,39	7,60	**0,006**
	D_YR	(0,00)	0,00	7,02	**0,008**
95%	Constante	(0,93)	0,53	3,12	0,077
	CV	1,02	0,42	5,77	**0,016**
	D_YR	(0,00)	0,00	1,10	0,294

Qui-quadrado = 3.062,946 (Sig. < 0,001).
R Quadrado de Nagelkerke = 0,311.
Categoria de referência = Gama 99%.

A partir dos resultados na Tabela 5, foi conduzida uma análise com ponto de corte igual a 0,50 para determinar alguns pontos de indiferença (pares de valores de D_YR e CV com 50% de probabilidade de ocorrência) entre cada um dos modelos analisados e a categoria de referência. Esses resultados, apresentados na Tabela 6, ilustraram a relação entre o consumo anual e o coeficiente de variação do consumo mensal para diferentes modelos de previsão probabilísticos. Através da ordem de grandeza de seus valores, foi possível avaliar o impacto de eventuais distorções comparativamente às medianas apresentadas na Tabela 4.

Tabela 6: Relação entre consumo e coeficiente de variação para os modelos.

CV	10%	20%	30%	40%	50%	60%	70%	75%	80%	85%	90%	95%
-	-	145	193	115	89	97	52	-	-	-	-	-
0,25	-	94	139	79	74	86	46	-	-	-	-	-
0,50	688	42	85	43	59	75	41	-	-	-	-	-
0,75	2.009	-	31	8	44	64	36	-	-	-	-	-
1,00	3.330	-	-	-	29	53	31	-	-	-	-	-
1,25	4.651	-	-	-	14	42	26	-	-	-	-	-
1,50	5.972	-	-	-	-	31	20	-	-	-	-	-
1,75	7.293	-	-	-	-	20	15	-	-	-	-	-
2,00	8.614	-	-	-	-	9	10	-	-	-	-	-
2,25	9.935	-	-	-	-	-	5	-	26	34	-	-
2,50	11.256	-	-	-	-	-	-	-	64	181	-	-
2,75	12.576	-	-	-	-	-	-	1	101	328	122	-
3,00	13.897	-	-	-	-	-	-	11	138	475	344	-
3,25	15.218	-	-	-	-	-	-	22	175	623	566	-
3,50	16.539	-	-	-	-	-	-	32	213	770	789	-
3,75	17.860	-	-	-	-	-	-	43	250	917	1.011	889
4,00	19.181	-	-	-	-	-	-	53	287	1.064	1.234	2.263
4,25	20.502	-	-	-	-	-	-	63	324	1.212	1.456	3.637
4,50	21.823	-	-	-	-	-	-	74	361	1.359	1.678	5.011
4,75	23.144	-	-	-	-	-	-	84	399	1.506	1.901	6.385
5,00	24.465	-	-	-	-	-	-	95	436	1.653	2.123	7.759
5,25	25.786	-	-	-	-	-	-	105	473	1.800	2.346	9.133
5,50	27.107	-	-	-	-	-	-	115	510	1.948	2.568	10.507
5,75	28.428	-	-	-	-	-	-	126	548	2.095	2.790	11.882
6,00	29.749	-	-	-	-	-	-	136	585	2.242	3.013	13.256

Ponto de corte = 0,50.
Os valores em cada célula representam o consumo anual.

De acordo com a Tabela 6, é possível inferir algumas conclusões:

- o modelo 10% está associado aos itens com maior escala de consumo, havendo relação direta entre consumo e coeficiente de variação;
- os modelos de 20% até 70% estão associados aos itens com consumo anual inferior a 200 e coeficiente de variação mensal inferior a 2, com relação inversa entre consumo e coeficiente de variação;
- os modelos de 75% até 95% estão associados aos itens com coeficiente de variação do consumo mensal superior a 2, com relação direta entre consumo e coeficiente de variação.

Comparando-se os resultados das Tabelas 4 e 6, ficam ilustrados os riscos de distorções ao serem consideradas medidas de tendência central para representar os itens associados a cada modelo de gestão de estoques. Essas distorções se tornam mais evidentes na discussão que segue, com a condução de análises para avaliar a redução nos erros absolutos de previsão, o aumento nos níveis de *Fill Rate* e a redução nos níveis de estoque.

Com o objetivo de determinar a relação simultânea entre a redução nos erros absolutos de previsão, o consumo anual e o coeficiente de variação do consumo mensal, uma Análise de Regressão Linear Múltipla foi conduzida com esses 8.893 itens. As variáveis D_YR e CV foram padronizadas com o intuito de minorar eventuais efeitos de multicolinearidade e permitir a quantificação de seu impacto relativo na redução do MAD. Os resultados da regressão foram apresentados na Tabela 7. A análise mostrou-se significativa no nível de 0,0001 e explicou quase 50% da variância na redução do erro de previsão a partir de D_YR_STD e CV_STD (variáveis padronizadas). O coeficiente de variação não foi significativo no nível de 0,10. O consumo foi significativo a um nível menor que 0,001 e revelou um impacto relativo quase

70 vezes maior que o coeficiente de variação na redução do MAD – maior o consumo anual, maior a redução no erro absoluto de previsão.

Tabela 7: Impacto do consumo e do coeficiente de variação na redução do MAD.

	B	Erro-padrão	t	Sig.
Constante	1,142	0,052	21,827	0,000
D_YR_STD	4,059	0,045	89,414	**0,000**
CV_STD	0,05897	0,062	0,958	0,338

F = 4.144,973 (Sig. < 0,0001).
R Quadrado Ajustado = 0,482.
Variável dependente = redução no erro absoluto mensal.

Na Tabela 8, foram apresentadas as reduções esperadas nos erros absolutos de previsão a partir da aplicação dos resultados apresentados na Tabela 7, nos dados da Tabela 6. Foi possível inferir algumas conclusões sobre o comportamento da redução do erro absoluto de previsão para os modelos analisados. Em primeiro lugar, as reduções substanciais nos erros de previsão concentraram-se nos modelos 10%, 85%, 90% e 95%, sobretudo pelo fato de esses modelos estarem associados a itens com consumo mais elevado. Em segundo lugar, uma eventual estratégia de implementação das novas previsões de consumo deveria levar em consideração o potencial para redução do erro de previsão, visando à maior eficiência na programação da produção das peças de reposição.

Tabela 8: Redução esperada nos erros-médios absolutos de previsão por modelo.

CV	10%	20%	30%	40%	50%	60%	70%	75%	80%	85%	90%	95%
-	-	1,8	2,3	1,5	1,3	1,4	0,9	-	-	-	-	-
0,3	-	1,3	1,8	1,2	1,2	1,3	0,9	-	-	-	-	-
0,5	7,1	0,9	1,3	0,9	1,0	1,2	0,9	-	-	-	-	-
0,8	19,8	-	0,8	0,5	0,9	1,1	0,8	-	-	-	-	-
1,0	32,5	-	-	-	0,8	1,0	0,8	-	-	-	-	-
1,3	45,2	-	-	-	0,6	0,9	0,7	-	-	-	-	-
1,5	57,9	-	-	-	-	0,8	0,7	-	-	-	-	-
1,8	70,6	-	-	-	-	0,7	0,6	-	-	-	-	-
2,0	83,3	-	-	-	-	0,6	0,6	-	-	-	-	-
2,3	96,0	-	-	-	-	-	0,6	-	0,8	0,8	-	-
2,5	108,7	-	-	-	-	-	-	-	1,1	2,3	-	-
2,8	121,4	-	-	-	-	-	-	0,5	1,5	3,7	1,7	-
3,0	134,1	-	-	-	-	-	-	0,7	1,9	5,1	3,9	-
3,3	146,8	-	-	-	-	-	-	0,8	2,2	6,5	6,0	-
3,5	159,5	-	-	-	-	-	-	0,9	2,6	8,0	8,1	-
3,8	172,2	-	-	-	-	-	-	1,0	3,0	9,4	10,3	9,1
4,0	184,9	-	-	-	-	-	-	1,1	3,3	10,8	12,4	22,3
4,3	197,6	-	-	-	-	-	-	1,2	3,7	12,2	14,6	35,5
4,5	210,3	-	-	-	-	-	-	1,3	4,1	13,7	16,7	48,8
4,8	223,0	-	-	-	-	-	-	1,4	4,4	15,1	18,9	62,0
5,0	235,7	-	-	-	-	-	-	1,5	4,8	16,5	21,0	75,2
5,3	248,4	-	-	-	-	-	-	1,6	5,2	17,9	23,2	88,4
5,5	261,1	-	-	-	-	-	-	1,7	5,5	19,4	25,3	101,6
5,8	273,8	-	-	-	-	-	-	1,9	5,9	20,8	27,5	114,8
6,0	286,5	-	-	-	-	-	-	2,0	6,3	22,2	29,6	128,0

Valores em unidades.

Também para esses 8.893 itens, foi conduzida a Análise de Regressão Linear Múltipla com o objetivo de determinar a relação simultânea da variação do *Fill Rate* com o consumo anual e com o coeficiente de variação do consumo mensal, ambos padronizados. Os resultados da regressão foram apresentados na Tabela 9. A análise mostrou-se significativa no nível de 0,001 e explicou quase 14% da variância na variação do *Fill Rate* a partir de D_YR_STD e CV_STD. Tanto o coeficiente de variação quanto o consumo anual foram significativos a 0,001, sendo que o primeiro apresentou um impacto relativo quase cinco vezes maior que o segundo. Os sinais dos coeficientes denotaram que, quanto maior o coeficiente de variação, menor o impacto positivo no *Fill Rate* decorrente de previsões com menor erro e quanto maior o consumo, maior o impacto positivo no *Fill Rate*. Em outras palavras, nos 8.893 itens para os quais a previsão probabilística implicou redução no MAD, os aumentos no *Fill Rate* tenderam a ser verificados quanto maior fosse o consumo anual e menor fosse o coeficiente de variação do consumo mensal. Por outro lado, reduções no *Fill Rate* puderam ser atribuídas a coeficientes de variação mais elevados e baixos níveis de consumo anual.

Tabela 9: Impacto do consumo e do coeficiente de variação na variação no *Fill Rate*

	B	Erro-padrão	t	Sig.
Constante				
-0,003140	0,002	-1,464	0,143	
D_YR_STD				
0,009093	0,002	4,887	**0,000**	
CV_STD				
-0,04152	0,003	-16,453	**0,000**	

F = 170,027 (Sig. < 0,001).
R Quadrado Ajustado = 0,138.
Variável dependente = variação no *Fill Rate*.

Na Tabela 10, apresentaram-se as variações esperadas no *Fill Rate*, em pontos percentuais, a partir da aplicação dos resultados apresentados na Tabela 9, nos dados da Tabela 6. Percebeu-se que as principais oportunidades para a obtenção de aumentos substanciais no *Fill Rate* estavam concentradas nos modelos 10% e 95%, sobretudo nos itens de maiores coeficiente de variação e consumo.

Deve ser lembrado que, nesses modelos, os itens apresentam uma relação direta entre essas duas variáveis. Os aumentos mais modestos no *Fill Rate* estão concentrados nos modelos de 20%

até 70%, para os quais os itens apresentam relação inversa entre consumo e coeficiente de variação. Finalmente, as reduções no *Fill Rate* estão concentradas nos modelos de 75% até 90%. Os itens sob esses modelos apresentam relação direta entre consumo e coeficiente de variação (cf. Tabela 6), no entanto o coeficiente de variação apresenta uma contribuição marginal maior para redução do *Fill Rate* que o consumo para aumento do mesmo (cf. Tabela 9).

Tabela 10: Variação esperada no *Fill Rate* por modelo.

CV	10%	20%	30%	40%	50%	60%	70%	75%	80%	85%	90%	95%
-	-	7,1	7,2	7,0	6,9	7,0	6,9	-	-	-	-	-
0,3	-	6,3	6,4	6,3	6,3	6,3	6,2	-	-	-	-	-
0,5	6,9	5,5	5,6	5,5	5,6	5,6	5,5	-	-	-	-	-
0,8	9,1	-	4,9	4,8	4,9	4,9	4,9	-	-	-	-	-
1,0	11,3	-	-	-	4,2	4,3	4,2	-	-	-	-	-
1,3	13,5	-	-	-	3,5	3,6	3,6	-	-	-	-	-
1,5	15,7	-	-	-	-	2,9	2,9	-	-	-	-	-
1,8	17,9	-	-	-	-	2,2	2,2	-	-	-	-	-
2,0	20,1	-	-	-	-	1,6	1,6	-	-	-	-	-
2,3	22,3	-	-	-	-	-	0,9	-	1,0	1,0	-	-
2,5	24,5	-	-	-	-	-	-	-	0,4	0,6	-	-
2,8	26,7	-	-	-	-	-	-	(0,4)	(0,2)	0,3	(0,1)	-
3,0	28,9	-	-	-	-	-	-	(1,0)	(0,7)	(0,0)	(0,3)	-
3,3	31,1	-	-	-	-	-	-	(1,7)	(1,3)	(0,4)	(0,5)	-
3,5	33,3	-	-	-	-	-	-	(2,3)	(1,9)	(0,7)	(0,6)	-
3,8	35,4	-	-	-	-	-	-	(2,9)	(2,5)	(1,0)	(0,8)	(1,1)
4,0	37,6	-	-	-	-	-	-	(3,5)	(3,0)	(1,4)	(1,0)	1,2
4,3	39,8	-	-	-	-	-	-	(4,2)	(3,6)	(1,7)	(1,2)	3,5
4,5	42,0	-	-	-	-	-	-	(4,8)	(4,2)	(2,0)	(1,3)	5,8
4,8	44,2	-	-	-	-	-	-	(5,4)	(4,7)	(2,4)	(1,5)	8,1
5,0	46,4	-	-	-	-	-	-	(6,0)	(5,3)	(2,7)	(1,7)	10,5
5,3	48,6	-	-	-	-	-	-	(6,7)	(5,9)	(3,0)	(1,8)	12,8
5,5	50,8	-	-	-	-	-	-	(7,3)	(6,4)	(3,4)	(2,0)	15,1
5,8	53,0	-	-	-	-	-	-	(7,9)	(7,0)	(3,7)	(2,2)	17,4
6,0	55,2	-	-	-	-	-	-	(8,6)	(7,6)	(4,0)	(2,4)	19,7

Valores em pontos percentuais.

Com o objetivo de determinar a relação simultânea entre a redução dos níveis de estoque, o consumo anual e o coeficiente de variação do consumo mensal, uma Análise de Regressão Linear Múltipla também foi conduzida para esses 8.893 itens. Os resultados da regressão foram apresentados na Tabela 11. A análise revelou-se significativa no nível de 0,001 e explicou quase 10% da variância na redução dos níveis de estoque ao ser adotado outro modelo que não o da empresa. Tanto o coeficiente de variação do consumo mensal quanto o consumo anual foram padronizados e revelaram-se significativos no nível de 0,001. O consumo registrou um impacto relativo quase seis vezes maior que o coeficiente de variação na redução dos níveis de estoque. Os sinais dos coeficientes denotaram que, quanto maiores o consumo e o coeficiente de variação, maior o impacto positivo na redução dos níveis de estoque decorrente de previsões com menor erro. Em outras palavras, as reduções nos níveis de estoque tenderam a ser verificadas quanto maiores fossem o consumo anual e o coeficiente de variação do consumo mensal. Por outro lado, as menores reduções nos níveis de estoque puderam ser atribuídas a menores coeficientes de variação e baixos níveis de consumo anual.

Tabela 11: Impacto do consumo e do coeficiente de variação no nível de estoque.

	B	**Erro Padrão**	**t**	**Sig.**
Constante	82,621	4,177	19,779	0,000
D_YR_STD				
96,588	3,624	26,649	**0,000**	
CV_STD				
17,664	4,916	3,593	**0,000**	

F = 356,606 (Sig. < 0,001).
R Quadrado Ajustado = 0,100.
Variável dependente = redução no nível de estoque.

Na Tabela 12, foram apresentadas as reduções esperadas nos níveis de estoque a partir da aplicação dos resultados constantes da Tabela 11, nos dados da Tabela 6. Reduções substanciais nos níveis de estoque concentraram-se, sobretudo, nos itens associados ao modelo 10%, mas também foram verificadas, com menor intensidade, nos itens associados aos modelos de 80% até 95%. Nesses modelos, os itens apresentaram uma relação direta entre o consumo anual e o coeficiente de variação do consumo. Nos modelos de 20% até 75%, os itens apresentaram relação inversa entre o consumo e o coeficiente de variação, sendo que não foram verificadas reduções nos níveis de estoque para itens de baixo consumo, com elevado coeficiente de variação. De modo geral, pôde-se afirmar que existia potencial para redução dos níveis de estoque em todos os modelos.

Tabela 12: Redução esperada no nível de estoque por modelo.

CV	10%	20%	30%	40%	50%	60%	70%	75%	80%	85%	90%	95%
-	-	132	143	125	119	121	111	-	-	-	-	-
0,3	-	118	128	114	113	116	107	-	-	-	-	-
0,5	251	103	113	103	107	111	103	-	-	-	-	-
0,8	550	-	98	92	101	105	99	-	-	-	-	-
1,0	849	-	-	-	95	100	95	-	-	-	-	-
1,3	1.149	-	-	-	88	95	91	-	-	-	-	-
1,5	1.448	-	-	-	-	89	87	-	-	-	-	-
1,8	1.747	-	-	-	-	84	83	-	-	-	-	-
2,0	2.046	-	-	-	-	79	79	-	-	-	-	-
2,3	2.346	-	-	-	-	-	75	-	80	82	-	-
2,5	2.645	-	-	-	-	-	-	-	86	113	-	-
2,8	2.944	-	-	-	-	-	-	69	92	144	96	-
3,0	3.243	-	-	-	-	-	-	68	97	174	144	-
3,3	3.543	-	-	-	-	-	-	68	103	205	192	-
3,5	3.842	-	-	-	-	-	-	68	109	236	241	-
3,8	4.141	-	-	-	-	-	-	67	115	267	289	261
4,0	4.441	-	-	-	-	-	-	67	120	298	337	572
4,3	4.740	-	-	-	-	-	-	66	126	329	385	884
4,5	5.039	-	-	-	-	-	-	66	132	360	433	1.195
4,8	5.338	-	-	-	-	-	-	66	138	391	481	1.506
5,0	5.638	-	-	-	-	-	-	65	143	422	529	1.818
5,3	5.937	-	-	-	-	-	-	65	149	453	577	2.129
5,5	6.236	-	-	-	-	-	-	64	155	483	625	2.441
5,8	6.535	-	-	-	-	-	-	64	161	514	673	2.752
6,0	6.835	-	-	-	-	-	-	64	166	545	721	3.064

Valores em unidades.

Finalmente, na Tabela 13, foram comparados, para cada um dos modelos (10%, 20% etc), os valores reais e previstos para a redução no erro absoluto de previsão, a variação no *Fill Rate* e a redução no nível de estoque. De modo geral, as análises de regressão apresentadas nas Tabelas 7, 9 e 11 mostraram boa capacidade preditiva agregada ao comportamento esperado desses indicadores quando adotados os modelos de previsão probabilística no lugar do modelo de previsão utilizado pela empresa.

Deve ser destacado que, para mais de 2/3 dos itens (modelo 10%), são feitas estimativas conservadoras para a redução nos níveis de estoque, no erro e no aumento do *Fill Rate*. Esses resultados são complementares às análises apresentadas nas Tabelas 5 e 6, nas quais é indicado, probabilisticamente, o nível de associação de uma determinada peça de reposição (representada pelo consumo anual e o coeficiente de variação do consumo mensal) a um determinado modelo.

Tabela 13: Valores reais *vs.* valores previstos.

		Redução MAD			Variação *Fill Rate*			Variação Nível de Estoque		
	%	Real	Previsto	Erro	Real	Previsto	Erro	Real	Previsto	Erro
10%	67,41	1,48	1,38	0,10	-2,9%	1,6%	-4,5%	93,62	79,49	14,13
20%	4,03	1,66	1,68	(0,02)	-0,5%	4,3%	-4,8%	74,38	77,86	(3,49)
30%	3,99	1,46	1,54	(0,09)	2,6%	4,3%	-1,7%	56,14	74,51	(18,37)
40%	3,31	1,26	1,30	(0,03)	5,2%	4,1%	1,1%	54,00	68,98	(14,97)
50%	3,95	0,91	1,08	(0,16)	9,5%	3,9%	5,6%	36,42	64,57	(28,15)
60%	4,87	0,93	1,22	(0,28)	14,2%	3,9%	10,2%	35,75	62,12	(26,36)
70%	4,01	0,71	0,99	(0,28)	20,7%	3,7%	16,9%	30,53	63,06	(32,53)
75%	2,16	0,62	0,95	(0,33)	26,1%	3,5%	22,6%	24,29	63,08	(38,79)
80%	2,24	0,94	1,03	(0,10)	26,9%	3,4%	23,6%	43,20	65,61	(22,41)
85%	1,70	1,00	1,25	(0,25)	26,9%	3,2%	23,8%	22,89	71,74	(48,85)
90%	1,23	2,04	1,54	0,50	27,7%	3,4%	24,3%	85,03	77,97	7,06
95%	0,58	5,31	3,48	1,83	18,1%	4,1%	14,0%	128,08	123,07	5,01
99%	0,53	10,42	9,82	0,60	16,9%	6,3%	10,5%	237,28	203,63	33,65
Total	100,00	1,44	1,40	0,04	2,4%	2,4%	0,0%	79,46	76,86	2,60

Discussão dos Resultados

Os resultados apresentados constituem avanços nos aspectos teórico e prático da gestão de estoques de peças de reposição. As implicações teóricas estão relacionadas à aplicação em conjunto, num fabricante brasileiro de equipamentos e implementos agrícolas, de quatro abordagens práticas recentemente relatadas na literatura: (1) aproximação dos dados do consumo pela distribuição *Gama*, (2) utilização de técnicas estatísticas multivariadas para estimação de variações em indicadores-chave da gestão de estoques, (3) utilização de dados reais do consumo para testar os modelos alternativos propostos, e (4) segmentação das políticas de estoque com base nas características principais das peças de reposição. Por sua vez, as implicações práticas relacionam-se aos ganhos estimados para a empresa analisada e à facilidade de replicação das análises apresentadas no meio gerencial.

Especificamente, com relação ao avanço teórico, a capacidade explicativa e preditiva das análises desenvolvidas para segmentar os modelos de gestão de estoques e estimar as variações em indicadores como MAD, *Fill Rate* e níveis de estoque, a partir do consumo anual e do coeficiente de variação do consumo mensal, permite formalizar uma metodologia para a gestão de estoques de peças de reposição composta por dez passos, conforme descrição apresentada na Tabela 14.

Tabela 14: Metodologia proposta

Passo 1: Calcular para cada item a média de erro absoluto de previsão, Fill Rate e nível de estoque para os últimos 36 meses (horizonte de tempo considerado no estudo de caso).
Passo 2: Aproximar o consumo real de cada item pela distribuição Gama.
Passo 3: Determinar os níveis de estoque para diferentes níveis de probabilidade de não faltar produto em estoque (10%, 20%, 30% até 90%).
Passo 4: Calcular os novos erros absolutos de previsão de consumo, considerando cada nível de estoque uma previsão probabilística. Calcular também os novos indicadores de Fill Rate e nível de estoque médio.
Passo 5: Confrontar os erros calculados no passo anterior com os erros absolutos de previsão gerados pelo modelo atualmente adotado (Passo 1).
Passo 6: Identificar os modelos de menor erro absoluto para cada um dos itens.
Passo 7: Segmentar a base de dados e executar os passos seguintes para os itens nos quais as previsões probabilísticas geraram menor erro de previsão.
Passo 8: Conduzir Análise de Regressão Logística Multinomial para segmentar os modelos (previsões probabilísticas) em função do consumo médio anual e do coeficiente de variação do consumo mensal. A segmentação decorre da quantificação dos valores mais prováveis dessas duas variáveis para um determinado modelo.
Passo 9: Calcular para cada item a variação no MAD, Fill Rate e nível de estoque a partir da diferença nos resultados gerados nos passos 1 e 4.
Passo 10: Conduzir Análise de Regressão Linear Múltipla para cada variável dependente do Passo 9 em função do consumo médio anual e do coeficiente de variação do consumo mensal. Essas análises permitem prever os ganhos decorrentes da mudança de modelo e devem ser utilizadas em conjunto com os resultados do Passo 8.

Já com relação aos ganhos para a empresa analisada, os resultados apontam para uma redução potencial de 14 milhões de dólares (aproximadamente 70%) no montante de capital empatado em estoque. Obtém-se essa soma considerando o produto do valor médio de cada item em estoque (20 dólares), com a redução média efetivamente verificada de 79,46 unidades para cada um dos 8.893 itens considerados na análise (cf. Tabela 13). Considerando-se a cobertura média dos estoques (cf. Tabelas 1 e 3), espera-se que 50% desse potencial sejam reconvertidos em capital de giro, ao final de dez meses.

Finalmente, com relação ao meio gerencial, a metodologia descrita pode ser facilmente implementada e operacionalizada em planilha MS-EXCEL e no *software* estatístico SPSS, necessário especificamente para a execução do Passo 8. A partir do consumo anual médio e do coeficiente de variação do consumo mensal de um determinado item, essa metodologia permite responder às seguintes questões: (1) "qual o modelo possui maior probabilidade de apresentar menor erro de previsão?", (2) "quais as variações esperadas em termos do erro-médio absoluto de previsão, do *Fill Rate* e do nível de estoque ao se adotar esse modelo?".

Conclusões

Neste artigo, relata-se um estudo de caso desenvolvido num fabricante brasileiro de equipamentos e implementos agrícolas, no qual são utilizadas recentes abordagens para gestão de peças de reposição em conjunto.

A capacidade preditiva e explicativa das análises multivariadas desenvolvidas permitiu a proposição de uma nova metodologia para determinar modelos de gestão de estoques mais precisos e quantificar variações nos erros de previsão, nos níveis de serviço e nos níveis de estoque. Dentre outros elementos, a metodologia baseou-se na premissa da distribuição *Gama* do consumo de peças de reposição e na segmentação dos modelos por suas características principais: consumo médio e coeficiente de variação do consumo.

Estudos futuros deverão considerar, nas análises multivariadas, a interação do consumo anual médio com o coeficiente de variação do consumo mensal. O efeito conjunto dessas duas variáveis pode aumentar a capacidade preditiva e explicativa das análises conduzidas, haja vista que os itens com consumos mais elevados tendem a apresentar coeficientes de variação mais reduzidos e vice-versa.

Referências Bibliográficas

BOTTER, R.; FORTUIN, L. Stocking strategy for service parts: a case study. **International Journal of Operations & Production Management**, Bradford, v. 20, n. 6, p. 656-674, 2000.

DEKKER, R.; KLEIJN, M. J.; DE ROOIJ, P. J. A spare parts stocking policy based on equipment criticality. **International Journal of Production Economics**, Amsterdam, v. 56/57, n. 1/3, p. 69-77, 1998.

FIGUEIREDO, K. F.; FLEURY, P. F.; WANKE, P. **Logística e gerenciamento da cadeia de suprimentos**. São Paulo: Atlas, 2003. 483 p.

HILL, R. M.; OMAR, M.; SMITH, D. K. Stock replenishment policies for a stochastic exponentially-declining demand process. **European Journal of Operational Research**, Amsterdam, v. 116, n. 2, p. 374-388, 1999.

KIM, J. S.; SHIN, K.C.; YU, H. K. Optimal algorithm to determine the spare inventory level for a repairable-item inventory system. **Computers Operations Research**, New York, v. 23, n. 3, p. 289-297, 1996.

ROBISON, J. A. Inventory profile analysis : an aggregation technique for improving customer service while reducing inventory. **Production and Inventory Management Journal**, Alexandria, v. 42, n. 2, p. 8-13, 2001.

SANDVIG, J. C.; ALLAIRE, J. J. Vitalizing a service parts inventory. **Production and Inventory Management Journal**, Alexandria, v. 39, n. 1, p. 67-71, 1998.

SHERBROOKE, C. C. Metric : a multi-echelon technique for recoverable item control. **Operations Research**, Hanover, v. 16, n. 1, p. 122-141, 1968.

SHIBUYA, T.; DOHI, T.; OSAKI, S. Optimal continuous review policies for spare part provisioning with random lead times. **International Journal of Production Economics**, Amsterdam, v. 55, n. 3, p. 257-271, 1998.

SILVER, E.; PETERSON, R. **Decision systems for inventory management and production planning**. New York : Wiley, 1985. 722 p.

SILVER, E.; PYKE, D.; PETERSON, R. **Inventory management and production planning and scheduling**. New York : Wiley, 1998. 754 p.

YEH, Q. J. A practical implementation of gamma distribution to the reordering decision of an inventory control problem. **Production and Inventory Management Journal**, Alexandria, v. 38, n. 1, p. 51-57, 1997.

YIN, R. K. **Case study research**: design and methods. Thousand Oaks : Sage, 1994.

WANKE, P. **Gestão de estoques na cadeia de suprimentos**. São Paulo: Atlas, 2003. 176 p.

WILLIAMS, T. M. Stock control with sporadic and slow-moving demand. **Journal of the Operations Research Society**, Hanover, v. 35, n. 10, p. 939-948, 1984.

ENTRE A "CASA" E A "RUA": COMO JOVENS CARIOCAS USAM AS MENSAGENS DE TEXTO VIA CELULAR

Marie Agnes Chauvel (IAG/PUC-Rio)

Resumo

Nos últimos dez anos, as mensagens de texto via celular (*Short Message Services* ou SMS) tornaram-se, no mundo e no Brasil, um meio de comunicação cada vez mais usado, particularmente entre jovens. Em alguns países, a utilização de SMS provocou mudanças significativas de comportamentos e hábitos; no Brasil, o tema ainda é muito pouco estudado. Este artigo visa contribuir para o preenchimento dessa lacuna, investigando o papel das mensagens de texto no quotidiano de adolescentes e jovens adultos. Ele se baseia numa pesquisa qualitativa, realizada em 2004, na cidade do Rio de Janeiro, junto a usuários de SMS, de 16 a 25 anos. Os resultados da pesquisa apontam que as mensagens de texto têm, para esses usuários, um papel importante na construção da sua identidade e na transição para a idade adulta. Confrontados com as ansiedades naturais desse período da vida e com um elevado nível de violência urbana, esses consumidores utilizam as mensagens para manter um contato constante com um pequeno número de correspondentes, com quem trocam um grande número de mensagens, geralmente breves e de pouco conteúdo informacional, cuja função principal parece ser a de proporcionar autoconfiança e conforto emocional aos usuários. Retomando as categorias propostas por DaMatta (1987), as mensagens parecem assim ajudar os jovens a manter, ao enfrentar o mundo da "rua", uma proximidade com o mundo protetor da "casa".

Introdução

As mensagens de texto, via celular, são hoje um meio de comunicação muito difundido, principalmente entre jovens. Estima-se que, a cada mês, mais de 100 bilhões de mensagens SMS (*Short Message Services*) sejam trocadas mundialmente (Rheingold, 2003), número que cresce à medida que aumenta o de usuários de telefonia celular no mundo. Atualmente, mais de 460 milhões de mensagens SMS são trocadas por mês no Brasil (Paiva, 2004). Ainda que pequena, se comparada à escala mundial, a utilização do SMS no País vem crescendo rapidamente e tende a ganhar importância em função da implantação em âmbito nacional da tecnologia GSM (*Global System for Mobile Communications)* e do estímulo criado pelas operadoras de telefonia celular para a utilização do serviço.

Em pouco mais de dez anos (de acordo com Rheingold, 2003, a primeira mensagem SMS foi enviada em 1992, na Inglaterra), a utilização de SMS transformou-se num movimento econômico e social importante e contribuiu para a alteração de aspectos culturais de vários países. No Japão, o *keitai* (telefone celular) e as mensagens SMS criaram um espaço alternativo para a juventude, longe da vigilância e autoridade dos pais (Ito, 2001). Nas Filipinas, um grupo de jovens organizou, por meio de mensagens SMS, manifestações populares que acabaram levando à deposição do presidente do país, Joseph Estrada, em 2001 (Goodman, 2003). Na Finlândia, o SMS gerou novas terminologias, hábitos e normas sociais, alterando significativamente o comportamento da juventude local (Kasasniemi e Rautianen *apud* Rheingold, 2003).

No Brasil, os estudos sobre esse serviço, sobre as motivações e hábitos dos consumidores e sobre os impactos sociais e culturais desse novo meio de comunicação ainda são escassos (não há, nos anais dos últimos anos do principal congresso em administração do País – o Enanpad –, artigo que trate do tema). A pesquisa descrita neste artigo objetiva colaborar para o preenchimento dessa lacuna, buscando entender a dinâmica de utilização do SMS, do ponto de vista de seus usuários, relacionar motivações e necessidades atendidas pelo serviço e verificar possíveis impactos da utilização do serviço na mudança de hábitos e atitudes de seus usuários.

Revisão da Literatura

A revisão da literatura para o estudo abordou três temas: o das ligações sociais e comunidades emocionais, o da adolescência e formação de identidade e o das especificidades do contexto sociocultural brasileiro.

Ligação social e comunidades emocionais

Não importa o país analisado, a difusão das mensagens SMS entre jovens parece estar ligada, em grande parte, à necessidade de compartilhar os sentimentos e o próprio espaço – mesmo que virtual – com o outro. Mais do que destinadas à simples troca de informações, as mensagens de texto servem como elementos de agregação, segurança afetiva e entretenimento. Por meio delas, torna-se possível conectar-se com pares, valorizar-se como pessoa e membro de um grupo e, além disso, preencher vazios – temporais e emocionais (Rheingold, 2003; Ito, 2001; Johnsen *apud* Garfalk, 2001; Mäenpäa e Kopomaa *apud* Rheingold, 2003; Taylor e Harper, 2001).

Numa análise inicial, pode-se supor que as bases para a popularização do serviço entre jovens estejam relacionadas a um certo espírito de comunidade, compreendida aqui na sua acepção mais ampla e abrangendo o que se segue:

> (...) todas as formas de relacionamento caracterizadas por um elevado grau de intimidade social, profundeza emocional, engajamento moral, coerção social e continuidade no tempo. (Nisbet, 1973, página 47)

O que, de modo geral, parece estimular a utilização do serviço entre jovens é a busca da ligação emocional com o outro, mais do que um valor de uso em si. Esse fato contrasta com a corrente sociológica que vê, no individualismo, a manifestação máxima da sociedade atual (Lipovetsky, 2002). Ao menos no que tange à utilização do SMS pelos jovens, o que se nota é muito mais um impulso gregário do que um processo de afirmação individualista.

Para alguns autores (Cova, 1997; Maffesolli, 2002), esta poderia ser a marca de um novo tipo de consumidor: pós-moderno por definição e gregário por natureza. Para esse tipo de consumidor, o projeto individualista de afirmação e diferenciação perderia espaço para um novo tipo de vivência, mais ligada ao compartilhamento de emoções e à participação grupal. Cova (1997 p. 307) aponta que... na pós-modernidade, o produto ou serviço não isola, ao contrário, ele é como o totem para as tribos primitivas; ele serve como um pólo de atração para tribos pós-modernas. Trata-se muito mais de suportar 'performances que confiram autoridade' (*authoritarive performances*) (Arnould *et al*, 1994), com foco na criação, na sustentação de rituais e na conexão entre indivíduo e comunidade (contrariamente ao produto ou serviço característico do final da modernidade, que é mais relacionado ao suporte a 'atos que confiram autenticidade', o que enfatiza comportamentos auto-referentes, unicidade e individualidade).

Melhor dizendo, na visão de Cova, o produto ou o serviço passaria a ser muito mais um elemento de conexão com o outro e de conferência de *status* ou autoridade do que um elemento individualizante e diferenciador. Na pós-modernidade, a busca principal do consumidor não seria por unicidade (prazer individual) e sim pela conexão com o outro (prazer grupal).

Maffesoli (2002, p. 15) vai ainda além ao sustentar o surgimento de uma nova era "dionisíaca", na qual a busca por um ideal cede lugar a um "paradigma estético", no sentido de vivenciar ou de sentir em comum. Ele afirma que para entender esta nova era é preciso

> (...) superar a dicotomia clássica entre sujeito e objeto que fundamenta toda a filosofia burguesa. A ênfase incide, então, muito mais sobre o que une do que sobre o que separa. Não se trata mais da história que construo, contratualmente associado a outros indivíduos racionais, mas de um mito do qual participo.

Segundo ele, estaria ocorrendo um deslocamento da estrutura mecânica da modernidade para uma estrutura complexa ou orgânica, que caracterizaria a pós-modernidade. Enquanto a primeira estaria baseada na tríade organização político-econômica + indivíduos (função) + grupos contratuais, a segunda estaria baseada na tríade massas + pessoas (papel) + tribos afetuais. Essas tribos afetuais seriam, por natureza, instáveis e transitórias e não estariam ligadas a um projeto ou a um fim, mas, antes, a um compartilhamento de emoções e experiências. Elas tenderiam a se organizar de modo a favorecer o estabelecimento de rede de relações (Maffesoli, 2002).

Pelas suas características – ser um meio de comunicação e, ao mesmo tempo, um objeto que acompanha as pessoas no seu dia-a-dia – o telefone celular se presta, à primeira vista, particularmente bem ao papel "conectivo" descrito por Cova (1997). Dentro dessa perspectiva, também, o SMS parece propício ao estabelecimento de redes de relações (argumento inclusive utilizado por algumas das operadoras que atuam no País em suas campanhas de divulgação do serviço).

Adolescência e construção da identidade

Ainda que a hipótese requeira maior aprofundamento e pesquisa, é possível supor que exista uma relação entre as grandes mudanças sociais que ocorreram ao longo do último século, as alterações no processo de formação da identidade dos indivíduos e o crescimento da importância do compartilhamento de emoções com o outro verificado por alguns pesquisadores (Cova, 1997; Maffesoli, 2002).

Conforme atesta Giddens (2003), muitas das instituições sociais da atualidade diferenciaram-se extremamente das instituições que lhes deram origem, apesar de manterem o mesmo nome. Os estados nacionais, por exemplo, perderam parte da sua autonomia e poder econômico e passaram a conviver com pressões e riscos globais que alteraram significativamente a sua organização. As mudanças também atingiram a família. A família nuclear atual guarda poucas semelhanças com os grandes grupamentos familiares que caracterizaram o século passado, não só no que se refere a tamanho e composição, mas também no que tange à relação entre seus membros. A família atual é muito mais democrática, igualitária e plural do que a anterior e significativamente menos diretiva em relação ao destino dos seus membros mais jovens.

Ora, sendo a família, especialmente os pais, o principal elemento influenciador do processo de formação de identidade (Alberti, 2004; Erikson, 1987), é razoável supor que alterações na sua composição e no seu modo de funcionamento tenham conseqüências significativas na formação individual. Kimmel e Weiner estabelecem uma relação direta entre o sentimento de identidade e a demanda pela aprovação do outro. Quanto mais desenvolvida a identidade, inclusive no que tange ao reconhecimento de limitações e habilidades pessoais, menor a dependência do outro; quanto menos desenvolvida a identidade, maior a necessidade de apoio de opiniões externas para se avaliar e menor a compreensão do outro como entidade distinta (Kimmel e Weiner *apud* Schoen-Ferreira *et al*, 2003).

De acordo com Erikson (Erikson *apud* Shultz e Shultz, 2002), "a adolescência, entre os 12 e 18 anos é a fase na qual temos de enfrentar e resolver a crise de nossa identidade básica do ego", isto é, construir nossa auto-imagem, integrando as idéias que temos sobre o que somos e o que queremos ser. Nessa fase, o adolescente se vê compelido a buscar respostas para duas questões fundamentais: "quem eu sou?" e "o que desejo?". As respostas a essas questões envolvem um processo longo e muitas vezes doloroso, no qual o adolescente precisa, entre outros, separar-se dos pais a fim de ser capaz de fazer as suas próprias escolhas (Freud *apud* Alberti, 2004).

Alberti (2004) afirma que "a adolescência é, antes de tudo: 1) um longo trabalho de elaboração de escolhas e 2) um longo trabalho de elaboração da falta do Outro". Esse processo é angustiante e só terá fim quando o adolescente for capaz de vivenciar um forte sentimento de identidade interior, condição necessária para um maior amadurecimento verdadeiramente individual. A multiplicidade de escolhas possíveis e a falta de modelos tornam o processo mais difícil e ansiogênico e aumentam a demanda por reconhecimento, aprovação e amor.

Os pares são os principais provedores de carinho, reconhecimento e aprovação durante a adolescência. Os pais já não são mais capazes de atender sozinhos a essas demandas, em parte porque a sua aprovação não é mais possível no mesmo nível obtido na infância; em parte porque, com a "morte" dos pais idealizados, essa aprovação não tem o mesmo valor de outrora. O sujeito passa então a buscar principalmente entre outros adolescentes o amor de que necessita para ser capaz de exercer as suas escolhas (Alberti, 2004).

A carência afetiva que caracteriza em grande parte a adolescência – ainda que, muitas vezes, de forma mascarada – deveria, portanto, ser reduzida significativamente no término desse período. Em muitos casos, porém, isso não acontece. Apesar de a crise de identidade ser encarada como o processo de transição entre a infância e a idade adulta, a sua duração pode variar, significativamente, de cultura para cultura e ser afetada por diversos fatores, entre os quais a entrada tardia no mercado de trabalho (Erikson, 1987). Um estudo revela que até 30% das pessoas ainda estavam buscando a sua identidade aos 24 anos (Archer *apud* Schultz e Schultz, 2002). Adams e Fitch (*apud* Schultz e Schultz, 2002) afirmam que os estudantes universitários atingem a identidade do ego mais tarde do que pessoas da mesma idade que trabalham em tempo integral.

O aumento do número de casos no qual é observado o prolongamento do período da busca da própria identidade pode estar relacionado às mudanças culturais ocorridas ao longo dos últimos anos, conforme assinalam alguns autores.

Observa-se, nesta sociedade do novo milênio, uma tendência ao descompromisso. Segundo Zacarés (1996), essa perspectiva sociocultural dificulta o processo de formação de identidade pelos adolescentes (Schoen-Ferreira *et al*, 2003).

A perda de referências, a incerteza acerca do futuro e a fragmentação da autoridade tendem a dificultar o processo de formação da identidade, a favorecer o gregarismo e a transitoriedade. Costa *apud* Cezimbra (2003) afirma que, atualmente, as pessoas são obrigadas a viver mudanças contínuas, o que dificulta a construção de projetos de longo prazo e favorece a fragmentação interna e a efetivação de vínculos afetivos mais plurais, instáveis e precários.

Especificidades do contexto sociocultural brasileiro

Dois aspectos do contexto brasileiro são importantes para compreender a dinâmica das relações sociais dos jovens, entre si e com a sua família, e o papel do telefone celular e das mensagens de texto no seu quotidiano. Em primeiro lugar, o caráter relacional da cultura brasileira; em segundo, o papel exercido pela violência urbana e por suas representações.

Ao procurar listar os traços de uma "identidade social brasileira", DaMatta (1986) enumera uma série de características e termina enfatizando um dos aspectos mais típicos dessa sociedade:

> Sei, então, que sou brasileiro e não norte-americano, porque (...) sou leal a meus amigos e nada posso negar à minha família; porque, finalmente, sei que tenho relações pessoais que não me deixam caminhar sozinho neste mundo, como fazem meus amigos americanos, que sempre se vêem e existem como indivíduos! (p. 17).

Ou seja, a sociedade brasileira é fortemente relacional. Diferentemente do que acontece em outros países, nela a "Revolução do Indivíduo", característica da era Moderna, a rigor, nunca chegou a se completar. De acordo com DaMatta (1986), a sociedade brasileira caracteriza-se por conciliar duas lógicas antagônicas: a do *in-*

divíduo, visto como "sujeito das leis universais que modernizam a sociedade", e a da *pessoa*, ancorada nas "teias de relações sociais nascidas da família, da vizinhança, no compadrio, da nominação e, acima de tudo, do parentesco." (DaMatta, 1986, p. 95 a 97). O individualismo típico das modernas sociedades ocidentais coexistiria, no País, com formas de organização social mais arcaicas, baseadas nos princípios da hierarquia e das relações pessoais.

Ainda segundo DaMatta (1983), a essas duas facetas da sociedade corresponderiam dois espaços distintos: o da "casa", lugar da *pessoa,* espaço "amoroso onde a harmonia deve reinar sobre a confusão, a competição e a desordem" (p. 27) e o da "rua", lugar do *indivíduo,* "local perigoso", regido por leis anônimas, onde "não há, teoricamente, nem amor, nem consideração, nem respeito, nem amizade" (p. 29). O universo da "rua" é o da luta e da dificuldade.

Dentro desse contexto, tornar-se adulto significa, também, sair do mundo seguro da "casa", para enfrentar o universo algo ameaçador da "rua". Num contexto urbano como o do Rio de Janeiro, a dificuldade dessa passagem é ainda agravada, dado o nível de violência vivido pela cidade. Os riscos não são somente simbólicos, são também materiais e físicos. Segundo Costa (2004), a violência provoca sentimentos de insegurança, fragilidade e perda de confiança nas autoridades.

Objetivos e Método

O principal objetivo deste estudo é o de colaborar para o entendimento da dinâmica de utilização do SMS, do ponto de vista de seus usuários, relacionando motivações de uso e necessidades atendidas pelo serviço e verificando possíveis impactos da utilização do serviço na mudança de hábitos e atitudes de seus usuários.

Dada a inexistência de pesquisas prévias sobre o tema no Brasil, optou-se por um estudo exploratório, de natureza qualitativa. A pesquisa se baseou em entrevistas focalizadas individuais. A coleta de dados seguiu o princípio da "saturação". "A saturação é o fenômeno pelo qual, passado um certo número de entrevistas, o pesquisador ou a equipe tem a sensação de não aprender nada de novo, ao menos no que diz respeito ao objeto sociológico da pesquisa"; ela se manifesta pela repetição das estruturas encontradas nas entrevistas e pressupõe que a coleta e a análise dos dados sejam efetuadas em paralelo (Bertaux *apud* Bertaux, 1980, p. 205).

A coleta de dados foi realizada no Rio de Janeiro. Os informantes foram selecionados entre usuários de telefonia celular e de serviços SMS, de ambos os sexos, entre 16 e 25 anos, pertencentes às classes A e B. Como critério complementar, os entrevistados deveriam enviar pelo menos dez mensagens SMS por semana, a fim de garantir um nível mínimo de conhecimento e intimidade com o serviço e possibilitar maior riqueza e homogeneidade dos dados. Foram entrevistados 20 informantes.

Resultados

A descrição e a análise dos dados foi estruturada da seguinte forma: em primeiro lugar, examinou-se a inserção do telefone celular na rotina dos entrevistados; em seguida, foram analisadas as razões de uso do SMS, o processo de adoção do serviço e, finalmente, a questão dos relacionamentos virtuais.

A inserção do celular na rotina dos entrevistados

A maior parte dos entrevistados costuma dividir seu tempo durante a semana entre o estudo (escola ou faculdade), a academia e a casa, sendo que, entre os mais velhos, o trabalho ou estágio tende a substituir a academia. No fim de semana, o programa mais comum é sair com amigos. Para aqueles com maior número de obrigações, a rotina é, às vezes, descrita como corrida e estressante. Ainda que os amigos e a família sejam muito importantes para essa parcela dos entrevistados, a escassez de tempo e as obrigações levam a uma espécie de afastamento forçado, que acaba sendo, de certa forma, compensado nos fins de semana.

Os celulares são parte indissociável da rotina dos entrevistados, que, na sua maioria absoluta, afirmam levá-los para todos os lugares aonde vão. A maior parte espera que seus interlocutores utilizem o celular sempre e possam ser encontrados a qualquer hora e em qualquer lugar.

> ... virou uma necessidade realmente, né? Sair sem celular é meio complicado... Assim, sei lá, você sabe que está em contato direto com todo mundo, o tempo inteiro... As pessoas já contam que você sempre está com o celular. (Maria Izabel)

> Com que freqüência eu falo? Todo dia, toda hora, todo minuto, minha mãe reclama bastante... Eu estou sempre com ele. Assim, mulher não sai sem brinco, eu não saio sem brinco e nem sem celular. (Gabriela)

Mais do que um simples instrumento de comunicação, o celular parece ser um elemento fundamental de segurança emocional, a ponto de alguns entrevistados não conseguirem se imaginar sem ele durante o período de uma semana. Parte deles chega a ser explícita ao afirmar a sua dependência em relação aos aparelhos, relacionando a sua falta a um sentimento de angústia.

> Agora há pouco tempo, eu estava sem celular, porque perdi o meu. De vez em quando, bate uma angústia porque você quer falar com alguém... (...) Eu não tinha mais o telefone de ninguém. Ninguém conseguia mais me achar. (André)

> Acho que a gente acaba se tornando dependente (do celular). Como reagiria se fosse obrigada a ficar uma semana sem ele? Me sentiria um pouco isolada. Prefiro nem pensar nessa possibilidade. (Elisa)

A violência parece ter algum papel nos significados de segurança associados ao aparelho. Circular pela cidade é visto como arriscado, e o celular confere ao usuário um sentimento de proteção.

> Quando roubaram o meu carro, fiquei na rua sozinha. Desesperada. Peguei o celular e pedi para o meu pai me buscar. Chorava. Minhas pernas tremiam. Se não fosse o celular, sei lá. (Joana)

> Sempre estou com ele. Me sinto segura sabendo que minha família pode ligar quando precisar, e eu também posso procurar quem eu quiser, sempre. (Amanda)

Os celulares, ao possibilitarem o contato contínuo com o outro, acabam por transformar esse contato em uma espécie de necessidade permanente, que contribui para a administração da ansiedade de seus usuários e para a obtenção de conforto emocional. Essa busca é tão forte que vários dos entrevistados mantêm os aparelhos constantemente ligados, mesmo de madrugada.

> Tem uns momentos que eu tenho umas loucuras, eu quero falar com fulano, tipo três horas da manhã: oi fulano, tudo bom? (...) Eu ligo (a essa hora) porque recebo ligação também. Então eu ligo, para quem me liga, eu ligo (Gabriela)

> O meu celular dorme na cabeceira da minha cama... Ligado, inclusive como despertador também... Às vezes a namorada manda uma mensagem, ou o amigo que esqueceu alguma coisa... Se eu estou acordado e vejo, dependendo do que está escrito, eu respondo. (Guilherme)

Razões do uso do SMS

Os resultados da pesquisa indicam que a principal necessidade suprida pelo serviço é de ordem afetiva. Os usuários buscam através do SMS a manutenção e o reforço de vínculos de amizade ou carinho com seus pares e utilizam-no com freqüência, como uma maneira de reforçar a sua auto-estima e de combater a solidão ou, até mesmo, como um elemento de segurança emocional em meio a um ambiente muitas vezes agressivo.

A importância das mensagens SMS do ponto de vista afetivo é revelada por quatro fatores principais: interlocutores das mensagens; tipo de mensagem enviada; sentimentos normalmente associados às mensagens; tempo de resposta esperado para as mensagens. Do ponto de vista racional, as mensagens tendem a ser valorizadas por aspectos relacionados a seu custo, praticidade e capacidade de vencer barreiras à comunicação.

- *Interlocutores das mensagens:* apesar de os entrevistados terem, em geral, um grande número de contatos arquivados nas agendas de seus celulares, a maior parte das mensagens é trocada com um número muito pequeno de interlocutores: amigos íntimos, namorados e, eventualmente, familiares. Mesmo os poucos que mandam mensagens para um grupo maior de pessoas afirmam que não mandariam mensagens para desconhecidos ou para pessoas pouco conhecidas. De um modo geral, os dados da pesquisa indicam que é preciso haver um determinado nível de intimidade entre os interlocutores para que as mensagens de texto possam ser trocadas. Ao que parece, quanto maior o nível de intimidade entre eles, maior o número de mensagens trocadas. Entre namorados, as mensagens costumam ser muito freqüentes.

> Só mando mensagens para minha namorada. Para os meus amigos, não mando, porque provavelmente não responderiam. Tudo que quero falar com eles, falo pessoalmente e eles também. (Leonardo)

> Meus amigos, minha família. (...) São mais quatro pessoas com quem eu tenho mais contato mesmo, pessoas com quem tenho liberdade. (Elaine)

- *Tipo de mensagens enviadas:* a forte associação entre afetividade e motivação de uso do serviço torna-se explícita ao se analisar o conteúdo das mensagens descrito pelos entrevistados. Declarações de amor, manifestações de saudade, consolo para amigos em momentos difíceis são mensagens comumente enviadas.

> Avisos, marcar encontros, confirmar encontros, romântica. (...) Na verdade, troco mais coisas bonitas com o meu namorado do que qualquer outra coisa. (Aline)

> Às vezes, mando alguma de consolo; quando o amigo está triste, você manda aquela mensagem para animar mais. (...) Por exemplo: 'espero que esteja tudo bem', 'melhora essa carinha'... bobeiras assim. (Elaine)

> Conversas com namorado, mensagens bobinhas só para dizer um oi ou que chegou em casa, etc. (...) As mais freqüentes são: 'me liga', 'tô na aula', 'você vai?', 'tô chegando' ou 'tô saindo'. (Danielle)

> Tipo mensagem carinhosa, eu tenho namorada, né (...) Para amigos: 'qual é a boa do fim de semana?', 'qual é a festa que vai ter?'. (Maurício)

Brincadeiras entre amigos, saudações de bom-dia e boa-noite e mensagens destinadas a marcar encontros ou informar sobre a localização do emissor fazem parte de um repertório destinado, em grande medida, a reforçar os laços de amizade e afeto. Esse tipo de mensagem reforça a hipótese de que o celular e – por extensão – as mensagens SMS estejam contribuindo para a redefinição do conceito de "estar junto", não só através da antecipação do momento do encontro físico em si, mas principalmente por possibilitarem o compartilhamento contínuo de informações e sentimentos a qualquer hora e em qualquer local. Na prática, por meio das mensagens SMS é possível "estar junto" mesmo quando se está distante.

Ainda que alguns dos entrevistados se refiram às mensagens enviadas como "comentários bestas", "bobagens", "coisas sem importância", elas parecem na verdade representar um papel extremamente importante no conforto psicológico de emissores e de receptores. Uma das entrevistadas é explícita ao dizer: "Não fico muito tempo sozinha, não gosto de ficar sozinha" e explica que usa as mensagens exatamente para encontrar e falar com outras pessoas quando está, mesmo que momentaneamente, só.

- *Sentimentos associados às mensagens:* de modo geral, o ato de receber mensagens está associado a sentimentos positivos de felicidade e reforço da auto-estima. Quanto mais íntima a pessoa que envia a mensagem, maiores as chances de ela ser percebida como importante e de despertar um sentimento de felicidade. As mensagens de feliz aniversário parecem ser extremamente importantes para os entrevistados, bem como aquelas românticas enviadas pelo namorado ou namorada.

> Todos os dias fico feliz com o que recebo. Sempre tem uma coisa legal, que emociona mais (...) Sinto que ela (a namorada) está realmente gostando de mim. (Leonardo)
>
> Nossa, deixa o meu dia melhor, fico mais alegre, sei lá. Coisa de gente boba. (...) Fico feliz com todas, mas a principal e inesquecível foi do meu namorado, que disse que me amava. (Joana)
>
> Acho normal quando recebo mensagens. Não acho normal quando não recebo (...) Acho que todas (mensagens) me deixam feliz, pelo fato de eu estar recebendo mensagens e de estarem lembrando de mim (...). No meu aniversário, recebi algumas mensagens e gostei muito. (Fábio P.)

Se receber mensagens significa ser lembrado, ser importante para alguém, não recebê-las significa exatamente o oposto. "Eu me sentiria esquecida" (Elaine); "abandonada" (Elisa). Esse sentimento parece ser tão forte entre os entrevistados que parte deles não consegue lidar com a possibilidade de não receber mensagens. Esses entrevistados tendem a atribuir a ausência de mensagens a "problemas técnicos" e a buscar imediatamente alternativas para resolver a situação (ligações telefônicas ou *e-mails*).

- *Expectativa de tempo de resposta das mensagens:* na maior parte das vezes, o envio de uma mensagem pressupõe o recebimento imediato de resposta. Especialmente quando o interlocutor é íntimo ou quando é feita uma pergunta considerada importante. Nesses casos, é comum que o emissário da mensagem fique relativamente ansioso à espera de uma resposta. Em alguns casos, a ausência de resposta é percebida como "má-vontade" do receptor da mensagem e como uma prova de desatenção para com o outro, levando a uma reação de cobrança (através do envio de repetidas mensagens ou por meio de uma ligação telefônica).

> Eu sempre respondo imediatamente (...) Também espero resposta imediata. (Cristiane)
>
> Incomoda (a demora em receber respostas). (...) Porque, às vezes, você acha que a pessoa está de má-vontade ou, não sei, mas na hora não está querendo te responder. (André)

> Sempre respondo imediatamente. Sempre mesmo. Mesmo se estiver ocupada. Paro e respondo (...) Sempre espero resposta rápida. Sempre recebo logo depois que escrevo. Ninguém é besta de demorar a responder (risos). (Amanda)

Em algumas situações, no entanto, os emissores admitem esperar mais tempo pela resposta às suas mensagens. Isso ocorre principalmente quando o assunto da mensagem é considerado de menor relevância, e o grau de afetividade na relação não é muito elevado. De um amigo, pode-se até admitir uma resposta mais demorada, mas não de uma namorada.

- *Justificativas racionais para o envio de mensagens:* do ponto de vista racional, o envio de mensagens tende a ser justificado por quatro fatores principais: praticidade, menor custo frente a outras alternativas de comunicação, rapidez do envio e possibilidade de vencer barreiras (psicológicas, situacionais e relativas a locais de uso). Além disso, são valorizados a possibilidade de restringir o tempo de resposta do interlocutor (em situações especiais) e o fato de a mensagem ser recebida pelo destinatário em qualquer situação. Mesmo que o celular do receptor esteja desligado, a mensagem é entregue assim que ele for ligado.

Processo de adoção do serviço

Amigos e namorados são os maiores influenciadores no processo de adoção do serviço, o que reforça o componente altamente relacional e afetivo do SMS. As primeiras experiências de uso do SMS estão ligadas ao recebimento de mensagens. Inicialmente respondidas por meio de ligações, as mensagens acabam estimulando o receptor a experimentar o serviço.

> Comecei a usar em conversas com o namorado. Mensagens bobinhas só para dizer um 'oi' ou que chegou em casa, etc. Depois comecei a trocar com os amigos. (Danielle)

> Uso torpedo desde que comecei a namorar. Em janeiro. Estou muito feliz e ela também. (Leonardo)

> Tinha um dos meus amigos que sempre mandava mensagens, e eu morria de inveja, porque queria mandar e responder, achava muito legal, mas meu celular não mandava. Quando fiz aniversário, pedi para minha mãe um celular que mandasse mensagem. Assim que ganhei, comecei a mandar mensagem. (Joana)

> Comecei a usar na época em que comecei a sair mais com os amigos. Namorar... O início do meu namoro foi o que me fez começar a usar. (Aline)

Relacionamentos virtuais

Ao contrário das expectativas geradas pela comunicação das operadoras de telefonia celular e de um certo senso comum, que costuma retratar os jovens como pessoas abertas a qualquer tipo de relacionamento, os resultados da pesquisa revelam que os entrevistados evitam relacionar-se com desconhecidos por meio do SMS. A simples menção à idéia de troca de torpedos com desconhecidos desperta reações bastante enfáticas de um grande número de informantes. Alguns deles reagem à possibilidade de trocar mensagens com "gente que não se sabe quem é", reputando a pessoas sem amizades ou no início da adolescência esse tipo de comportamento.

> A Tim tem um negócio de Blah!, em que, infelizmente, eu me inscrevi, que é ridículo (risos)... Eu nunca fiz, nunca participei, mas eu me inscrevi: 'ah, vamos ver o que que é'. Aí, você se inscreve, você recebe não sei quantas mensagens por dia: 'fulano quer teclar com você', 'fulana quer'... (...). Mas nunca respondo, nunca teclo com ninguém (...). Só mando para os meus amigos... (...) Eu acho esquisito, sabe? (...) Eu já passei dessa fase (de conversar por e-mail com desconhecidos). Teve na adolescência, mas era mais pela Internet. Eu tinha medo. Não sabia quem era. (...) Não gosto porque são pessoas que você não conhece (...). O mundo está muito perigoso. Sei lá se é um psicopata... Deus me perdoe. (Gabriela)

> Não, nunca conheci ninguém através do celular (...) Nunca gostei dessas coisas. Nem gosto de nada disso. Ficar conversando

> com gente que não sei quem é (...). Não preciso, tem um monte de gente que conheço para conversar. (Maria Isabel)

Os resultados da pesquisa sugerem que as "comunidades virtuais móveis" estabelecidas a partir da tecnologia e sem nenhum vínculo anterior de relacionamento estão mais próximas de peças de ficção do que da realidade. Ao mesmo tempo, a pesquisa contribui para a desmistificação da imagem do jovem como um ser totalmente despreocupado e desprovido de preconceitos ou receios, sempre aberto a novos relacionamentos.

Esse resultado possivelmente está relacionado, ao menos em parte, ao contexto brasileiro. A dimensão tradicional da sociedade brasileira (DaMatta, 1986; 1987) encontra-se presente entre os jovens consumidores, que valorizam e confiam em relações pessoais (e não "anônimas", com pessoas "que não sabem quem são"). Depreende-se dos depoimentos dos entrevistados a idéia de que a "casa" é um lugar bem mais seguro e capaz de satisfazer as suas necessidades afetivas do que a "rua". Além disso, a questão da insegurança se faz novamente presente. Trocar mensagens com desconhecidos significa lidar com estranhos que não pertencem ao círculo, às redes protetoras de relações tecidas em volta da família, da vizinhança, do parentesco e, no extremo, se expor a riscos de violência.

Conclusão

Mais do que simples instrumentos de comunicação, os celulares são importantes elementos de segurança emocional dos entrevistados. Muitos deles revelam uma relação de dependência com seus aparelhos e demonstram, de modo direto ou indireto, que teriam dificuldades de se adaptar à sua falta. De certa forma, perder o celular seria como perder o contato com o mundo e ficar desprotegido. É interessante notar como alguns entrevistados conferem um poder especial ao celular, reputando a ele a capacidade de resolver "quase tudo". Num certo sentido, é como se o celular estivesse ligado a um senso de urgência e à necessidade constante de contato imediato com o outro.

Sendo a adolescência um período no qual a busca pelo outro é extremamente intensificada, é possível que a experiência de comunicação imediata possibilitada pelo celular tenha passado a fazer parte do repertório de expectativas dos entrevistados. Essa expectativa provavelmente contribuiu para alterar significativamente seus hábitos com relação a gerações anteriores. É como se, agora, cada busca (aqui representada pela ligação telefônica) devesse corresponder a um encontro imediato (a recepção da mensagem e o estabelecimento da comunicação), sendo a frustração desse encontro um motivo de angústia e, de certa forma, desamparo. Ao menos no nível simbólico, o celular parece conferir aos usuários entrevistados a possibilidade de "estar junto" mesmo quando isso é fisicamente impossível.

A maneira como os entrevistados percebem a violência urbana e relacionam-na ao seu dia-a-dia é outro elemento de reforço da necessidade de uso do celular como segurança emocional. Afinal, diante de um quadro no qual, ao menos do ponto de vista imaginário, "tudo é possível", a possibilidade de contato imediato serve como uma forma de reduzir angústias. Apesar de evitarem revelar sentimentos e compartilhar aflições e medos, os jovens entrevistados parecem buscar em um número pequeno de pares (familiares, amigos íntimos ou namorados) o conforto emocional de que precisam para conseguir efetuar a transição para o mundo adulto – um mundo que, além da possibilidade de emancipação dos pais, representa uma série de ameaças. Para os entrevistados, receber mensagens significa ser importante para alguém, ser lembrado. É também um meio de compartilhar atividades, decisões, pensamentos e buscar aprovação. De certo modo, celular e mensagens permitem manter, mesmo quando se está no universo algo ameaçador da "rua", um contato constante com o mundo protetor da "casa" (DaMatta, 1987).

As mensagens SMS oferecem uma maneira rápida, eficaz e relativamente barata de se manter esse contato. Elas têm, também, a vantagem de ser pouco invasivas, permitindo uma comunicação "discreta", que não obriga nem o emissor, nem o receptor a interromper as suas atividades e a expor a terceiros o ato da comunicação e o seu teor (embora, como se viu, obriguem, de certa forma, o receptor a rapidamente se manifestar). Nesse sentido, elas tornam possível a manutenção, à distância, de uma comunicação de caráter íntimo, às vezes até infantil, sem riscos de constrangimento.

Conforme destaca Johnsen (Johnsen *apud* Garfalk, 2001), as mensagens SMS são uma espécie de presente simbólico que exige atenção imediata de quem o recebe. O conteúdo das mensagens parece menos importante do que o envio da mensagem em si, que é uma prova de consideração e de lembrança em relação ao outro. De um modo geral, o torpedo não é usado em momentos que exigem maior troca de informações ou de comunicação mais elaborada. A sua utilização se insere no contexto da busca de contato constante e imediato com o outro, mas ele não é o único meio de comunicação valorizado pelos jovens. O telefone fixo, as ligações de voz no celular, a *Internet* e os contatos pessoais também estão muito presentes na vida dos entrevistados. O que talvez confira ao torpedo um *status* especial seja a sua ubiqüidade, garantida por três fatores: a mobilidade do celular, o baixo custo da mensagem e a possibilidade de estabelecer comunicação silenciosa.

Referências Bibliográficas

ALBERTI, S. **O Adolescente e o outro**. Rio de Janeiro: Zahar, 2004.

BERTAUX, D. L. Approche biographique, sa validité méthodologique, ses potentialities. **Cahiers Internationaux de Sociologie**, Paris, v. XIX, juillet/décembre, 1980.

COVA, B. Community and consumption: towards a definition of the 'linking value' of products or services. **European Journal of Marketing**, v. 31, n. 3/4, p. 297-316, 1997.

COSTA, J.F. O mal-estar da nossa civilização. **Continente Multicultural**, São Paulo, n. 32, ago. 2003.

DA MATTA, R. **Carnavais, malandros e heróis**. 4. ed. Rio de Janeiro: Zahar, 1983.

DA MATTA, R. O modo de navegação social: a malandragem e o "jeitinho". In: ______. **O que faz o Brasil, Brasil?** 2. ed. Rio de Janeiro: Rocco, 1986. cap. 7, p. 93-105.

DA MATTA, R. **A casa e a rua**. Rio de Janeiro: Editora Guanabara, 1987.

ERIKSON, E. H. **Identidade, juventude e crise**. 2. ed. Rio de Janeiro: Editora Guanabara, 1987.

GARFALK, C. Kids on the move. **Telenor Xpress**, n. 1, 2001. Disponível em: <http://www.telenor.com/xpress/2001/1/kids_move.shtml>.

GIDDENS, A. **Mundo em descontrole**: o que a globalização está fazendo de nós. 3. ed. Tradução Maria Luiza Borges. Rio de Janeiro: Record, 2003.

GOODMANN, J. Enviroment and society. **Receiver**, n. 8, 2003. Disponível em: <http://www.receiver.vodafone.com/articles/index00>.

ITO, M. Mobile phones, japanese youth, and the re-placement of social contact. In: **Society for the social studies of science meetings**. Boston, 2001. Disponível em:

<http://www.itofisher.com/PEOPLE/mito/Ito.4S2001.mobile.pdf>.

ITO, M. Mobiles and the appropriation of place. **Receiver**, n. 8, 2003. Disponível em: <http://www.receiver.vodafone.com/articles/index07>.

LIPOVETSKY, G. **O império do efêmero**: a moda e o seu destino nas sociedades modernas. Tradução Maria Lúcia Machado. São Paulo: Companhia das Letras, 2002.

MAFFESOLI, M. **O tempo das tribos**: o declínio do individualismo nas sociedades de massa. 3. ed. Tradução Maria de Lourdes Menezes. Rio de Janeiro: Forense Universitária, 2002.

NISBET, R. A. Comunidade. In: FORACCHI, M. M.; MARTINS, J. S. **Sociologia e sociedade**: leituras de introdução à sociologia. Rio de Janeiro: Livros Técnicos e Científicos, 1973.

PAIVA, F. Resultados anima operadoras. **Teletime**, São Paulo, n. 71, ano 7, out. 2004.

PIMENTEL, B. Cell phone craze may be key for Philippines future. In: SAN FRANCISCO CHRONICLE. San Francisco: 11/02/2001. Disponível em: http://www.sfgate.com/cgi-bin/article.cgi?file=/crhonicle/archive /2001/02/ 11BU166485. DTL>.

RHEINGOLD, H. **Smart mobs**: the next social revolution. Cambridge: Perseus Publishing, 2003.

SCHULTZ, D. P.; SCHULTZ, S. E. **Teorias da personalidade**. Pioneira Thomson Learning, 2002.

SCHOEN-FERREIRA, T. H., AZNAR-FARIAS, M., SILVARES, E. F. M. A construção da identidade em adolescentes: um estudo exploratório. **Estudos de Psicologia**, v. 8, n. 1, Natal, jan./abr., 2003.

TAYLOR, A. S.; HARPER, R. Talking 'activity': young people and mobile phones. In: CHI 2001 CONFERENCE ON HUMAN FACTORS IN COMPUTING SYSTEMS. Seattle: 31/03 – 5/04/ 2001. Disponível em: <http://www.cs.colorado.edu/~palen/chi workshop/papers/ TaylorHarper.pdf>.

CUSTOMER VALUATION: MEDINDO O VALOR DA RETENÇÃO DE CLIENTES

Fernando Miguel Saliba (COPPEAD/UFRJ)

Gustavo Klein (COPPEAD/UFRJ)

Isabella Amui (COPPEAD/UFRJ)

Resumo

O presente trabalho tem por objetivo analisar a temática de *Customer Valuation* sob a perspectiva de relacionamentos de longo prazo e da retenção de clientes. Diversos aspectos são observados, desde as diferentes abordagens de avaliação existentes entre as áreas de finanças e *marketing* até a importância de se juntarem esses conceitos. Por fim, destacam-se os modelos teóricos para o cálculo do valor do cliente no longo prazo, passando por tipos de clientes apropriados, finalidades dos modelos e linhas de pesquisa existentes.

1. Introdução

No mercado, diariamente, acompanham-se histórias de sucesso e de fracasso de várias empresas. Ao mesmo tempo que se vêem trajetórias consistentes de crescimento, tem-se também casos de empresas que perdem valor da noite para o dia. Como explicar desempenhos tão diferentes de empresas com o mesmo modelo de negócio? Quais são os fatores que contribuem para o processo de criação de valor de uma organização?

Algumas pesquisas defendem que as empresas que conseguem obter níveis superiores de retenção de clientes geram lucros consideravelmente mais altos e crescem mais rapidamente também. Esse pensamento adquire uma forte relevância nos últimos tempos, principalmente com o crescimento do setor de serviços. Há muito se ouve falar da importância de se trabalhar a fidelidade e a retenção de clientes, mas ainda existem poucos estudos que quantifiquem o valor de um cliente fiel.

Este trabalho, portanto, tem como objetivo entender a relação existente entre lealdade dos clientes e o lucro que eles geram para a empresa.

Para tanto, foi feita uma extensa revisão da literatura para discutir a importância da retenção de clientes através de pesquisas já desenvolvidas nessa área e através de modelos teóricos que vêm sendo desenvolvidos e aperfeiçoados na tentativa de se fazer uma análise mais quantitativa do valor de um cliente.

2. Como se Mede o Valor de uma Empresa - finanças *versus marketing*

O método financeiro mais usado para medir o valor de mercado de uma empresa é o do cálculo do valor presente líquido (VPL) dos fluxos de caixa futuros gerados pelos ativos dessa empresa. Esses fluxos de caixa são estimados e descontados a uma taxa apropriada de custo de oportunidade.

Um outro conceito, amplamente discutido e muito estudado pelos profissionais de *marketing*, defende que o valor da empresa está nos clientes que ela consegue atrair e reter. A analogia feita por Reichheld (1996), que compara uma organização a um balde, diz que não investir em retenção de clientes é como ir deixando furos nesse balde; dessa forma, o esforço para enchê-lo passa a ser muito maior, já que a água vai escoando pelos buracos. O que se nota é que a maioria das empresas não repara nos "furos de seu balde", ou seja, não atenta para a deserção de clientes e não tem idéia do ritmo em que está perdendo clientes.

Esses dois conceitos, de finanças e de *marketing*, aparentemente divergentes, podem ser reunidos para se obter uma análise mais completa que considere o cliente como um ativo importante e que, portanto, deve entrar na estimativa dos fluxos de caixa. Principalmente para o setor de serviços, esse pensamento se torna fundamental e representa uma mudança na forma de entender o cliente. As empresas começam a entender a necessidade de não mais olhar para o ciclo de vida dos produtos, mas pensar em ciclo de vida do cliente. As transações, que eram tratadas de forma discreta, uma a uma, levando em consideração os custos e receitas de cada produto, passam a ser vistas de forma mais contínua, através de investimentos em um relacionamento de longo prazo com o consumidor.

O cliente passa a ser visto como uma vantagem competitiva sustentável da empresa, uma vez que o relacionamento abre espaço para tratamentos mais próximos, muitas vezes exclusivos. Os aspectos intangíveis dos serviços os fazem muito mais difíceis de serem replicados. É muito mais fácil copiar um produto do que todo um relacionamento que se constrói na prestação de serviços.

É importante destacar que essa mudança não interfere no interesse dos acionistas, que continuam buscando aumento dos fluxos de caixa, redução da volatilidade e o aumento do valor residual da empresa.

3. Vantagens da Retenção de Clientes

Com o desenvolvimento cada vez maior do setor de serviços, aumentou a relevância do foco no cliente e da valorização dos aspectos intangíveis de uma forma geral. Quanto mais se conhece o cliente e se entendem as suas necessidades, mais se consegue saber o quanto vale a pena investir no nível de serviço dispensado a ele. A medida do valor de um cliente não é mais baseada no número de transações que ele faz, mas no valor dessas transações ao longo prazo. É dessa forma que um conhecimento mais forte do seu cliente permite uma melhor alocação dos recursos da empresa.

Uma análise mais qualitativa nos mostra algumas vantagens de se trabalhar a fidelização de clientes: um cliente fiel, por já conhecer os serviços, demanda menos esforço do vendedor, gerando menores custos. Conforme o cliente intensifica seu relacionamento com a empresa, ele passa a considerar a aquisição de outros produtos ou serviços comercializados por ela, gerando um incremento nas vendas através de compras casadas. Aumentando o relacionamento com a empresa, esse cliente deixa de buscar alternativas no mercado e, muitas vezes, paga mais caro por aquele serviço ao qual já está acostumado. Isso pode levar a um aumento das margens e, quanto melhor for a percepção do serviço por parte deste cliente e mais satisfeito ele estiver, mais clientes novos ele vai trazer através do poder da propaganda boca a boca e das referências. Essa é uma das formas mais eficientes de propaganda e uma das mais difíceis de se trabalhar (Reichheld, 2000).

Srivastava *et al.* (1998) mostram que a retenção de clientes contribui para a diminuição da volatilidade e da vulnerabilidade do fluxo de caixa, conforme pode ser visto no gráfico 1. O valor presente líquido (VPL) de fluxos de caixa com mesma magnitude, mas com variância e risco financeiro menores, é maior devido à diminuição do custo de capital. Investindo em fidelização de clientes, é possível diminuir a variância dos fluxos de caixa.

Gráfico 1: Volatilidade e vulnerabilidade do fluxo de caixa ao longo do tempo

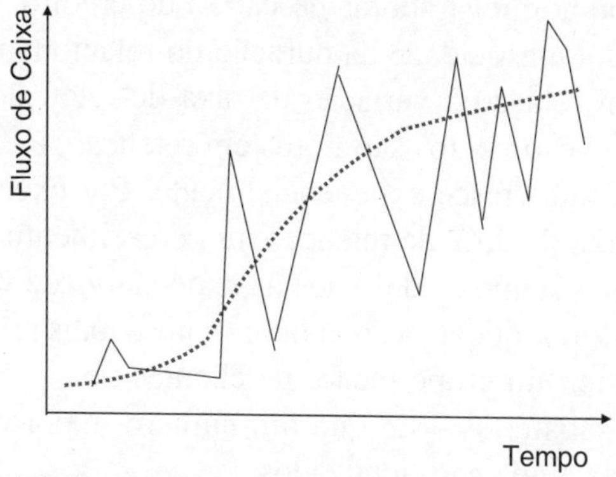

Fonte: SRIVASTAVA *et al.* 1998.

O valor residual do negócio também é influenciado pela retenção de clientes, aumentando em função do tamanho da base e da fidelização (Srivastava *et al*, 1998). De acordo com o gráfico 2 e considerando-se uma distribuição normal de fluxo de caixa, pode-se perceber que não só a média aumenta, como também a variância dos fluxos diminui. Isso se dá pelo incremento das vendas e pelo aumento de margens, já citados anteriormente.

Gráfico 2: Distribuição dos fluxos de caixa ao longo do tempo (médias e variâncias)

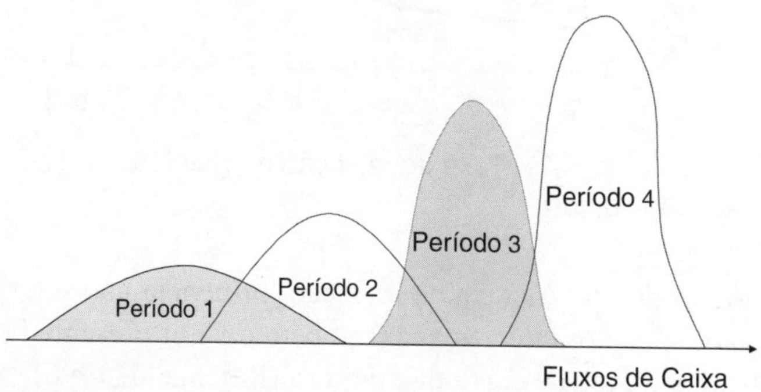

Fonte: SRIVASTAVA *et al*, 1998.

Uma outra forma de perceber a importância da retenção de clientes pode ser vista no gráfico 3. Através de um estudo baseado na indústria de administradoras de cartão de crédito, Reichheld (1996) mostra a elasticidade da duração do relacionamento com os clientes em relação à variação da taxa de retenção, ou seja, quanto mais investimentos são feitos em retenção, a expectativa de vida do cliente cresce exponencialmente. Por exemplo, após atingir uma taxa de 90% de retenção, um crescimento de 5% representa um acréscimo de dez anos na expectativa de vida do cliente. Esses valores ajudam a entender porque é mais rentável para uma empresa ter um grupo menor de clientes fiéis – muito mais que somente satisfeitos – do que um número maior de clientes satisfeitos, mas ainda não fidelizados.

Gráfico 3: Tempo de duração do relacionamento com clientes em relação à taxa de retenção

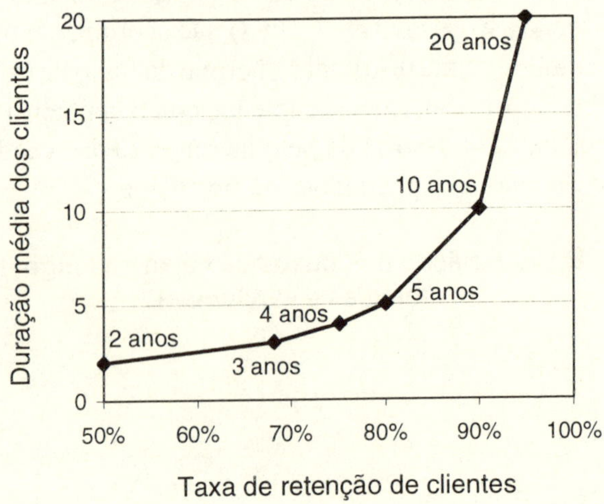

Fonte: REICHHELD, 1996.

Além do mais, a taxa de retenção influencia não somente o tempo de vida dos clientes, mas também o valor presente líquido (VPL) dos fluxos de caixa da empresa (Reichheld, 1996). Ainda usando a indústria de administradora de cartão de crédito como exemplo, o gráfico 4 mostra o aumento do VPL dos fluxos de caixa em função de um aumento de 5% na taxa de retenção.

Gráfico 4: Aumento do VPL em função de aumento de 5% da taxa de retenção

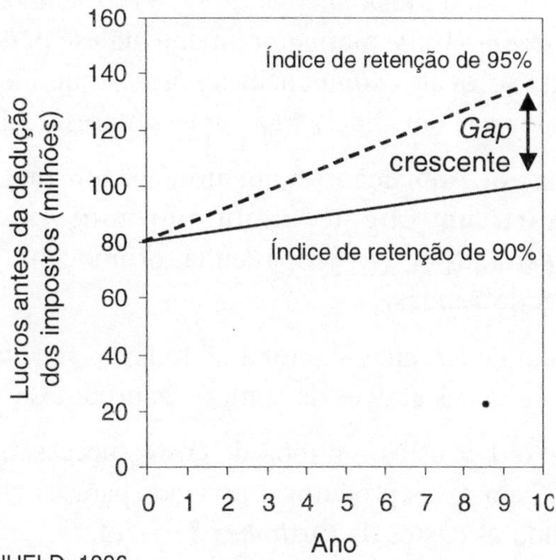

Fonte: REICHHELD, 1996.

Dentro dessa filosofia de foco em retenção de clientes e relacionamento de longo prazo, nas seções seguintes serão apresentados conceitos e modelos teóricos que objetivam a mensuração do valor do cliente para as empresas.

4. *Customer Lifetime Value* (CLV)

4.1. Conceitos

O conceito de *Customer Lifetime Value* (CLV) nada mais é do que uma maneira sistemática para se entender e avaliar os relacionamentos das empresas com seus clientes. Segundo Jain *et al.* (2002), define-se CLV de uma empresa como sendo o lucro ou o prejuízo causado por um cliente ao longo de todas as transações feitas por esse cliente com a empresa. Na literatura, CLV também pode ser chamado de *Customer Equity* e *Customer Profitability*.

De acordo com McDougall *et al.* (1997), quando se fala em *Customer Lifetime Value*, obrigatoriamente não se pode esquecer de mencionar os quatro componentes básicos que identificam e medem o valor que um cliente traz para a empresa. São eles:

(1) Custo de Aquisição – o quanto você tem de gastar para adquirir um cliente, incluindo aqui os custos de *marketing* (por ex.: propaganda, promoção...) e as despesas de vendas.

(2) Fluxo de Receitas – o total de todas as receitas geradas pelos clientes através da compra de produtos e serviços.

(3) Fluxo de Custos – o total de custos necessários para se proverem esses produtos e serviços para os clientes (incluindo os custos de *Customer Service*).

(4) Duração do Relacionamento – por quanto tempo o seu cliente permanece sendo seu cliente.

Dessa forma, percebe-se que, dentro desse conceito de CLV aqui apresentado, existe também necessariamente a idéia de se trabalhar dentro de uma filosofia de *Customer Life Cycle,* em que as relações transacionais são substituídas pelas relações de longo prazo entre clientes e prestadores de serviço. O quarto componente do CLV – a duração do relacionamento – mostra bem a importância dessa idéia.

Além disso, é importante ressaltar que, para uma abrangente avaliação dos clientes, todas as receitas e custos inerentes aos processos existentes para servir os clientes têm de ser identificados e medidos. A partir desse raciocínio, Stahl *et al.* (2002) propõem uma modelagem para se conseguir avaliar, de forma mais completa, o segundo componente do CLV – o fluxo de receitas. Eles classificaram todas as receitas possíveis em quatro grupos e chamou-os de "potenciais" para gerar receitas, conforme pode ser visto na figura 1.

Figura 1: Modelo dos Potenciais de Receita de Stahl

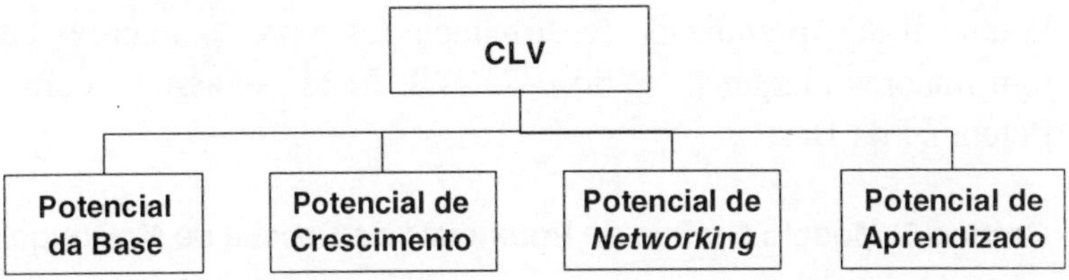

Fonte: STAHL *et al.* (2002)

Para o Potencial da Base, foram agrupadas todas as receitas oriundas dos produtos e serviços vendidos à base de relacionamento já existente. Já o Potencial de Crescimento se refere àquelas receitas advindas de um aumento do volume negociado com a mesma base de clientes existente; no entanto, esse aumento se dá principalmente em função de *cross-selling* (venda de outros produtos) e obtenção de um maior *share-of-the-wallet* dos clientes, etc. O outro potencial apresentado, o Potencial de *Networking*, considera todas as receitas geradas com a entrada de novos clientes na base de relacionamento, resultado principalmente do poder das indicações, das referências e do efeito boca a boca dos clientes atuais (a avaliação específica das referências será vista mais adiante). Por fim, o Potencial de Aprendizado se refere às receitas criadas através das interações constantes e, por conseguinte, da melhoria do processo e do relacionamento (por ex.: reduzem-se custos com a melhoria dos processos de atendimento dos clientes de longo prazo e passa-se a cobrar preços *premium,* porque os clientes de longo prazo já conhecem os serviços oferecidos e já são fiéis a eles e aceitam pagar mais para tê-los).

Consolidando todos os conceitos, pensado inicialmente por Reichheld (1996) e modificado por McDougall *et al.* (1997), o modelo a seguir (gráfico 5) apresenta os quatro componentes básicos constituintes do CLV, além dos quatro potenciais geradores de receita discriminados dentro do componente fluxo de receitas. Vale a explicação de que "*Referrals*" se associa com o Potencial de *Networking;* "*Cross Sales* e *Sales Growth*" se associam com o Potencial de Crescimento; "*Higher Margin*" se associa com o Potencial de Aprendizado (custos menores e preços maiores geram maiores margens) e "*Base Sales Volume*" se associa com o Potencial da Base.

Gráfico 5: Modelo Gráfico de Potenciais de Receita de McDougall

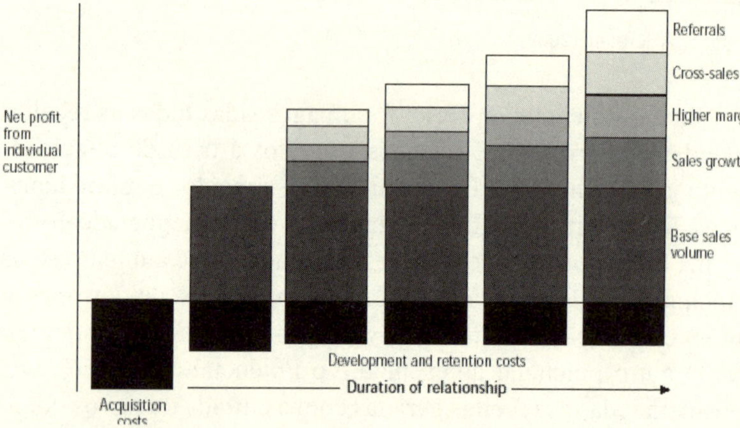

Analisando o modelo acima, percebe-se que, quanto maior for o tempo de relacionamento dos clientes, maior serão as receitas que eles gerarão, contribuindo para um fluxo de caixa cada vez mais positivo. É interessante notar também que vale mais a pena manter os clientes até mesmo em função de o custo de aquisição ser, na maioria das vezes, maior do que o custo de retenção de clientes.

4.2. Grupos de clientes

Em Jain *et al.* (2002), descreve-se a existência de dois grupos de clientes, de comportamentos distintos, cujas peculiaridades devem ser consideradas pelos modelos de CLV. Esses dois grupos são os chamados *Lost-for-Good* e *Always-a-Share*.

Os clientes *Lost-for-Good* se comprometem, no longo prazo, com os prestadores de serviço, muitas vezes, porque trocar de prestador torna-se muito caro ou porque os ativos envolvidos na transação não podem ser descartados facilmente. Dessa maneira, como todo serviço comprado provém de um único prestador, e a relação torna-se de longo prazo dadas as dificuldades de mudança, esses clientes sempre são vistos como rentáveis. Entretanto, uma vez que esse cliente decida comprar de outro prestador, dificilmente voltará para o prestador inicial. Praticamente, ele foi perdido para sempre.

De outro modo, o outro grupo de clientes, os *Always-a-Share*, é aquele que compra os serviços de vários prestadores e ajusta a quantidade comprada com cada prestador, de compra em compra. A troca de prestador ocorre com muita facilidade. Pode-se chegar ao limite, o que ocorre muito freqüentemente, de o cliente habitual não realizar nenhuma compra por um, dois períodos seguidos e voltar a comprar daquele prestador no terceiro período. Nesse caso, é importante considerar esse cliente como sendo um cliente antigo e não como um novo cliente a cada volta que ele fizer. Alguns modelos de CLV levam essa questão em conta e outros não. Os que não levam não podem avaliar os clientes tipo *Always-a-Share*. Além disso, os clientes *Always-a-Share* causam uma maior vulnerabilidade e volatilidade nos fluxos de caixa.

4.3. Finalidades do CLV

Os modelos CLV possuem uma variedade de usos em todos os tipos de organização. Isso vai depender do tipo de produtos e de clientes que cada empresa tiver. Empresas com poucos clientes, porém facilmente identificáveis, podem utilizar os modelos de CLV para medir o valor de clientes individuais. Já aquelas que têm um grande número de clientes, mas com pouco volume de vendas por cliente, podem usar os modelos que considerem uma segmentação da base de clientes em função do valor obtido no longo prazo.

De um modo geral, os modelos CLV podem ser úteis às empresas nas suas decisões estratégicas e táticas; nas decisões estratégicas, porque eles podem ajudar na identificação dos clientes da empresa e das suas características, além de mostrar em quais desses clientes a empresa deve focar no longo prazo; nas decisões táticas, porque esses modelos ajudam tanto na alocação de curto prazo dos recursos dentro das variáveis de *marketing* (como propaganda, promoção, canais, etc.) quanto direcionam o foco das próprias atividades de *marketing*.

4.4. Principais linhas de pesquisa

De acordo com Jain *et al.* (2002), o interesse por pesquisas sobre o CLV tem aumentado muito recentemente, principalmente devido a três fatores:

- as empresas estão cada vez mais interessadas nos processos de gestão de clientes para os quais um bom entendimento dos conceitos de CLV é um pré-requisito;
- o *Marketing Science Institute* elevou a prioridade do tópico como sendo de pesquisa capital;
- evidências empíricas são particularmente raras no campo do CLV.

A partir dessa crescente produção de conhecimento nessa área, Jain *et al.* (2002) observaram que os estudos se dirigem para três caminhos distintos:

1) desenvolvimento de modelos para calcular o CLV para cada cliente. Os artigos dessa linha focam em custo de aquisição, custo de retenção, outros custos de *marketing* e no fluxo de receita para poder calcular o CLV;

2) desenvolvimento de métodos de análise das informações contidas na base de clientes existente e tentativa de predizer valores probabilísticos de futuras transações com novos clientes. Nessa linha, os pesquisadores têm focado tanto nos clientes individuais quanto em segmentos específicos, procurando utilizar métodos empíricos para identificar em quais clientes ou segmentos a empresa deve focar em atrair e reter, isso porque nem todos os clientes são lucrativos;

3) análise do CLV e as suas implicações para decisões gerenciais relevantes através de modelos analíticos. Um foco particular é investigar o real efeito de programas de lealdade no CLV e no aumento da lucratividade da empresa.

4.5. Modelos de cálculo do CLV

Seguindo a primeira linha de pesquisa, destacam-se, a seguir, três categorias de modelagem para o cálculo do CLV obtidas em Jain *et al.* (2002). As variações dessas categorias podem ser numerosas, dependendo da tarefa específica, da disponibilidade de dados e do usuário. No presente trabalho, foi escolhida essa linha de pesquisa como foco, dado o maior volume de trabalho já realizado pelos pesquisadores nessa área e porque esses modelos, de um modo geral, são mais facilmente aplicáveis e mais relevantes para aqueles que querem usar efetivamente o CLV como base para as suas decisões táticas e estratégicas.

Tipo I - Modelo básico numérico (DCF)

$$CLV = -I_0 + \sum_{i=1}^{n} \frac{(R_i - C_i)}{(1+d)^i}$$

Os modelos numéricos baseados nos fluxos de caixa, descontados a valor presente, constituem a maioria dos modelos de cálculo do CLV. Como modelo básico padrão, tem-se o apresentado na página anterior, no qual se realiza um investimento inicial (I_0) no ano 0, que é associado a um custo de aquisição de clientes. Além disso, nos anos seguintes (i = 1 a n) consideram-se todas as receitas (R) e custos (C) gerados pelos clientes existentes naquele momento e desconta-se isso a uma taxa apropriada (d). Esses fluxos de receitas e de custos são os mesmos que aparecem como sendo dois dos componentes formadores da metodologia CLV, já apresentados neste trabalho anteriormente. Sempre é possível variar a fórmula reproduzida acima, dependendo de quais receitas e custos serão considerados, por exemplo. Com isso, é possível aproveitar os quatro potenciais geradores de receita do CLV apresentados anteriormente.

Além disso, de acordo com Jain *et al.* (2002), esse modelo apresenta algumas restrições que podem ser contornadas em outros modelos derivados. Por exemplo, esse modelo básico padrão só considera os clientes que efetivamente realizaram transações naquele período, ignorando assim clientes passados e futuros, mas, por outro lado, são modelos simples e fáceis de usar.

Uma outra característica desses modelos é eles serem aplicáveis somente para clientes do tipo *Lost-for-Good*, visto que o modelo não considera a natureza estocástica do processo de compras dos clientes *Always-a-Share* e nem o preciso *timing* dos fluxos de caixa. Dessa forma, a fidelidade total e garantida dos clientes *Lost-for-Good* (por motivos já descritos anteriormente) garante a facilidade no uso de taxas de retenção estimadas a partir de dados históricos que vão servir na previsão dos fluxos de caixa futuros.

Tipo II - Modelo *customer migration*

Segundo Jain *et al.* (2002), modelos desse tipo possuem a vantagem de considerar a natureza probabilística das compras dos clientes *Always-a-Share*. Sendo assim, diferentemente do modelo anterior, esse aqui é aplicável exclusivamente a clientes tipo *Always-a-Share*. Baseado no comportamento das compras passadas, as probabilidades de compra são atualizadas. Dessa forma, um cliente pode ainda ser considerado como retido pela empresa, mesmo que não compre em determinado período.

Todavia, apesar dessa grande vantagem, os modelos desse tipo também apresentam alguns pontos fracos. Por exemplo, a probabilidade de recompra e o nível das compras precisam ser estimados, o que acaba gerando imprecisão nos valores e possíveis erros. Além disso, o modelo precisa de dados históricos para prever os comportamentos futuros, não podendo assim ser aplicado para novos clientes. Um outro ponto importante também é essa abordagem negligenciar três dos quatro potenciais geradores de receita apresentados anteriormente: os potenciais de crescimento, de *networking* e de aprendizado. Somente o potencial da base consegue ser aproveitado.

Faz-se interessante destacar que muito dos *inputs* necessários nesse tipo de modelo de cálculo do CLV são provenientes da segunda linha de pesquisa apresentada anteriormente; isso, porque o foco dessa segunda linha está fundamentado no desenvolvimento de métodos de análise das informações contidas na base de clientes existentes e na tentativa de predizer valores probabilísticos de futuras transações com novos clientes, sendo responsável, então, por dizer a probabilidade de um cliente ainda estar ativo e a sua probabilidade de recompra.

Tipo III - Modelo de alocação ótima de recursos

Além dos modelos tradicionais para determinação do CLV de cada cliente, também se costuma estender o cálculo para se obter métodos ótimos de alocação de recursos de modo a otimizar o CLV encontrado.

Um exemplo desse tipo de aplicação é a decisão de alocação de orçamento para investimento em aquisição ou para retenção de clientes em situações de restrição de orçamento. Quanto se investiria em aquisição e quanto em retenção para obter a máxima lucratividade? A solução ideal é distribuir os recursos de modo que se obtenha o CLV máximo. Nesse caso, basta calcular normalmente o CLV e, depois, aplicar um método de otimização buscando maximizá-lo.

4.6. Modelo de CLV aplicado à avaliação de empresas

Um outro modelo encontrado na literatura utiliza o conceito de *Customer Lifetime Value* para calcular o valor da empresa e não somente o valor de cada cliente, como os demais modelos mostrados anteriormente. Gupta *et al.* (2004) afirmam que a base da avaliação de empresas ainda é formada por análise de dados financeiros de ativos tangíveis. Ainda que se acredite que os principais *value-drivers* das empresas sejam os ativos intangíveis – base de clientes, capital humano, marca, etc. –, os analistas financeiros apenas tangenciam estas análises. Além disso, a pressão crescente para que os gerentes consigam relacionar as ferramentas de *marketing* com o resultado das ações da empresa motiva o desenvolvimento de estudos e ferramentas na área de *customer valuation*.

A partir desse cenário, o modelo de Gupta *et al.* (2004) busca explicar a medida-chave do sucesso financeiro de uma empresa – seu valor de mercado – através do comportamento da sua base de clientes atual e futura. Para isso, são levados em consideração o custo de aquisição de novos clientes, o crescimento da base de clientes, a taxa de retenção e as margens obtidas através dos fluxos gerados por clientes da empresa. O valor da empresa será, então, obtido, trazendo-se a valor presente todos os fluxos futuros relacionados a esses clientes.

Para validação do modelo, Gupta *et al.* (2004) levantaram dados de cinco empresas norte-americanas: (1) *Capital One*: empresa que atua na indústria de cartões de crédito dos Estados Unidos; (2) *Amazon.com*: site de vendas *on-line*; (3) e*Bay*: site de leilões de produtos diversos; (4) *Ameritrade*: site para realização de aplicações financeiras através da *Internet*; e (5) E**Trade*: também no ramo de aplicações financeiras através da *Internet*.

Comparando o resultado do modelo com os valores das empresas cotados no mercado financeiro norte-americano, Gupta *et al.* (2004) consideraram seu modelo válido para possíveis análises de como as mudanças em custo de aquisição de clientes, as margens, a taxa de retenção e a taxa de desconto (custo de capital) afetam o valor da empresa. O resultado dessa análise de sensibilidade mostrou a importância da retenção de clientes para o resultado financeiro da empresa. Um incremento de 1% na taxa de retenção de clientes chegou a gerar um aumento de 3% a 7% no valor da empresa, enquanto mudanças de 1% nas outras variáveis apenas geraram um aumento de 0,02% a 1,3%.

Como principal contribuição desse último modelo, tem-se a tangibilização dos benefícios da retenção de clientes. Esse ponto tão discutido e defendido pelos pesquisadores de *marketing* pode ser comprovado através de resultados financeiros. Porém, algumas limitações do estudo devem ser destacadas.

A primeira delas é a impossibilidade de o modelo incorporar a interação que existe entre aquisição, retenção, margens e número de clientes. A análise de sensibilidade de determinada variável considera que as demais permanecem fixadas, porém, para o caso em questão, existe a interação entre essas informações.

Outro ponto importante é o fato de o modelo não levar em consideração o custo para retenção de clientes. Para que seja atingido um aumento na taxa de retenção, a empresa deve realizar investimentos focados na base de clientes, ou seja, o custo de retenção provavelmente aumentará. Dessa forma, existe um ponto em que um aumento na taxa de retenção não é recomendável. As empresas devem pesar custos e benefícios de tal investimento. Acredita-se que uma firma que tem 100% de retenção está precificando seu serviço / produto abaixo do ideal de mercado, ou seja, desperdiçando benefícios relativos a uma margem maior.

Além disso, a utilização de uma taxa de retenção constante ao longo de toda existência da empresa implica uma vida média da base de clientes maior. O padrão de deserção identificado na realidade (Reichheld, 1996) é mais intenso nos primeiros anos e ameniza-se à medida que o cliente é fidelizado. No gráfico 6, é possível identificar essa diferença de comportamento.

Gráfico 6: Padrão real X padrão constante de deserção

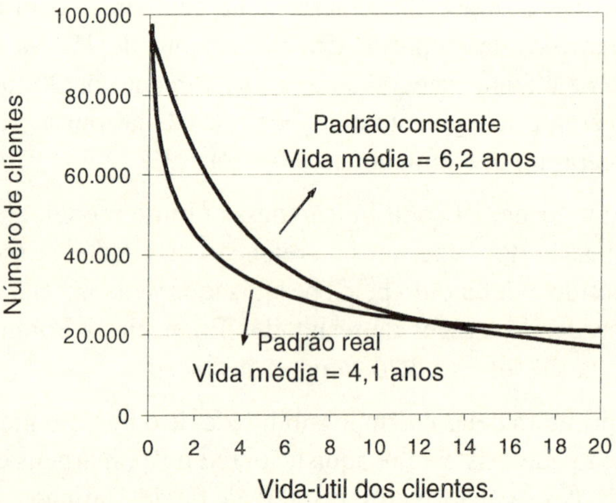

Fonte: REICHHELD, 1996.

Por fim, o modelo não considera a influência do boca a boca no crescimento / redução da base de clientes. Tais efeitos são abordados por outros modelos encontrados na literatura, que serão discutidos a seguir.

5. Valor da Referência (Efeito Boca a boca)

Uma atenção especial deve ser dada ao poder das referências. Segundo Tax *et al.* (1993, *apud* Helm, 2003), o efeito boca a boca é toda a comunicação informal, tanto positiva quanto negativa, feita entre os consumidores sobre as características de produtos e serviços adquiridos. Entretanto, entende-se por referências o efeito boca a boca positivo.

Na prática, apesar de reconhecidas como as mais importantes fontes de aquisição de novos clientes, principalmente em serviços, as referências não têm sido medidas nem avaliadas nos diversos modelos de cálculo de CLV, devido à alta intangibilidade a elas associada.

Pode-se identificar três diferentes tipos de efeitos provocados pelas referências passíveis de serem investigados e medidos. São os seguintes:

- efeito no receptor → a indicação recebida pelo atual cliente se reverte em motivação para o futuro cliente comprar o serviço, fazer boca a boca para outros amigos, etc.;
- efeito no emissor → nesse caso, o *feedback* positivo recebido pelo receptor inicial da indicação reforça a lealdade do emissor da referência;
- efeito no prestador → já para o prestador de serviços, o efeito percebido é a vinda de novos clientes.

Em Helm (2003), pode-se encontrar dois modelos para se tentar avaliar o efeito que as referências causam no valor dos clientes de uma empresa. O efeito considerado para medição foi do tipo "efeito no prestador", ou seja, quantos novos clientes o poder da referência consegue trazer para a empresa.

O primeiro modelo apresentado constitui o cálculo do valor da referência para clientes de longo prazo. Ele está baseado em três dimensões: (1) no número de receptores da referência; (2) na intensidade da referência; e (3) na qualidade do receptor. O valor da referência de um cliente A é determinado, então, pelo número n de novos clientes que seu poder de referência consegue trazer associado ao valor de cada cliente novo. Nesse ponto, o valor de cada cliente novo é calculado semelhantemente aos modelos de cálculo de CLV apresentados anteriormente. Considera-se, para tanto, o comportamento de recompra, a sensibilidade a reduções de preço, o potencial para compras casadas e, claro, o poder das referências de cada novo cliente adquirido. Apesar de constituir-se em uma tentativa corajosa de abordar essa questão de se avaliarem as referências, esse modelo está sujeito a várias críticas, sendo a principal delas o fato de nunca ter sido testado empiricamente, tratando-se, portanto, de um modelo exclusivamente acadêmico.

Diferentemente do modelo anterior, que calculava o valor da referência do cliente A como o somatório do valor de cada cliente *n* trazido por A, o segundo modelo se distingue do anterior ao considerar o Potencial de *Networking* de cada cliente já existente e a Taxa de Referência de cada setor como forma de cálculo do valor de referência do cliente A. Assim, de acordo com Helm (2003), o valor de referência de cada cliente A é calculado considerando-se algumas dimensões diferentes, a saber:

- o *Social Networking* medido através da multiplicação do número de pessoas existente em cada esfera social do cliente A pelo índice da intensidade de comunicação que o cliente A mantém com cada uma dessas esferas sociais;
- o índice de liderança da opinião do cliente A, porque se considera que pessoas com personalidade específica e/ou com conhecimentos técnicos específicos potencializam muito mais seus efeitos de referência;
- o índice de satisfação do cliente A, porque, quanto mais satisfeito estiver o cliente emissor da referência, maior será o seu poder de aquisição de novos clientes;
- e, por fim, o volume de referências de um setor b que é medido pela multiplicação do volume médio de compras do setor b pela taxa média de referência também do setor b.

Esse modelo também possui seus pontos fracos, principalmente, a alta imprecisão dos valores finais, devido à arbitrariedade das ponderações dos fatores. No entanto, testes empíricos do modelo já foram feitos no setor automobilístico com relativo êxito.

6. Limitações/Críticas Gerais aos Modelos de CLV

A pesquisa realizada nos principais *journals* de *marketing* e operações em serviços mostrou que o tópico *customer valuation* tem recebido bastante atenção nos últimos anos. Porém, apesar da existência de diversos artigos que propõem respostas para a pergunta "quanto vale um cliente?" através da formulação de modelos, é nítida a falta de validação empírica de tais modelos. O único estudo que buscou validar as suas proposições foi o de Gupta *et al.* (2004).

Além disso, algumas premissas levadas em consideração pela maioria dos modelos podem invalidar seus resultados nas seguintes situações:

- ao utilizarem taxas de crescimento, retenção da base de clientes e margens constantes, tais modelos desconsideram o efeito da competição, ou seja, o fato de que o mercado não é estático;
- clientes diversos podem apresentar comportamentos diferentes, isto é, riscos e propensão à deserção podem variar. Uma empresa que passa a realizar muitas promoções e outros tipos de ferramentas para atração de novos clientes pode estar modificando o perfil da sua base de clientes, aumentando a parcela "desertora". Os modelos não comportam essa possível modificação de perfil da base de clientes;
- a maioria dos modelos não considera efeitos sociais: boca a boca, informações de clientes de outros competidores, etc.;
- a maioria dos modelos lida com fluxos de caixa determinísticos. Esses modelos não consideram uma importante competência das empresas, que é a flexibilidade gerencial.

Outro ponto identificado na literatura é ainda haver controvérsias com relação à principal razão da maior lucratividade dos clientes leais. Os três pontos identificados foram que os clientes leais são mais lucrativos porque (1) pagam preços *premium*, (2) dão referências para outros clientes, e (3) são mais baratos para servir. Alguns modelos só incorporam uma ou duas dessas fontes de lucratividade, não refletindo completamente os benefícios da retenção de clientes.

7. Considerações Finais

Apesar dos diversos modelos para definição do valor dos clientes encontrados na literatura, ainda não existe um modelo definitivo. A área de pesquisa relativa a *customer valuation* é recente e ainda pode evoluir muito.

Como foi visto na pesquisa realizada, ainda existe uma certa distância entre a proposição de modelos teóricos pelos pesquisadores e a viabilidade prática de se empregar tais modelos no dia-a-dia das empresas.

De qualquer forma, temos como principais contribuições dos modelos atuais de avaliação de clientes o que se segue:

- tornar tangíveis os benefícios da retenção de clientes;
- mostrar resultados do foco em relacionamentos de longo prazo;
- modificar a percepção das empresas de que os gastos com aquisição / retenção de clientes devem ser tratados como despesas. Na realidade, tais gastos são investimentos e, por isso, deverão trazer benefícios futuros; e finalmente
- relacionar os resultados financeiros de uma empresa com seu principal ativo: o cliente.

8. Referências Bibliográficas

GUPTA, S.; LEHMANN, D. R.; STUART, J. Valuing customers. **Journal of Marketing Research**, Birmingham, v. XLI, n. 1, p. 7-18, Feb. 2004.

HELM, S.A. Calculating the value of customer's referrals. **Managing Service Quality**, Minnesota, v. 13, n. 2, p. 124-133, 2003.

JAIN, D.; SINGH, S. S. Customer lifetime value research in marketing: a review and future directions. **Journal of Interactive Marketing**, New Jersey, v. 16, n. 2, p.34-46, 2002.

MCDOUGALL, D.; WYNER, G.; VAZDAUKAS, D. Customer valuation as a foundation for growth. **Managing Service Quality**, West Yorkshire, v. 7, n. 1, p. 5-11, 1997.

REICHHELD, F. F. **A estratégia da lealdade**: a força invisível que sustenta crescimento, lucros e valor. Rio de Janeiro: Campos, 1996.

REICHHELD, F.; MARKEY J. R.; HOPTON, C. The loyalty effect - the relationship between loyalty and profits. **European Business Journal**, London, v. 12, n. 3, p. 134-139, 2000.

STAHL, H. K.; MATZLER, K.; HINTERHUBER, H. H. Linking customer lifetime value with shareholder value. **Industrial Marketing Management**, Austria, v. 32, n. 4, p. 267-279, May 2002.

SRIVASTAVA, R. K.; SHERVANI, T. A.; FAHEY, L. Market-Based assets and shareholder value: a framework for analysis. **Journal of Marketing**, Birmingham, v. 62, n. 1, p. 2-18, Jan. 1998.

AMPLIANDO AS FRONTEIRAS DO *MARKETING* INTERNO: UM ESTUDO DE CASO NA VIAÇÃO ÁGUIA BRANCA

Jorge Porcaro (COPPEAD/UFRJ)

Leticia Casotti (COPPEAD/UFRJ)

Maribel Suarez (COPPEAD/UFRJ)

Resumo

O interesse por *marketing* interno cresceu significativamente na década passada (Straughan e Cooper, 2002). Esse estudo analisa a política de *marketing* interno da viação Águia Branca, que tem sido apontada pela *Revista Exame* (2000, 2001 e 2002) como uma das 100 melhores organizações para se trabalhar no Brasil, ou seja, a empresa apresenta-se como um caso de sucesso no relacionamento com seu público interno. São analisados diversos aspectos levantados por teóricos que estudam o tema, tais como as políticas de contratação, treinamento, *empowerment*, trabalho em equipe, avaliação, recompensa e comunicação interna. A metodologia utilizada é o estudo de caso, e as informações foram coletadas a partir de entrevistas em profundidade realizadas com executivos das áreas de recursos humanos e *marketing* e com funcionários da empresa. Um dos temas de destaque presente nos depoimentos colhidos refere-se à valorização e integração das famílias dos funcionários, ou seja, a família como um "cliente interno estendido" da empresa. O caso Águia Branca parece trazer, assim, novas reflexões a respeito da abrangência do *marketing* interno que não foram encontradas na literatura desta área de conhecimento.

1. Introdução

> *"Bom dia, senhores passageiros! Meu nome é José da Silva e eu sou o motorista que vai levá-los até Vitória. Nosso ônibus dispõe de ar-condicionado, toalete ao fundo do veículo, água e café para servi-los durante a viagem. O percurso deve durar aproximadamente seis horas e eu espero que todos tenham uma ótima viagem."*

A saudação inicial, próxima do procedimento de embarque no transporte aéreo, pode surpreender passageiros que utilizam pela primeira vez os ônibus da Viação Águia Branca. Por trás dessa simpática recepção está um coerente programa de *marketing* interno, que faz da companhia de transporte capixaba um caso de destaque no relacionamento da empresa com seu público interno e, muito provavelmente, deste com os clientes finais (Michell, 2002).

Diversos autores (Heskett *et al*, 1997; Grönroos, 1995; Berry e Parasuraman, 1995; Barnes a Morris, 2000; Lawson, 2001; Reichheld, 1996; Lau, 2000, Chiesa, 2001; Straughan e Cooper, 2002) chamam a atenção para a importância do *marketing* interno como fator crítico de sucesso em empresas de serviço. Entretanto, pesquisas empíricas sobre o tema são escassas (Quester e Kelly, 1999). Esse estudo exploratório, que se utiliza da metodologia do estudo de caso, visa a compreender o programa de *marketing* interno da Águia Branca não só a partir da visão dos executivos responsáveis pela sua implementação, mas também a partir do depoimento de alguns funcionários da empresa. Os dados foram obtidos por meio de entrevistas em profundidade. A Viação Águia Branca tem sido apontada pela *Revista Exame* por três anos consecutivos (2000, 2001 e 2002) como uma das 100 melhores organizações para se trabalhar no Brasil.

2. Referencial Teórico

O encontro de serviços é um dos momentos mais importantes para a retenção dos clientes (Grönroos, 1995; Chiesa, 2001; Correa, 2001; Straughan e Cooper, 2002). Dessa forma, o funcionário de linha de frente representa um dos recursos mais críticos do *marketing* das empresas de serviços e a ele é atribuído o principal papel no conceito de *marketing* interno.

Berry e Parasuraman (1995) definem o *marketing* interno como uma filosofia em que se deve tratar os empregados como clientes. De acordo com Grönroos (1995), o *marketing* interno deve ser entendido como uma estratégia de gerenciamento cujo objetivo é assegurar que todos os funcionários compreendam e vivenciem o negócio, desenvolvendo neles uma consciência da importância central dos clientes. Desta forma, o *marketing* interno busca desenvolver uma cultura organizacional orientada para o cliente, espalhando a filosofia do *marketing* por toda a empresa, e procura assegurar que os funcionários estejam motivados e preparados para agir de forma orientada para serviços. Para Grönroos (1995), o *marketing* interno começa com a noção de que os empregados são o primeiro mercado para as organizações.

Grönroos (1995) avalia dois objetivos principais do *marketing* interno. Em primeiro lugar, o gerenciamento das atitudes dos empregados, o que significa motivá-los e capacitá-los para uma ação voltada para o serviço na interação com o consumidor. Já o segundo objetivo refere-se à atração e retenção de bons empregados. Para Berry e Parasuraman (1995), os objetivos do *marketing* interno são: a atração, o desenvolvimento, a motivação e a retenção dos funcionários.

O pessoal da linha de frente constitui um mercado-alvo natural para o *marketing* interno, mas muitos autores (Grönroos, 1995; Lovelock, 2001; Quester e Kelly, 1999; Brooks *et al,* 1999; Bradley e Morris, 2000) alertam para o fato de que todos os empregados precisam estar envolvidos, já que o pessoal da linha de frente depende do suporte das outras funções na organização. Alguns empregados não entram em contato com o cliente externo, mas seus serviços influenciam indiretamente o serviço final da empresa. Logo, eles também precisam ser incluídos como público-alvo nos programas de *marketing* interno.

Entre as atividades mais importantes em uma estratégia de *marketing* interno, está a atenção permanente ao ambiente interno, aos processos de contratação, motivação, treinamento, *empowerment*, avaliação/recompensa e comunicação interna.

2.1. Contratação

A displicência na contratação e a carência de mão-de-obra qualificada são as principais causas do serviço medíocre e da alta rotatividade dos empregados (Berry e Parasuraman, 1995; Berry, 2001), fato que parece ainda mais grave em um país com as características do Brasil, onde, por exemplo, são muitos os problemas de educação formal (Leite e Casotti, 2002).

Diversos autores (Jefrey, 1997; Lau, 2000; Lovelock, 2001; Leite e Casotti, 2002) recomendam que, mais do que o domínio de conhecimentos técnicos, as empresas busquem nos novos funcionários habilidades interpessoais e de comunicação. Lovelock (2001) lembra ainda que os critérios de recrutamento precisam refletir a "personalidade" da empresa e identificar pessoas que se encaixem nela. O primeiro passo para uma boa contratação é ter uma descrição dos cargos na empresa com pormenores sobre as habilidades necessárias para as atividades da posição. Tal descrição deve ser feita a partir das expectativas dos clientes. O que os clientes externos desejam irá influenciar fortemente o perfil esperado de um candidato. Por fim, outra recomendação relacionada às contratações diz respeito à busca por talentos internos como mais um fator de motivação dos funcionários.

2.2. *Ambiente interno*

A satisfação com o ambiente interno de trabalho é de importância central para o *marketing* interno de uma empresa, pois altos índices de rotatividade dos funcionários impossibilitam o desenvolvimento de relacionamento com os clientes e representam altos custos de recrutamento, contratação e treinamento dos substitutos (Heskett, 1997; Berry, 2001; Correa 2001; Lovelock, 2001). Entre os fatores que influenciam o clima organizacional. estão a liberdade de expressão, o senso de comunidade, o nível de integração e de trabalho em equipe. Na visão de Heskett *et al.* (1997), a qualidade interna de um ambiente de trabalho é o que mais contribui para a satisfação dos empregados e pode ser definida como o sentimento que o funcionário nutre pelo seu trabalho, pelos seus colegas e pela empresa em que trabalha. Desta forma, a qualidade interna caracteriza-se pela atitude que as pessoas têm umas com as outras e pela forma como elas servem umas às outras dentro da organização.

2.3. *Treinamento*

A capacitação e o treinamento contínuos do funcionário para realizar suas tarefas são outros fatores apontados como essenciais para que se alcancem os objetivos do *marketing* interno. O treinamento adequado que realmente capacita o funcionário para exercer sua função é fonte de motivação e de auto-estima (Berry, 2001). Segundo Grönroos (1995), existem três tipos de treinamento. O primeiro é o que propicia uma visão holística da empresa, para que o funcionário compreenda como funciona uma estratégia para serviços e qual é o seu papel dentro da organização como um todo. O segundo tipo de treinamento é doutrinário e visa ao desenvolvimento de atitudes favoráveis em relação ao cliente, para que o funcionário compreenda e saiba desempenhar bem seu papel de "agente de *marketing* em tempo parcial". O terceiro tipo procura desenvolver as habilidades técnicas dos funcionários, dando reforço às suas habilidades de comunicação, vendas e serviços.

As empresas de sucesso estudadas por Berry (2001) realizam programas formais de treinamento em sala de aula e praticam também o *coaching*, sistema em que um funcionário sênior é responsável pelo desenvolvimento de um ou mais novatos. Muitas vezes os funcionários sentem satisfação por ensinar, pois esse papel serve de estímulo para eles. Berry (2001) menciona também o apoio da alta gerência como fundamental para que os programas de treinamento tenham efeito.

2.4. *Empowerment*

O *empowerment* baseia-se no envolvimento e no compromisso dos funcionários e supõe que todos são capazes de tomar boas decisões. No modelo do controle, os aspectos centrais da gerência de pessoal estão concentrados no topo da organização (Lovelock, 2001). O *empowerment* tende a gerar funcionários mais motivados e clientes mais satisfeitos do que o método de linha de produção. Funcionários com poderes concentram-se mais nos clientes e são mais prestativos para atender às necessidades destes. Tais funcionários se engajam mais na recuperação de uma falha no serviço. Eles tendem a se sentir melhor em relação ao seu trabalho e a si mesmos e isso se reflete no atendimento que prestam aos seus clientes (Lovelock, 2001; Bateson e Hoffman, 2001).

Para Berry e Parasuraman (1995), pessoas da linha de frente devem ter autonomia de ação, serem capacitadas e até receberem incentivos para pensar, pois os clientes desejam ser atendidos por pessoas que possam resolver seus problemas de forma flexível, o que não significa deixar os funcionários completamente soltos para fazer o serviço, mas norteá-los com valores, idéias e metas.

2.5. *Avaliação e recompensa*

Um bom sistema de avaliação e recompensa deve: 1) ser condizente com o treinamento que o funcionário recebeu, 2) ser coerente com o papel desempenhado pelo profissional, 3) ser compreendido pelos funcionários que são avaliados por ele, 4) ser igualitário, ou seja, aplicado de forma homogênea por todo o grupo, sem predileções ou exceções, 5) ser freqüente, para minimizar a influência de um único encontro, 6) usar métodos diversificados, para proporcionar visões de ângulos diferentes do desempenho do serviço, e 7) ser passível de comentários dos próprios avaliados. O *feedback* para o empregado é um ponto fundamental. Os sistemas de avaliação devem ser simples e de conhecimento dos empregados. Devem ser justos para que tenham credibilidade (Berry e Parasuraman, 1995).

Para Reichheld (1996), os bons funcionários não permanecerão na empresa, a menos que haja incentivos para isso. E se todo o resto for igual, os melhores ficarão com a empresa que pagar mais. Por isso, as empresas líderes de lealdade dos clientes vêem os melhores funcionários como vêem seus melhores clientes; fazem de tudo para conservá-los.

Berry e Parasuraman (1995) fizeram algumas recomendações para o sistema de recompensas. Primeiramente, deve dar ênfase ao positivo, premiar e comemorar o sucesso, não punir o erro. Em segundo lugar, deve recompensar a equipe como um todo para incentivar o trabalho em conjunto. Deve, também, abranger a todos na companhia, não somente a linha de frente, pois todos prestam algum serviço a alguém. Em quarto lugar, é interessante usar métodos diversificados de premiação. E, por fim, deve incluir o reconhecimento sincero, pois isso é um motivador eficaz.

2.6. Comunicação interna

Gerenciar a comunicação é reconhecer que os prestadores de serviço e os gerentes precisam de informação para realizar bem as suas tarefas com os clientes externos e internos (Grönroos, 1995; Witt, 2001; Michell, 2002). Informações sobre as rotinas de trabalho, políticas da empresa, características das mercadorias e dos serviços, as promessas feitas aos clientes pelas campanhas de comunicação externas, e assim por diante. Para Michell (2002), as campanhas externas deveriam passar primeiro pelo público interno. Por outro lado, a comunicação interna deve fluir em todas as direções, não só da gerência para os funcionários, mas também no sentido inverso, pois os funcionários possuem valiosas informações sobre os clientes e os sistemas da empresa (Gronroos, 1995).

Um papel-chave da comunicação é reduzir a incerteza e ambigüidade no ambiente de trabalho. Reduzindo-se a incerteza, reduzem-se também o medo e a ansiedade entre os funcionários e isso libera energia para uma maior e melhor produtividade. Questiona-se se um empregado pode se comprometer com uma empresa quando ele não sabe o que está acontecendo e não pode dar sua opinião (Tourish e Hargie, 1993; Grönroos, 1995).

3. Metodologia

Este é um estudo exploratório que utiliza a metodologia qualitativa de estudo de caso. Os dados da pesquisa de campo foram obtidos primeiramente em entrevistas em profundidade, semi-estruturadas, com os executivos responsáveis pelos programas direcionados ao público interno (*marketing* e recursos humanos). A transcrição e o resumo das entrevistas foram mostrados posteriormente aos executivos para que eles aprovassem seu conteúdo (Vergara, 1997). Algumas alterações foram recomendadas e aceitas.

Após a coleta de dados junto aos executivos, foram realizadas entrevistas com alguns funcionários da Viação Águia Branca, para que se pudesse analisar a percepção que eles têm das ações internas realizadas pela empresa e como esses programas influenciam suas atitudes em relação ao cliente final e à própria empresa. No total, foram entrevistados três motoristas, um agente de vendas e um funcionário interno. Os profissionais entrevistados foram selecionados pela empresa. Todos os entrevistados trabalhavam há muito tempo na organização, o que permitia uma maior segurança nas respostas, já que conheciam bastante a Viação Águia Branca. Isso reduz a chance de percepções erradas e julgamentos precipitados sobre as ações da empresa, que poderiam decorrer em entrevistas com funcionários recém-contratados. Por causa da consistência das respostas de todos os entrevistados, não houve necessidade de entrevistar mais funcionários da empresa.

4. Descrição e Análise do Caso

A fundação da Viação Águia Branca por Carlos Chieppe, há 57 anos, representa o início da formação do Grupo Águia Branca, que, em 2002, compreendia cinco unidades de negócios (passageiros, cargas, comércio, serviços e infra-estrutura). O desempenho de cada unidade é acompanhado pela *holding* Águia Branca Participações e submetido ao Conselho de Administração.

O negócio, que deu origem a todo o empreendimento, é hoje a empresa com o maior faturamento do grupo e com o maior número de empregados. Sua frota é composta por 770 veículos que transportam, aproximadamente, 16 milhões de passageiros por ano. A empresa opera num total de 282 linhas, distribuídas entre os Estados da Bahia, Espírito Santo, Minas Gerais, Rio de Janeiro, São Paulo e Rondônia. Essa unidade de negócios mantém 2.150 profissionais no seu quadro de funcionários, sendo uma das empresas mais conceituadas do Espírito Santo.

A empresa é pioneira na prestação de serviços diferenciados em transporte de passageiros. No início da década de 1980, lançou a linha executiva, com ar-condicionado, e os ônibus-leito com serviço de bordo. A venda de passagens é outro serviço importante para a Viação Águia Branca. A empresa dispõe de agências nas rodoviárias e outros pontos de vendas próprios, além de agências de passagens comissionadas para aumentar a cobertura geográfica e o Disque-Passagem, que consiste na venda por telefone com entrega domiciliar, com pagamento do custo adicional do *motoboy* pelo cliente.

Apesar de sua origem familiar, a Viação Águia Branca tem feito esforços para profissionalizar sua gestão – investindo nas atividades de planejamento estratégico, Gerenciamento pela Qualidade Total, certificações ISO 9000 e sistemas integrados de processamento de dados.

4.1. Política de Contratação: a valorização de habilidades pessoais

A Viação Águia Branca parece realizar uma contratação paciente e cuidadosa, preocupando-se em adequar o concorrente não só ao cargo, mas também à cultura da empresa. Apesar de não ter sido resultado de uma consulta aos clientes, como aconselham autores como Berry e Parasumaman (1995), a descrição detalhada das características necessárias para cada cargo procura levar em consideração não só os aspectos técnicos, mas também as habilidades pessoais necessárias, como sugerem as declarações abaixo:

> Queremos aqui pessoas que querem crescer junto com a empresa. Pessoas que tenham capacidade de multiplicar. Pessoas que gostem de entender o cliente *(assessor comercial)*.

Antes de buscar por novos talentos fora, a Águia Branca prioriza a contratação interna. Dessa maneira, a empresa reforça a motivação dos seus funcionários. Esse fato está de acordo com a recomendação de Jeffrey (1997) de dar oportunidade, primeiro, para quem já está na empresa. Como relata o assessor comercial:

> Nós temos um faxineiro que virou diretor... Olha o nível de importância que é dado para qualquer funcionário! Temos gerentes que eram cobradores, temos um gerente que era auxiliar de escritório...

4.2. Treinamento: chegando ao cliente final

O ponto de partida para todo treinamento na Águia Branca é a concordância da gerência e do superior imediato quanto à importância do tema para determinado funcionário. Dessa maneira, a empresa evita as resistências comuns aos casos onde a chefia não vê benefícios diretos advindos do treinamento.

> O gerente avalia, de acordo com a descrição de funções do cargo, se o funcionário está bem nisso ou está precisando melhorar naquilo. No que ele está precisando melhorar, ele coloca em vermelho. E então montamos um treinamento para desenvolver as habilidades e conhecimentos necessários *(coordenadora de RH).*

A Águia Branca realiza os tipos de treinamentos sugeridos por Grönroos (1995). Além da parte técnica, a empresa procura realizar treinamentos nos quais os funcionários podem conhecer a empresa como um todo – construindo uma visão global do negócio. O treinamento voltado para atitudes e motivações também é realizado com freqüência.

> Nos treinamentos são ensinadas habilidades técnicas e comportamentais. Você vai preparar o profissional para ser um melhor técnico e um melhor ser humano. Tem motorista nosso que já fez treinamento de neurolingüística, de competências interpessoais, no qual ele faz uma revisão de crenças e valores, para ver o que precisa mudar nele *(coordenadora de RH).*

Quando é descrita a política de treinamento, parece ficar mais claro como o foco no público interno repercute no relacionamento com o cliente final (Straughan e Cooper, 2002; Mithell, 2002):

> Nós damos vários treinamentos sobre como atender o cliente, falar em público, para não ficarem com vício de linguagem, com vício de postura; por exemplo, não falar com a pessoa olhando para o lado, principalmente motorista, cobrador e agente de vendas. Eles devem estar sempre de bem com eles mesmos, partin-

do do princípio que se você está bem com você mesmo, você vai estar de bem com o outro *(coordenadora de RH)*.

Outra iniciativa interessante é a que coloca os profissionais mais antigos e de destaque para ministrar cursos aos mais novos. Esta política de *coaching* (Berry, 2001) não só valoriza a experiência, como também aproxima o treinamento da realidade que os profissionais irão enfrentar.

4.3. Empowerment: *buscando autonomia e flexibilidade*

A Águia Branca demonstra saber que, nas viagens, seus funcionários serão, em última análise, as pessoas responsáveis por cumprir as promessas de bom atendimento geradas pela empresa. Como ressaltado por diversos autores, os próprios clientes desejam ser atendidos por pessoas que resolvam seus problemas e possam corrigir falhas cometidas (Straughane e Cooper, 2002; Lovelock, 2001; Bateson e Hoffman, 2001; Berry e Parasuraman, 1995; Grönroos, 1995). Assim, a empresa procura dar a maior autonomia possível para que os funcionários consigam resolver eventuais problemas.

> A entrega do nosso produto acontece na hora, você não tem tempo de ficar consultando. O funcionário tem que ir lá decidir; ele toma a decisão. O que a gente quer é que a decisão seja favorável ao cliente. Isso é claro para o funcionário, ele nunca vai ser punido porque tomou uma decisão favorável ao cliente *(assessor comercial)*.

Os entrevistados demonstraram reconhecer a política de incentivo para que sejam autônomos e flexíveis em suas decisões que devem favorecer o cliente:

> Eu tenho autonomia para resolver alguma coisa, eles dão. Eles falam que quem está na estrada é a gente. Então, não adianta ligar e ficar passando problema. Temos que resolver e depois passar para a frente *(motorista 1)*.

Você está fora do núcleo operacional. Então, se chega na estrada, tem um problema com o bilheteiro e ele resolve. Quando você chega, ele se afasta e vem para você o problema. Aí, na porta do carro você tem que resolver, decidir ali. Problema de documentação, problema de passageiro menor, falta de cadeira, você tem que resolver. Isso a empresa valoriza muito. Você pega sua ficha, anota o problema que aconteceu, tudinho, e traz para cá que eles ficam sabendo *(motorista 2).*

4.4. Avaliação e recompensa: a importância do controle e do elogio

A Águia Branca procura focar a avaliação sobre itens que foram ensinados nos treinamentos. A área de Recursos Humanos e a área de *Marketing* realizam um trabalho intenso de comunicação interna, com o objetivo de divulgar o funcionamento do programa de avaliação. Como explica um dos executivos da empresa:

Os motoristas recebem pela produtividade. A gente avalia o desempenho dos motoristas e se dentro do mês ele conseguiu fazer tudo o que é da obrigação dele – não bater, atender bem o cliente, dirigir de maneira segura, não ter nenhum problema, estar com boa aparência, ter atingido a meta de óleo diesel, estar fazendo tudo o que é ensinado a fazer e que é da obrigação dele –, ele recebe um prêmio em ticket-refeição. Isso vai acumulando pontos para, quando ele sair de férias, ele receber um valor a mais. Fica como um 14º salário. Ele tem a possibilidade de receber até 40% do seu salário. Ele já começa o mês ganhando 100 pontos, ou seja, estamos acreditando que ele vai trabalhar 100%. Ele inicia o mês com crédito e cada vez ele vai somando pontos. Eles estão supersatisfeitos *(coordenadora de RH).*

Temos várias formas de controlar a segurança: a patrulha, o uso de bafômetro, o tacógrafo, que é aquele aparelho colocado dentro do ônibus para medir a velocidade. Fazemos o exame de fadiga do sono, que é feito antes e depois da viagem, para saber se os motoristas estão bem descansados para a viagem. A

> patrulha é um carro, um gol, com motorista e um instrutor, que percorre mais de 5.000 km por mês para acompanhar as viagens em pontos estratégicos, em pontos que o motorista não esteja sabendo. Estas ações nos deixam mais tranqüilos *(coordenadora de RH).*

Os funcionários afirmam que a empresa reconhece o trabalho bem-feito. Um dos motoristas, no entanto, demonstra sua insatisfação com a patrulhinha que notifica suas faltas, mas não notifica seus acertos:

> Não elogiam. Quem elogia é o passageiro lá fora. Quando o passageiro liga para o Disque-Águia, ou ele te dedura ou ele te elogia. Porém, a patrulha da Águia Branca são três Gol, que ficam 24 horas aí na BR. Os caras que estão dentro dele vão seguindo o motorista; se o motorista faz alguma coisa errada, eles notificam e mandam para cá. Aí o motorista perde escala, é um problema sério. Mas se um motorista pegou um trânsito enorme, daqui para o Rio, daqui para a Bahia, se o motorista pegou um trânsito enorme aí... igual época de carnaval, o motorista está fazendo o trabalho dele direitinho, bonitinho, eles estão atrás e não elogiam. Precisava ter um elogio para ter mais motivação... *(motorista 2).*

Além do programa de avaliação formal, a comunicação aberta que a empresa destaca – a possibilidade e o incentivo de estarem sempre falando e se manifestando – gera uma avaliação informal constante entre gerentes e funcionários. As pesquisas de satisfação também são um canal de avaliação de seus chefes, colegas, subordinados e a empresa como um todo.

> Todo mundo avalia todo mundo. Os motoristas também avaliam. A partir do momento que eles têm um canal aberto com a direção da empresa, tem uma avaliação constante. Este é o processo mais importante para que essa avaliação ocorra: as portas abertas. Na própria pesquisa de satisfação do funcionário, ele avalia a atuação dos gerentes *(assessor comercial).*

O programa, portanto, possui alguns tópicos que estão de acordo com as recomendações de Berry e Parasuraman (1995) para formar um bom sistema de avaliação e recompensa. Primeiro, destaca o positivo, em vez de punir o negativo. Além dos elogios, prêmios, pontuações e salários extras, a empresa sugere reconhecer que os diferenciais intangíveis são fundamentais:

> Sempre ouvimos falar que a remuneração não é tudo. A idéia é criar um pacote que dê orgulho ao funcionário. Você tem que ter muito mais que a remuneração. Quando o funcionário fala que trabalha na Águia Branca, ele fala com a boca cheia *(assessor comercial).*

4.5. Comunicação interna: canais que funcionam

Na Águia Branca todos os funcionários são estimulados a falar sobre os seus problemas, não só com a chefia direta, mas também com os diretores e até com o presidente da empresa. O sentimento de poder opinar e se expressar faz com que os funcionários se sintam úteis e valorizados. Lawson (2001) e Smith (2001) apontam isso como indispensável para motivá-los. Executivos e funcionários da empresa demonstram em seus depoimentos que essa política de comunicação interna incorporou-se à cultura da empresa:

> Trabalhamos muito esta questão. Se você percebe alguma coisa, se alguma coisa não está bem para você, você tem que falar com sua chefia. Nós incentivamos muito eles a buscarem os líderes e batemos muito nesta tecla: dos líderes estarem preparados, estarem ouvindo e resolvendo. Quando alguém vai falar alguma coisa, tem que ter resposta, seja positiva ou negativa. Ele tem que ser valorizado porque está falando e precisa ter um retorno *(coordenadora de RH).*

Além do diálogo franco e aberto, estimulado em todos os sentidos da empresa, a Águia Branca procura compartilhar o maior número de informações possíveis sobre a organização, com todos os funcionários. Outra preocupação é não deixar qualquer forma de contato sem retorno (Grönroos, 1995).

> O importante é que o retorno sempre seja dado, sendo positivo ou negativo. O funcionário tem que saber porque aquela sugestão que ele deu não será aceita, senão ele pára de sugerir *(coordenadora de RH)*.

> Aqui, se eu quiser falar com qualquer um, não precisa nem marcar hora. Pode chegar na sala do gerente, do assessor do gerente, do coordenador de tráfego. Eles te escutam. Se não puder fazer para você na hora, eles anotam tudinho e te dão um retorno. Não fica sem retorno, não *(motorista 2)*.

Quanto às diferentes formas de comunicação, a Águia Branca cita a *intranet*, mural e jornal interno, e recomenda que uma informação importante seja passada por vários meios, melhorando a eficácia da comunicação.

4.6. Ambiente interno: a surpresa da família como "consumidor estendido"

A empresa parece compreender bem a importância da satisfação do funcionário com o ambiente interno no trabalho para que ele tenha um bom desempenho em suas funções (Hesket *et al.*, 1997). Muitas informações são levantadas a partir de pesquisa anual de satisfação do público interno. Através dos resultados, as áreas de Recursos Humanos e *Marketing* conseguem perceber os itens que devem ser incrementados.

A valorização do ambiente, no entanto, ultrapassa a sede da empresa e chega primeiro até os alojamentos onde os motoristas em viagem podem descansar.

> Já dormi na garagem da Itapemirim, então, já vejo como lá é diferente. No nosso dormitório aqui são dois em cada quarto, tudo com ar-condicionado... lá dormiam 15, em beliches, em um quarto. Entendeu? Tem que fazer o quê? Segurar, né? Porque lá fora... *(motorista 1)*.

> Eu não sei se você conhece o alojamento aqui, você precisa ver, é um hotel. Eu acho muito importantes essas coisas que a Águia Branca dá *(motorista 2).*

A preocupação da empresa com o ambiente ultrapassa novamente os limites de sua atuação e se estende para a promoção de eventos direcionados para os familiares dos funcionários. Como exemplifica a coordenadora de recursos humanos:

> Faz parte do programa realizar palestras para funcionários e familiares (...). Serão três focos apontados na palestra: o universo familiar, a educação de filhos e a mulher nesta era de transformação, pois estamos no Dia Internacional da Mulher. Isso mexe com a moral dos funcionários, isso é bom, faz com que fiquem satisfeitos com a empresa, além de se tornarem seres humanos mais preparados para a vida.

Os funcionários demonstram em seus depoimentos que dão um grande valor à preocupação da empresa com seus familiares e reconhecem que este é um diferencial para quem trabalha na Águia Branca.

> A Águia Branca dá mordomia para a gente. Tem tudo aqui. Família... eu posso viajar, igual viagem de turismo, despreocupado. Porque eu sei que qualquer coisa eles vão atender na hora que minha mulher ligar para cá. Sempre fui atendido. Então, a empresa é atenciosa com a família da gente. O que a gente precisa é isto aí, né? Se eu for correr atrás de salário, não adianta. *Itapemirim, 2001, Águia Branca*, tudo é um salário só, então não tem como correr. Então você tem quer ver onde você tem segurança *(motorista 1).*

> A Águia Branca procura passar para a gente "ser mais humano" no trânsito, no tratamento com os passageiros e até com a família. No treinamento de reciclagem de ano em ano, eles colocam a nossa família também. Ensinam a ser alguém no serviço e a não levar seus problemas do trabalho para dentro de casa *(motorista 2).*

Integrar a família a uma empresa que parece ter uma imagem respeitável funciona como um importante diferencial para o público interno:

> A minha mulher até diz que, quando vai comprar, fala até de boca cheia que eu trabalho na Águia Branca *(motorista 1)*.
>
> Trabalhar na Águia Branca, hoje, tem um certo respeito aí fora *(motorista 2)*.

5. Considerações finais

Muito embora o termo *marketing* interno não tenha aparecido ao longo das entrevistas e não haja um programa formal integrado denominado *marketing* interno, sua filosofia e idéias estão presentes na atuação da Águia Branca. Outro aspecto a ser ressaltado é o trabalho coerente e coeso das áreas de Recursos Humanos e *Marketing* da empresa. A idéia não é que o *Marketing* assuma funções da área de Recursos Humanos, mas que tenha um trabalho conjunto, procurando entender, por exemplo, não só o seu consumidor final, como também os principais elementos que motivam o funcionário. Há quem diga (Schultz, 2000) que se um pequeno percentual dos gastos com pesquisa com clientes finais for usado com os clientes internos, o retorno sobre o investimento será muito bom. Michell (2002) afirma que a marca deve ser vendida primeiro dentro da empresa. A proposta é colocar tanta ênfase em aprender sobre as pessoas que trabalham na empresa quanto em conhecer produtos e serviços, pois, muitas vezes, eles se fundem em uma só na imagem percebida pelo consumidor final. O discurso de executivos e funcionários da Águia Branca sugere que a política da empresa com seus funcionários é sensível às possibilidades de conquistas no médio e longo prazos.

A prática coerente da Viação Águia Branca parece funcionar, não só como um processo que integra diferentes áreas da empresa e diferentes níveis hierárquicos, mas também como um processo capaz de desenvolver na empresa uma cultura de serviços.

Na contratação, no treinamento, no *empowerment*, no trabalho em equipe e na comunicação interna, a Águia Branca representa uma empresa que vivencia as melhores práticas apontadas por teóricos do *marketing*, indo, algumas vezes, além do que é recomendado. É importante destacar os esforços da empresa para a integração dos funcionários. A teoria mais recente recomenda que eles possam se socializar para formar um time coeso e sinergético. A Águia Branca, no entanto, promove não só a integração entre os funcionários, mas também procura fazer com que as famílias destes interajam em festividades e programas educacionais. Esta questão merece destaque no *marketing* interno da empresa, pois revela que a Águia Branca ampliou o conceito de público interno ao incluir os familiares em seus esforços. Observa-se, nesse caso, uma noção de "consumidor interno estendido" que nenhum dos autores estudados mencionou ou sugeriu.

Envolvida com a empresa, a família, provavelmente, funciona como mais um elo de ligação com a organização. O orgulho e a proximidade dos familiares em relação à Águia Branca parecem reforçar a satisfação dos funcionários, que se sentem, assim, menos propensos a deixar a companhia. O interesse e os elogios dos entrevistados às ações direcionadas aos familiares podem revelar uma particularidade relacionada a culturas relacionais como a brasileira (DaMatta, 1983) ou mesmo podem estar associados a uma sociedade com forte estrutura patriarcal (Holanda,1982). Em outras sociedades, a proximidade dos universos profissional e familiar talvez não seja aceita com tanta intensidade, podendo ser inclusive vista como uma intromissão da organização na vida privada do empregado. A extensão do conceito de público interno merece novas pesquisas que aprofundem a questão no ambiente brasileiro.

Dentre as possíveis pesquisas futuras referentes ao tema, seria recomendável a análise do programa de *marketing* interno em empresas semelhantes à estudada, para que se pudesse comparar os efeitos de programas diferenciados. Dessa maneira, poderiam se observar mais detalhadamente os resultados das recomendações teóricas na prática. Falta também ouvir o cliente final, o passageiro, para conhecer de que forma as políticas internas da empresa são percebidas na agregação de valor do serviço, ou seja, checar se a maneira como os empregados se sentem é, em última instância, a maneira como se sentirão seus clientes.

6. Referências Bibliográficas

BATESON, J.; HOFFMAN, D. **Marketing de serviços**. 4. ed. Porto Alegre: Bookman, 2001.

BARNES, B.; MORRIS, D. Revising quality awareness through internal marketing: na exploratory study among French and English medium-sized enterprises. **Total Quality Management**, Breaking Down, v. 11, n. 4/5/6, p. 473-483, 2000.

BERRY, L. **Descobrindo a essência do serviço**: os nove geradores de sucesso sustentável nos negócios. Rio de Janeiro: Qualitymark, 2001.

BERRY, L.; PARASURAMAN, A. **Serviços de marketing**: competindo através da qualidade. São Paulo: Maltese-Norma, 1995.

BROOKS, R.; LINGS, I.; BOTSCHEN, M. Internal marketing and customer driven wavefronts. **The Services Industries Journal**, New York, v.19, n. 4, p. 49-67, Oct. 1999.

CHIESA, L. **Marketing interno**: um estudo exploratório em hospitais. 2001. 143 f. Dissertação (Mestrado em Administração) Instituto COPPEAD de Administração, Universidade Federal do Rio de Janeiro, Rio de Janeiro.

CORREA, C. A promessa quebrada. **Exame**, São Paulo, v. 35, n. 22, p. 42-53, out. 2001.

DAMATTA, R. **Carnavais, malandros e heróis**: para uma sociologia do dilema brasileiro. 4. ed. Rio de Janeiro: Zahar, 1983.

GRÖNROOS, C. **Marketing, gerenciamento e serviços**: a competição por serviços na hora da verdade. Rio de Janeiro: Campus, 1995.

GUIA EXAME. As melhores empresas para você trabalhar 2001. **Exame**, São Paulo, n. 749, 2001.

HESKETT, J.; SASSER E.; SCHLESINGER, L. **The service profit chain**. Newport: The Free Press, 1997.

HOLANDA, S.B. **Raízes do Brasil**. 16. ed. Rio de Janeiro: J. Olympio, 1982.

IZZO, J.; WITHERS, P. Finders-Keepers. **CMA management**, Ontario, v. 75, n. 7, p. 24-26, Oct. 2001.

JEFFREY, J. R. Capacitando a linha de frente. **HSM Management**, São Paulo, v. 1, n. 4, p. 70-76, set./out. 1997.

LAU, R. S. M. Quality of work life and performance: an ad hoc investigation of two key elements in the service profit chain model. **International Journal of service Industry Management**, Bradford, v. 11, n. 5, p. 422-437, 2000.

LAWSON, K. Build your business from the inside out: four keys to employee empowerment that will help your business grow. **Business Credit**, New York, v. 103, n. 3, p. 8-10, Mar. 2001.

LEITE, A E.; CASOTTI, L. Changing quality service concept: a cultural perspective. In: 31st European Marketing Academy Conference: Marketing in a Changing World, Scope, Opportunities and Challenges, 2002, Braga. **Proceedings...** Braga: EMAC, 2002. Meio Eletrônico.

LOVELOCK, C. **Serviços**: marketing e gestão. São Paulo: Saraiva, 2001.

MICHELL, C. Selling the brand inside. **Harvard Business Review**, Boston, v. 80, n. 1, p. 99, Jan. 2002.

QUESTER, P.; KELLY, A. Internal marketing practices in the australian financial sector: an exploratory study. **Journal of Ap-**

plied Management Studies, Abingdon, v. 8, n. 2, p. 217-229, 1999.

REICHHELD, F. **The loyalty effect**. Boston, MA: Harvard Business School Press, 1996.

RÉVILLION, P.; SARTORI, A. **A utilização de pesquisas exploratórias na área de marketing**. In: ENCONTRO ANUAL DA ANPAD, 25., 2001, Campinas. **Anais eletrônicos...** Campinas: ANPAD, 2001. 1 CD-ROM.

SMITH, G. Simple rewards are powerful motivators. **HR Focus**, New York, v. 78, n. 8, Aug. 2001.

STRAUGHAN, R. D.; COOPER, M. Managing internal markets: a conceptual framework adapted from servqual. **The Marketing Review**, Amsterdam, v. 2, p.253-265, 2002.

SCHULTZ, D. E. Study internal marketing for better impact. **Marketing News**, Chicago, v. 36, n. 21, Oct. 14, 2002.

TOURISH, D.; HARGIE, O. Quality assurance and internal organizational communications. **International Journal of Health Care Assurance**, Bradford, v. 6, n. 4, p. 22-28, 1993.

VAREY, R. J.; LEWIS, B. R. A broadened conception of internal marketing. **European Journal of Marketing**, Bradford, v. 33, n.9/10, p. 926-944, 1999.

VERGARA, S. C. **Projetos e relatórios de pesquisa em administração**. São Paulo: Atlas, 1997.

WITT, J. Are your staff and ads in tune? **Marketing**, London, p. 21, 18 Jan. 2001.

UM ESTUDO EXPLORATÓRIO DE PROJETOS DE CRM EM SEGURADORA E OPERADORA DE TELEFONIA MÓVEL

Luis Claudio Kubota (COPPEAD/UFRJ)

Roberto Nogueira (COPPEAD/UFRJ)

Resumo

Esta pesquisa tem por objetivo apresentar os estudos de dois projetos de implantação de *Customer Relationship Management* (CRM) em duas empresas brasileiras: a seguradora A e a operadora móvel celular B, analisados à luz das recomendações da literatura. O trabalho se inicia com uma explicação sobre os principais conceitos de CRM e os aspectos a serem considerados em uma implantação. A seguir, são apresentadas as idéias centrais de *data mining*, bem como casos de aplicação destas técnicas nas áreas de seguros e *Telecom*. Finalmente, são apresentadas as experiências das duas empresas brasileiras. Através de entrevistas em profundidade, foi possível observar os estágios diferenciados de implantação do *marketing* de relacionamento, bem como analisar as similaridades e diferenças entre os dois casos e identificar se as recomendações da literatura estão sendo ou não observadas.

Introdução

Estudos recentes como os apresentados na Financial Analysis, Planning & Reporting (2003) indicam que os gastos com CRM estão crescendo, apesar dos resultados desapontadores e insucesso nos projetos, conforme concordam Patron (2002) e Taylor (2002) e os consultores da McKinsey: Ebner, Hu, Levitt e McCrory (2002). Neste estudo, procuraremos identificar se duas grandes empresas do setor de serviços do Brasil estão considerando os aspectos relevantes na implementação de seus projetos de CRM.

Regis McKenna (1998) defende que consumidores podem tornar-se leais através da oferta de produtos e serviços moldados cuidadosamente para as suas necessidades. Por outro lado, o autor acrescenta que o novo consumidor nunca está satisfeito. Segundo este pesquisador, o novo modelo de *marketing* reflete uma mudança do monólogo para o diálogo no trato com os clientes. O consumidor passa a ditar exatamente como gostaria de ser servido. A tendência é de que os clientes passem a ser cada vez mais exigentes, esperando que as empresas lhes perguntem sobre suas preferências individuais, atendendo-as na melhor medida possível.

Dentro deste cenário de crescente competitividade e exigência do mercado, onde é importante tratar o cliente de modo cada vez mais individualizado, muitas empresas estão implantando projetos de *Customer Relationship Management* – ou gerência de relacionamento com o cliente. A seguir, apresentamos uma das definições de CRM:

> CRM é uma estratégia de negócios voltada ao entendimento e antecipação das necessidades dos clientes atuais e potenciais de uma empresa. Do ponto de vista tecnológico, CRM envolve capturar os dados do cliente ao longo de toda a empresa, consolidar todos os dados capturados interna e externamente em um banco de dados central, analisar os dados consolidados, distribuir os resultados dessa análise aos vários pontos de contato com o cliente e usar essa informação ao interagir com o cliente através de qualquer ponto de contato com a empresa (Gartner Group *apud* Peppers & Rogers, 2000, p. 35).

Segundo Benson, Smith e Thearling (2000), o objetivo do CRM é tentar otimizar a rentabilidade da empresa, através de estratégias focadas e direcionadas no cliente. O CRM permite que as empresas identifiquem seus consumidores mais rentáveis, concentrando seus esforços nos mesmos. Assim, melhoram as chances de desenvolver relações mais duradouras com este público.

Os mesmos autores classificam o CRM em três tipos: operacional, colaborativo e analítico. O primeiro é a automação dos processos de negócio integrados horizontalmente, suportados pelos sistemas de: centrais de atendimento, automação de vendas, sistemas legados e outros. O segundo é composto pelos serviços dos pontos de contato com o cliente, tais como: mensagens de voz, da Unidade de Resposta Automática (URA), e-mails, faxes, cartas, malas diretas, etc. O terceiro é a fonte de análise de dados. Uma das ferramentas utilizadas no CRM analítico são as técnicas de *data mining*.

Considerações sobre a Implantação de CRM

Peppers, Rogers e Dorf (1999) apresentam os quatro passos que devem ser dados para que um programa de CRM funcione: identificar os clientes, diferenciá-los, interagir com eles e customizar os produtos ou serviços para suprir necessidades individuais. Com base nestes passos, as empresas devem considerar as seguintes questões antes de considerar a implantação de projetos de CRM:

a) Quão bem a empresa consegue identificar seus clientes finais?

b) Quão bem a empresa consegue diferenciar seus consumidores baseada no valor que eles geram e nas necessidades que esperam?

c) Quão bem a empresa interage com os clientes?

d) Quão bem a empresa customiza seus produtos e serviços baseada no seu conhecimento sobre os clientes?

Essas perguntas, na verdade, formam um questionário que deve ser aplicado pela empresa, junto a profissionais de diferentes áreas e níveis. Cada pergunta é acompanhada de cinco respostas que representam uma escala crescente de sofisticação para cada um desses objetivos.

Os autores também apresentam um questionário para análise de como a empresa e seus clientes a consideram em aspectos fundamentais para o *marketing* um a um. Este questionário serve para uma análise de *gap* entre a situação atual e a situação desejada. Os principais aspectos considerados são: processos, tecnologia, estratégia de conhecimento, parcerias, relações com clientes, gerência de pessoal e estratégia competitiva.

Rigby, Reichheld e Schefter (2002), executivos da consultoria *Bain & Company*, apresentam os principais aspectos do CRM: atrair o cliente certo, utilizar a criatividade para a proposição de valor correta, instituir os melhores processos, motivar os funcionários e aprender a reter os clientes. Os quatro principais riscos na implantação de projetos de CRM são:

a) Implementar o CRM antes de criar uma estratégia para o cliente.

b) Implantar o CRM antes de efetuar as mudanças necessárias na organização.

c) Partir do pressuposto de que quanto mais tecnologia, melhor.

d) Rastejar pelo cliente, em vez de tentar conquistá-lo.

Com relação ao primeiro item, os autores lembram que o gerenciamento efetivo das relações com o cliente tem como base a segmentação. Implementar o CRM sem conduzir um estudo de segmentação e sem determinar objetivos comerciais é um erro.

O segundo risco é considerado o mais perigoso. Para desenvolver melhores relações com os clientes mais lucrativos, é necessário renovar os principais processos comerciais, bem como reestruturar a organização: descrição de tarefas, avaliação de desempenho, sistemas de compensação e programas de treinamento, além das estruturas departamentais e de produção. O CRM requer a adoção de filosofias e cultura corporativa centradas no cliente.

Ao contrário do que alguns executivos acreditam, provavelmente influenciados por consultores e fornecedores de soluções, muitos dos objetivos do CRM podem ser atingidos sem investimentos vultosos em tecnologia. É claro que, em alguns casos, esses investimentos são necessários para a obtenção de resultados mais expressivos.

O quarto risco implica que os executivos devem estabelecer relações conforme o setor de autuação, a empresa e seus funcionários. Deve-se evitar construir relações com os clientes errados ou com os clientes certos de maneira equivocada. As técnicas de *data mining,* que serão explicadas a seguir, podem contribuir muito nesta tarefa de identificar os principais clientes da empresa, bem como quais suas principais necessidades.

Hansotia (2002) apresenta os três principais componentes do CRM:

a) Plano estratégico (estratégias focadas no cliente) e prontidão organizacional.

b) Planejamento e análise.

c) Execução das interações com o cliente.

O autor acrescenta alguns fatores essenciais para o sucesso de implementação de CRM: processos adequados para a interação com o cliente, elaboração de segmentação e escore de clientes, e envolvimento dos principais executivos na condução do processo. Além disso, há necessidade de envolver pessoal com diferentes habilidades para a eficiência nas interações com o cliente.

Conforme poderemos observar nos textos de Hansotia (2002), Peppers, Rogers e Dorf (1999) e Rigby, Reichheld e Schefter (2002) – apresentados na revisão bibliográfica –, os autores consideram de maneira explícita várias variáveis em comum como relevantes para o sucesso da implementação de CRM:

Variáveis	Hansotia (2002)	Peppers, Rogers e Dorf (1999)	Rigby, Reichheld e Schefter (2002)
Estratégia orientada ao cliente	X		X
Prontidão organizacional	X	X	X
Processos de interação com o cliente	X	X	X
Pessoal	X	X	
Envolvimento dos principais executivos	X		
Planejamento e Análise	X		
Parcerias		X	
Tecnologia	X	X	X
Diferenciação de clientes	X	X	X

Fonte: Elaboração do autor, a partir da revisão da literatura.

DATA MINING

Conceitos Gerais

A idéia de construção de modelos de previsão decorre da necessidade de um maior conhecimento dos usuários de determinado serviço ou produto. *Data mining* é capaz de reduzir uma grande quantidade de dados em padrões e regras que contêm um volume expressivo de informações, as quais podem ser utilizadas para agregar valor ao negócio.

Data mining, ou mineração de dados, é o conjunto de técnicas estatísticas, de inteligência artificial e de bancos de dados, que tem como objetivo extrair informações relevantes para o negócio.

Data mining é parte de um processo maior de pesquisa, o *Knowledge Discovery in Database* (KDD), que tem como principais etapas: o estudo dos objetivos do processo, limpeza, seleção, codificação, visualização e mineração dos dados e interpretação dos dados. Entretanto, a mineração de dados tornou-se mais conhecida que o KDD, por ser a etapa em que são aplicadas as técnicas de busca de conhecimentos.

Principais Tarefas e Técnicas de Data Mining

Segundo Koh e Chan (2002), as principais tarefas de *data mining* podem ser classificadas de maneira ampla em: descrição e visualização, associação e *clustering* (agrupamento), classificação e estimação (predição). Já Berry e Linoff (1997) utilizam as seguintes tarefas: classificação, estimação, predição, agrupamento por afinidade (associação), agrupamento e descrição. A seguir, conceituaremos brevemente cada uma dessas tarefas.

Descrição e *visualização* contribuem para o entendimento dos elementos de uma base de dados, especialmente no caso de relações complexas e não-lineares entre as variáveis. Normalmente, é a primeira etapa realizada em um processo de mineração.

Clustering objetiva reunir objetos em grupos. Os objetos de um grupo devem ser os mais semelhantes entre si e os menos semelhantes a objetos de outros grupos.

Classificação diz respeito à predição de uma variável-alvo que é de natureza categórica. Ou, em outras palavras, observar as características de um objeto e alocá-lo em uma classe predefinida, tal como: fraudulento/não-fraudulento, comprador/não-comprador.

Estimação é um processo semelhante, mas diz respeito a variáveis-alvo contínuas. Classificação e estimação são provavelmente os principais objetivos em tarefas de *data mining*. *Predição*, segundo Berry e Linoff (1997), é o mesmo que classificação e estimação, mas diz respeito a comportamentos ou valores futuros estimados. Em sua publicação seguinte, Berry e Linoff (2000) reconhecem que talvez não haja necessidade de uma separação do item predição, mas argumentam que se trata apenas de uma questão de ênfase. Segundo estes autores, ao contrário do que ocorre com a classificação e estimação, só é possível checar a acurácia do modelo preditivo posteriormente.

Associação ou, conforme Berry e Linoff (1997), *agrupamento por afinidade*, ou análise de cesta de mercado, diz respeito à identificação de que variáveis andam juntas. Neste item, aplica-se o clássico exemplo norte-americano, em que um varejista descobriu que compra de fraldas estaria relacionado com aquisição de cervejas.

Casos de Aplicação de Data Mining *em Telecom e Seguros*

Há poucas referências detalhadas de aplicação das técnicas de mineração de dados nas áreas de telecomunicações ou seguros. Azevedo, Vellasco e Passos (2001) apresentam um caso de mineração de dados aplicado a uma base de clientes de telefonia de longa distância. A base de dados utilizada contém a média das três últimas faturas mensais de ligações interurbanas entre telefones fixos de 20 mil clientes da operadora, sendo um subconjunto significativo do total de clientes da empresa.

Do total de 20 mil clientes, foram selecionados diferentes subconjuntos para análise. Estes subconjuntos, após submetidos à codificação de dados, foram chamados de *datasets*. A partir dos resultados obtidos com os diferentes *datasets*, foram escolhidos os atributos a utilizar. Estes foram: receita nos dias úteis, receita nos sábados, receita nos domingos, receita nas ligações inter-regionais, receita nas ligações intra-regionais, receita nas ligações intra-setoriais, receita no horário diferenciado, receita no horário normal, receita no horário reduzido, receita no horário super-reduzido, consumo total em minutos no mês e receita total no mês.

A fase de mineração dos dados foi dividida em três etapas: agrupamento, caracterização dos grupos encontrados e criação de modelo de classificação. Para obtenção dos grupos, foi utilizado o algoritmo de Kohonen. Esta etapa foi realizada na ferramenta Matlab 5.3. Ao final dos estudos de agrupamento, foram encontrados nove *clusters*.

Na fase de caracterização dos grupos, foi utilizada a ferramenta WizRule para gerar regras que descrevessem as características de cada *cluster*. Também foram feitas consultas em SQL e gráficos de distribuição no SPSS. A identificação das características de cada *cluster* foi feita com base nas seguintes análises, sugeridas pelo departamento de *marketing* da empresa: nível de receita gerada, nível de consumo em minutos, receita em dias úteis *versus* receita em fins de semana, receita em ligações de longa distância *versus* receita em ligações de curta distância e receita nos diferentes tipos de tarifação. Com base nas regras geradas pelo WizRule e nos gráficos gerados pelo SPSS, foram traçados diferentes perfis de uso para os nove *clusters*.

Na última fase da etapa de mineração, construiu-se um modelo de classificação para os clientes que ficaram de fora do *dataset* utilizado na fase de agrupamento e para futuros clientes que a empresa viesse a adquirir. Utilizou-se um modelo baseado em regras e o outro em redes neurais com o algoritmo de *Back Propagation.* Os *softwares* utilizados foram o *WizWhy* e o *NeuralSIM*, respectivamente. Embora a classificação com o *NeuralSIM* tenha a desvantagem de não gerar regras, dificultando uma justificativa para as classificações obtidas, ele obteve um resultado consideravelmente melhor que o do *WizWhy*.

Koh e Low (2001) introduzem um exemplo ilustrativo de aplicação de *data mining* em seguradoras. Utilizando as variáveis de capacidade do veículo, ano de fabricação, experiência de direção do segurado, desconto por não-sinistralidade ganho pelo segurado, gênero do segurado, idade do veículo e idade do segurado, os autores constroem um modelo de predição de sinistralidade, utilizando as técnicas de regressão logística, redes neurais e árvores de decisão.

Berry e Linoff (2000) apresentam o projeto de modelagem preditiva de *churn* – indicador de perda de clientes – em uma operadora líder de um país emergente, com mais de cinco milhões de assinantes. Assim como no Brasil, as chamadas recebidas não são pagas pelos assinantes. Isto resulta em uma falta de dados, visto que estas chamadas não são enviadas para os sistemas de faturamento.

Em paralelo com este projeto, outro de migração da plataforma de *Data Warehouse* estava sendo desenvolvido, bem como o teste do aplicativo de *on-line analitical processing* (OLAP) *Microstrategy's DSS Agent*.

Ao contrário do que ocorre no Brasil, dois terços dos clientes têm débito automático. Como em muitos casos todos os telefones de uma linha são debitados em uma única conta ou cartão de crédito, isto permite avaliar de modo indireto os clientes agrupados em unidades familiares.

O projeto nesta empresa diferencia *churn* em voluntário e involuntário. A elaboração de modelos de *churn* permite gerar listas para o programa de retenção de *marketing*. Estes programas geralmente consistem em dar aos clientes descontos nas tarifas e outras promoções. No caso desta companhia, que fazia parte de um conglomerado, as vantagens eram primariamente em incentivos não relacionados a telecomunicações.

A empresa já tinha tentado gerar modelos preditivos de *churn*. Entretanto, os projetos anteriores falharam ao não considerar as necessidades dos profissionais de *marketing*. No projeto em questão, o objetivo específico de curto prazo estabelecido foi gerar uma lista dos dez mil clientes membros do clube de fidelidade (preferenciais) mais sujeitos a deixarem a planta. O objetivo de médio prazo era construir uma aplicação de gerenciamento de *churn*. O objetivo de longo prazo era desenvolver plenamente o CRM, sendo o gerenciamento de *churn* apenas uma de suas facetas.

Alguns dados considerados na construção dos modelos foram:

- Dados demográficos: idade, gênero, CEP e outros.
- Dados como número de aparelhos, planos de preços e dados de ativação.
- Dados dos sistemas de faturamento: número de chamadas, valor despendido, *roaming* e outros.
- Dados sobre ligações aos serviços de atendimento.

Os analistas do projeto utilizaram exclusivamente algoritmos de árvores de decisão. Os motivos declarados foram: a capacidade de lidar com um grande número de variáveis, de mostrar quais as variáveis mais significativas na predição, o poder explicativo e a facilidade de automatização. Um possível motivo não declarado é a rapidez com que os modelos com árvores de decisão são construídos, tendo em vista que o projeto tinha um prazo curto, de dois meses. A ferramenta utilizada foi o *Enterprise Miner* da SAS.

Metodologia

Entrevistamos o gerente responsável pela área de *Database Marketing* da seguradora A e o especialista responsável pelo *Data Mining* da operadora B. As entrevistas em profundidade foram realizadas no ano de 2003, quanto tivemos acesso a material dos projetos. Trata-se de duas empresas de grande porte, líderes em suas áreas de atuação. Esta pesquisa exploratória busca identificar o estágio de implantação de projetos de CRM no Brasil, bem como verificar se as recomendações da literatura estão sendo observadas nas implantações.

Dois Exemplos de Implantação de CRM no Brasil

Situação da Seguradora A.

Nas pesquisas a seguir, procuramos explorar qualitativamente o projeto de implantação de CRM da seguradora A e da operadora móvel celular B. O setor de seguros é significativo no país, representando, em 2000, 2% do PIB brasileiro, conforme o *Anuário Estatístico* de 2000 da SUSEP, movimentando 12.562 milhões de dólares. Os mercados correlatos de previdência complementar e capitalização também representam um grande mercado, 2.948 e 2.399 milhões de dólares, respectivamente. No fim da década passada, várias empresas estrangeiras passaram a participar no capital de seguradoras brasileiras, o que propiciou a introdução de novas práticas gerenciais no mercado.

As principais funções da Gerência de *Database Marketing* da seguradora A eram: realizar análise das campanhas (venda, aquisição, relacionamento, retenção), modelagem comportamental (*data mining*) e desenvolver informações de clientes. Recuperação de *churners* já existia há alguns anos. Trata-se de um processo complexo, pois, no seguro saúde, por exemplo, se o cliente deixa de pagar, ainda pode usá-lo por 60 dias. *Churn* preventivo ainda não fora colocado em prática, mas a intenção era identificar aqueles clientes que iriam deixar de pagar. Alguns estudos já tinham sido realizados.

Estudos de hierarquização dos clientes já eram feitos; por exemplo, o próprio bônus de clientes que não apresentam sinistro já é uma forma de diferenciá-lo. Risco de crédito era calculado pelas unidades de negócio, sendo embutido no próprio prêmio. A empresa ainda não calculava *lifetime value* do cliente. Existe uma troca de informações entre as seguradoras. Quando o cliente deixa a empresa X para Y, Y pergunta a X como foi o histórico do cliente. Estudos de *up selling* (convencer o cliente a migrar para uma categoria superior de produto) e *cross selling* (vendas cruzadas) são prática comum na área de seguros.

A empresa se encontrava em fase de implementação do CRM e não possuía um *Data Warehouse* (DW) centralizado. Isto não significa que a empresa não possuísse informações sobre os clientes, e sim reflete que a estrutura da mesma era voltada para linhas de negócios. Conforme indicam Berson, Smith e Thearling (1999), todo o trabalho de CRM é facilitado quando existe uma única base contendo a informação disponível sobre o cliente.

As áreas técnicas, com várias unidades de negócios – auto, riscos industriais, casa, saúde, vida, previdência e investimentos –, eram extremamente autônomas, voltadas para seus respectivos produtos, o que provavelmente representa um grande desafio cultural e organizacional para a implantação de uma organização centrada no cliente, conforme recomenda a literatura. Se um cliente tem vários negócios com a empresa, e tem problemas com uma unidade específica, a empresa ainda não está preparada para avaliar os negócios como um todo. A unidade específica ainda dará um tratamento de acordo com os negócios que o cliente faz com ela, sem levar em conta, por exemplo, se o cliente tem vários milhares de reais de investimento em outra unidade de negócio. O projeto de CRM trabalharia no intuito de reduzir este foco no negócio, para aumentar o foco no cliente.

Cada unidade de negócios tinha sua própria base de dados e profissionais de *marketing* que realizam estudos e campanhas, e seus próprios repositórios de informação. A intenção era que os estudos passassem a ser cada vez mais centralizados no *marketing* corporativo. Segundo o primeiro questionário de Peppers, Rogers e Dorf (1999), apresentado na seção 2, a empresa marcaria a resposta intermediária para a questão (a): "quão bem a empresa consegue identificar seus clientes finais?". As unidades de negócio não apresentavam uma base central sobre os clientes e não compartilhavam muitas informações umas com as outras. Uma vez que exista uma filosofia mais centrada no cliente, uma questão a considerar é qual das áreas será responsável pelo relacionamento com o cliente.

Estas unidades de negócios estavam alocadas em duas vice-presidências (VP). Cada VP era responsável pelas respectivas áreas de atendimento a seus clientes, com *telemarketing* ativo e receptivo, incluindo serviços de atendimento 24 horas (para auto, casa, etc.), sinistros, autorizações para exames. Além disso, existia uma outra vice-presidência, responsável por toda a interface com os corretores, inclusive atendimento, com diretores e uma estrutura expressiva. O histórico de todos os sinistros e ligações já estava disponível. Ou seja, o processo de atendimento é muito forte e importante para a empresa.

Havia um projeto de criar um DW, e outro de implementar processos através de uma tecnologia de CRM. A prioridade era a implantação de CRM analítico, em fase de conclusão. A prioridade para o CRM analítico explica-se porque, conforme vimos acima, a área de atendimento já estava bem estruturada, e a implantação do CRM operacional não traria um ganho tão expressivo. Existia, na Superintendência de CRM, um *Data Mart* (DM) "caseiro": dados eram extraídos das unidades de negócios, trabalhados, limpos e depois lançados no DM. A Gerência de Tecnologia, em conjunto com uma empresa externa, era a responsável por este processo. Existe licença SAS com *Enterprise Guide* local. A área de Tecnologia da Informação era a responsável pela condução do projeto de DW, em conjunto com o *marketing*. A primeira peça era o *Data Mart* corporativo para o *marketing*.

Situação da Operadora B

Segundo Berry e Linoff (2000), as operadoras que não estão trabalhando com modelos preditivos de *churn* não são competitivas. Quase todas já trabalharam ou estão em vias de fazê-lo. Vários motivos podem resultar em troca de operadoras: defasagem do aparelho, mudança nas necessidades de serviços como ligações internacionais, problemas financeiros. À medida que o mercado vai amadurecendo, o crescimento das operadoras deixa de vir da pura aquisição de clientes não atendidos, passando a considerar *up selling* e *cross selling*, retenção de clientes e obtenção de clientes da concorrência.

Algumas características diferenciam o mercado de telefonia móvel de outros serviços. O primeiro é o "monopólio do cliente". Normalmente, o cliente de uma operadora móvel possui apenas uma prestadora desse serviço. Assim, as operadoras têm mais condições de reunir informações dos clientes a respeito de seus produtos que outras indústrias.

O custo de aquisição dos clientes é muito elevado. É prática comum neste mercado subsidiar expressivamente os aparelhos, o que deve ser recuperado ao longo da vida útil do cliente na planta. No Brasil, as variações cambiais podem tornar este subsídio ainda mais custoso. Em função disto, aquela máxima de que reter um cliente custa menos do que atrair um novo é particularmente real no ramo. Este subsídio é acompanhado através do indicador *subscriber acquisition cost* (SAC).

As relações face a face com o consumidor são pouco freqüentes, o que resulta em um gerenciamento da imagem muito baseado em gerência de marca e *marketing* direto. Os consumidores não são tão ligados à operadora quanto ao seu aparelho. Muitas vezes, os clientes só se lembram da prestadora quando há algum problema. Os aparelhos representam uma variável importante no gerenciamento de *churn*.

A quantidade de informações é colossal. Isto representa uma riqueza para os analistas de *marketing*, mas também um ônus, em virtude dos dados muitas vezes requererem tratamento. Além disso, os processamentos muitas vezes podem ser extremamente lentos, demandando investimentos em *hardware* e pessoal de sistemas. Um cuidado que deve ser tomado diz respeito à invasão de privacidade, pois é possível obter conhecimento aprofundado sobre o uso de determinado cliente.

O setor de telecomunicações é um dos mais importantes na economia da informação. O Brasil presenciou uma revolução nos últimos anos, passando de um monopólio federal para um mercado disputado por empresas privadas de capital nacional e estrangeiro. A competição, inicialmente duo ou oligopolista, será marcada por uma concorrência cada vez maior nos próximos anos.

Os investimentos iniciais das operadoras que substituíram as antigas estatais no setor voltaram-se para o atendimento da enorme demanda reprimida. Atualmente, existe uma disputa cada vez mais acirrada pelos clientes existentes e potenciais, e as estratégias e recursos tenderão a direcionar-se ao entendimento das necessidades do mercado, bem como às ações necessárias à satisfação dessas demandas, algo inimaginável nos tempos do monopólio estatal. Esta disputa pelo mercado também tem levado a um processo de consolidação das empresas, com fusões e aquisições.

No início de 2001, a empresa B contratou uma consultoria para desenvolver projeto de fidelização de clientes pós-pago pessoa física. Este projeto foi patrocinado pela Diretoria de Atendimento a Clientes – responsável por toda a operação de centrais de atendimento e sua retaguarda –, que desenvolveu um escore para os clientes baseado na antigüidade na planta, valor da fatura e adimplência do cliente. As diferentes linhas do cliente eram agrupadas pelo CPF do titular. Este projeto resultou na diferenciação dos usuários em classes e no programa de fidelidade da empresa, pelo qual os clientes poderiam trocar os pontos por benefícios. Todo o atendimento ao cliente já era diferenciado em função da classe a que o cliente pertencia.

Vale ressaltar neste ponto o contraste com a seguradora, onde a orientação por linhas de negócios resultava em uma visão menos centrada no cliente. Na operadora, havia uma divisão organizacional que refletia categorias genéricas dos clientes: pré-pago, pós-pago pessoa física e pós-pago pessoa jurídica. Isto torna mais fácil o projeto de implantação de uma visão centrada no cliente.

O projeto de implantação de CRM iniciou-se no final de 2001. Um gerente foi alocado em tempo integral, montando pequena equipe, que, reportando-se ao Diretor de Atendimento a Clientes, deveria traçar as diretrizes para todas as operadoras. Outra consultoria, especializada em CRM, foi contratada nesta etapa. O projeto procurou cobrir as principais dimensões implicadas pelo CRM: tecnologia, processos e cultura organizacional. O projeto contou com o trabalho prévio da Diretoria de Qualidade, que já havia mapeado todos os principais processos e sistemas da empresa. A princípio, assim como a seguradora A, a operadora B continuaria utilizando ferramentas próprias para a linha de frente de atendimento ao cliente.

A Diretoria de Atendimento a Clientes era responsável pelo CRM operacional, ao passo que a Diretoria de *Marketing* – responsável pela idealização dos planos, serviços e precificação dos aparelhos – era encarregada do CRM analítico. Em contraste com a seguradora A, a operadora B já contava com um *Data Warehouse*, cuja construção iniciou-se em 1999. A Diretoria de *Marketing* desenvolveu o projeto de segmentação e retenção de clientes, utilizando técnicas de mineração de dados. Uma consultoria que contava com profissional com larga experiência internacional em telecomunicações foi contratada. Havia dois estatísticos da equipe de *marketing* com dedicação quase total ao projeto. O *software* escolhido para a realização do projeto de CRM analítico foi o SAS.

Existe uma grande quantidade de modelos que podem ser feitos em uma empresa de telecomunicações. Alguns mais básicos, outros mais complexos. Os analistas da B optaram por iniciar pelo modelo de segmentação de clientes. Este modelo deu uma idéia de como era a planta de clientes, representando a essência do conhecimento sobre o cliente. Neste modelo, há informações sobre os hábitos dos clientes em relação aos produtos e serviços, suas características demográficas, desejos e necessidades. É uma ferramenta extremamente útil para se realizar campanhas de todos os tipos. Os analistas utilizaram a técnica de SOM de Kohonen. A equipe realizou uma pesquisa para aprofundar as informações demográficas dos clientes.

Posteriormente, os analistas construíram o modelo de valor estratégico do cliente. Este modelo – desenvolvido pela consultoria – reúne a rentabilidade, o valor da conta e o valor agregado pelos serviços e é utilizado em substituição ao *lifetime value.* Ele propicia uma noção do valor do cliente e ainda permite ponderar o valor de cada serviço, de modo que o índice suba ou desça de acordo com quanto a empresa deseja valorizar ou não um serviço que disponibiliza, bem como pela fatura e rentabilidade do cliente. Este cálculo apresenta uma evolução em relação ao modelo construído anteriormente, que considerava a fatura, e não a rentabilidade do cliente. O mercado de telecomunicações apresenta elevadas taxas de interconexão, e uma conta elevada não necessariamente representa lucratividade para a empresa.

A seguir, foram construídos os modelos preditivos de *churn.* Para cada linha é calculado um escore que informa o grau de possibilidade de abandono do cliente. Além disso, o modelo informa também a possível causa do abandono. É uma ferramenta de fidelização de clientes. Esses modelos foram divididos para voluntários pré-pago e pós-pagos, involuntários pós-pagos, clientes novos ou antigos. Diversas técnicas de *data mining* – incluindo regressão logística, árvores de decisão e redes neurais – foram utilizadas na construção de diversos modelos. Isto contrasta com a operadora apresentada por Berry e Linoff (2000), que utilizou apenas modelos de árvores de decisão. Em alguns casos foram consideradas combinações seriais e paralelas de técnicas.

A empresa B entrou em um processo de mudança organizacional. Como costuma ocorrer nestes casos, há um longo processo de definição de responsabilidades e o projeto de implementação de campanhas utilizando os modelos gerados sofreu uma pequena mudança de escopo e de responsabilidade. Estão sendo gerados agora novos modelos com padronização para as demais operações do grupo. Este processo afetou tanto a equipe responsável pelo projeto CRM quanto a responsável pelo projeto de *data mining*.

Ao contrário da operadora estrangeira, a empresa B ainda não tinha tentado gerar modelos preditivos de *churn*. O objetivo de médio prazo da operadora analisada por Berry e Linoff (2000), de construir uma aplicação de gerenciamento de *churn*, não estava previsto no projeto da B.

Comparando as duas empresas brasileiras, podemos observar que a operadora B encontra-se em estado mais adiantado que a seguradora A, conforme recomendações da literatura, no que diz respeito à centralização da Administração de Dados e também em seu projeto de CRM. Uma estrutura organizacional mais centrada no cliente é, provavelmente, a principal vantagem comparativa da B no processo de implantação de CRM. Ambas as empresas preferiram, ao menos inicialmente, não investir maciçamente em tecnologias de automação de atendimento, uma decisão que encontra amparo na literatura apresentada.

Podemos observar semelhanças mais significativas do que diferenças nos projetos de mineração de dados da operadora de telefonia móvel B e da empresa pesquisada por Berry e Linoff (2000). Ambas utilizavam a mesma ferramenta de mineração, trabalhavam com variáveis semelhantes, possuíam *Data Warehouses* implementados e enfrentavam uma nova realidade de mercado. A B desenvolveu um projeto mais longo, que utilizou um número maior de modelos, tendo desenvolvido também um modelo de segmentação baseado no uso e variáveis demográficas. Por outro lado, a operadora estrangeira desenvolvia um aplicativo de gerenciamento de *churn*. Com relação aos mercados, há indícios de que o aparelho seja uma variável mais crítica no mercado da operadora estrangeira, que conta com a vantagem de a maior parte de seus clientes adotar o débito em conta. Em ambos os mercados, não há cobrança por chamadas locais entrantes.

Conclusões

No presente trabalho procuramos apresentar um estudo exploratório dos projetos de implantação de CRM em duas empresas brasileiras de grande porte, além de realizar uma comparação com casos estrangeiros publicados na literatura. As análises indicam que a operadora B encontra-se mais alinhada que a seguradora A em seu processo de implantação de CRM, conforme recomendações apresentadas na revisão de literatura. Trata-se de um tema de pesquisa de interesse tanto do ponto de vista acadêmico quanto empresarial, em virtude dos fracassos nos processos de implementação de CRM que estão sendo observados no mundo corporativo e dos elevados valores envolvidos.

É importante ressaltar que se deve tomar muito cuidado ao estender os resultados deste estudo para outras empresas dos setores de Telecom e Seguros, porque a amostra utilizada foi de conveniência, não representativa destes setores de atuação.

Referências Bibliográficas

AZEVEDO, H.; VELLASCO, M. B. R.; PASSOS, E. P. L. Mineração de dados aplicada a CRM em uma base de clientes de telefonia de longa distância. In: CONGRESSO BRASILEIRO DE REDES NEURAIS, 5., 2001, Rio de Janeiro. **Anais**... Rio de Janeiro: CRM, 2001. p. 397-402. 1 CD-ROM.

BERRY, M.J. A; LINOFF, G. **Data mining techniques**. New York: J. Wiley & Sons, 1997.

______. **Mastering data mining**: the art and science of customer relationship management. New York: J. Wiley & Sons, 2000.

BERSON, A.; SMITH, S.; THEARLING, K. **Building data mining applications for CRM**. New York: McGraw-Hill, 1999.

EBNER, M.; HU, A.;LEVITT, D.; McCRORY, J. How to rescue CRM. **McKinsey Quarterly**, New York, n. 4, p. 49-57, Special edition 2002.

FINANCIAL Analysis News. Financial Analysis, Planning & Reporting, **v. 3, n. 6. p. 9. June 2003.**

HANSOTIA, B. Gearing up for CRM: antecedents to successful implementation. **Journal of Database Marketing**, London, v. 10, n. 2, p. 121-132, 2002.

KOH, H. C.; CHAN, K. L. G. Data mining and customer relationship marketing in the banking industry. **Singapore Management Review**, Singapore, v. 24, n. 2, p. 1-27, 2002.

______; Low, C. K. Using data mining in insurance companies. **Singapore International Insurance and Actuarial Journal**, Singapore, v. 4, n. 2, p. 51-62, 2001.

McKENNA, R. **Competindo em tempo real**: estratégias vencedoras para a era do cliente nunca satisfeito. Rio de Janeiro: Campus. 1998.

PATRON, M. If database marketing was so good, whis is CRM so bad? **Journal of Database Marketing**, London, v. 10, n. 2, p. 102-103, 2002.

PEPPERS, D.; ROGERS, M. **Marketing 1 to 1**: um guia executivo para entender e implantar estratégias de customer relationship management. São Paulo: Peppers and Rogers Group do Brasil, 2000.

______; DORF, B. Is your company ready for one-to-one marketing? **Harvard Business Review**, Boston, v. 77, n. 1. p. 151-160, Jan./ Feb.1999.

RIGBY, D. K.; REICHHELD, F. F.; SCHEIFTER, P. Fuja dos quatro riscos do CRM. **Exame**, São Paulo, v. 36, n. 7, p. 94-101, 11 Abr. 2002.

TAYLOR, S. How to prepare for a successful CRM initiative. **Financial Management (CIMA)**, London, p. 9-10, Nov. 2002.

ESTRATÉGIAS PARA O MERCADO DE *E-LEARNING* NO BRASIL: O CASO DA XEROX/MHW

Fabio José B. Barcellos de Paula (IAG/PUC-Rio)

T. Diana L. v. A. de Macedo-Soares (IAG/PUC-Rio)

Resumo

O objetivo deste artigo é analisar, dentro de uma perspectiva integrativa e sistêmica, a estratégia adotada pela Xerox do Brasil com vistas à sua entrada no mercado nacional de *e-learning*. Buscou-se responder à seguinte questão: havendo evidências de condições aparentemente tão favoráveis, por que se deu o fracasso da iniciativa? Para se tentar obter respostas à questão, promoveu-se estudo de caso, a partir de investigação documental, entrevistas semi-estruturadas e observação participativa. O estudo revelou que a absorção, por algum tipo de procedimento, de uma organização emergente de pequeno porte, de características estruturais e operacionais de maior leveza e flexibilidade, como era a MHW, por outra de grande porte, de estrutura organizacional rígida e burocrática, como é próprio desse tipo de organização, caso da Xerox, tem resultado em frustração dos objetivos estratégicos pretendidos, como já comprovado por diversos estudos realizados. A causa básica dessa frustração parece ser o surgimento de conflitos, particularmente de ordem cultural, impeditivos de um grau de interação entre os recursos humanos, no nível requerido para a consecução dos objetivos operacionais e financeiros que justificaram a estratégia de absorção definida.

Introdução

As oportunidades na indústria da educação e do conhecimento em todo o mundo são extraordinárias. Em meio a um cenário de mudanças tecnológicas constantes, de incertezas e de competição cada vez mais acirrada, as empresas e as pessoas têm buscado aprimorar constantemente seus conhecimentos e habilidades com vistas a um maior diferencial competitivo. No Brasil, essa realidade não é diferente, sendo crescentes, nessas oportunidades, as exigências institucional e pessoal de se buscar minimizar a carência educacional do país, frente às necessidades do desenvolvimento sustentado cada vez mais cobrado pela sociedade brasileira, no ambiente global vigente de competitividade econômica e tecnológica. Ademais, com a rápida obsolescência do conhecimento, os limites impostos pelas salas de aula, pelos centros de treinamentos e pelos orçamentos disponíveis estão muito aquém da expansão acelerada das demandas.

Nesse quadro, o *e-learning* se apresenta como uma alternativa tecnologicamente de ponta e de ruptura do paradigma do aprendizado tradicional. O treinamento *on-line* pode ser acessado a qualquer momento e de qualquer lugar, via uma ampla variedade de soluções eletrônicas de aprendizado, como cursos web, grupos de discussão, salas de aula virtuais, vídeo e áudio, *chats*, simulações e mentoria *on-line*. O *e-learning* permite que as companhias transcendam as distâncias, provendo um ambiente virtual de treinamento e colaboração. Provê acesso *just in time* a todo o conhecimento, habilidades e competências requeridas para otimizar o desempenho das pessoas e organizações.

Percebendo o potencial desta oportunidade, a Xerox do Brasil, que detinha um dos principais *cases* corporativos no uso de tecnologia aplicada ao conhecimento, decidiu investir nesse mercado, buscando posicionar-se como a maior integradora de tecnologias educacionais da América Latina.

Para dar suporte a tal posicionamento, a Xerox optou por adquirir o controle acionário da MHW, empresa de tecnologia pioneira e líder no mercado brasileiro de *e-learning* naquele momento. A reunião de *expertises* decorrente da combinação Xerox|MHW parecia estabelecer as condições ideais para a conquista de uma parcela significativa deste mercado.

O objetivo deste trabalho é apresentar os resultados da análise estratégica da Xerox|MHW, dentro de uma perspectiva integrativa e sistêmica na busca de resposta à seguinte pergunta: havendo evidências de condições aparentemente tão favoráveis, quais as razões do fracasso da iniciativa? A análise em questão envolveu os seguintes passos: i) caracterização da estratégia da empresa; ii) avaliação das implicações estratégicas dos fatores organizacionais, isto é, os recursos da empresa, inclusive as competências, e as condições para alavancar e gerenciar esses recursos, em termos de constituírem forças e fraquezas, reais e potenciais, com vistas a atingir seus objetivos; iii) avaliação das implicações estratégicas dos atores estratégicos da arena competitiva da empresa, ao desempenharem seus respectivos papéis, e dos fatores macroambientais interagentes, em termos de constituírem oportunidades e ameaças, reais e potenciais; iv) apuração dos indicadores de desempenho da empresa; v) avaliação da adequação estratégica, à luz dos indicadores de desempenho da empresa, ou seja, da capacidade de sua estratégia em capitalizar forças e minimizar fraquezas, a fim de explorar as oportunidades e reduzir as ameaças criadas pelos atores estratégicos e os fatores macroambientais, de modo a atingir seus principais objetivos; e vi) indicação, com base nos resultados da avaliação estratégica, dos fatores organizacionais que poderiam ter auxiliado a empresa a sustentar sua vantagem competitiva.

Diante de um cenário em que, de modo cada vez mais freqüente, grandes companhias optam por adquirir outras empresas para acelerar a conquista de novas competências e em que encontram grandes dificuldades em implementar com sucesso essa estratégia, a análise aprofundada de um caso de fracasso e suas causas-raízes pode ser particularmente relevante ao trazer *insights* para tomadores de decisões que possam vir a vivenciar problemas semelhantes.

Este artigo está organizado em quatro partes. Nas duas primeiras, são explicados os métodos de pesquisa e o referencial teórico. Na terceira parte, são apresentados os resultados obtidos na avaliação da adequação estratégica da empresa sob estudo. Na última parte, são discutidos esses resultados, e considerações finais são feitas a respeito das lições que este estudo possa trazer a administradores interessados no mercado de *e-learning* e a empresas envolvidas em processos de aquisição como o do caso em questão.

1. Métodos de pesquisa

Para a coleta dos dados necessários à avaliação estratégica, realizou-se um estudo de caso da empresa Xerox|MHW. Para tanto, adotou-se a estratégia metodológica de Yin (1994), utilizando-se de múltiplas fontes de evidência: investigação documental, entrevistas semi-estruturadas e observação participativa. Esta última foi conduzida por um dos autores, sócio da empresa adquirida pela Xerox do Brasil, que aplicou pessoalmente o arcabouço adotado para análise estratégica, dentro de uma perspectiva integrativa e sistêmica. Procurou-se não somente ratificar os resultados obtidos por meio dos outros métodos de coleta de dados, como também trazer novos elementos a partir das visões diferenciadas dos executivos entrevistados.

Os dados levantados por meio da investigação documental e das entrevistas foram preparados com vistas à etapa subseqüente – a análise de conteúdo (Weber, 1990; Morse,1994). Para tanto, classificaram-se os dados em oito categorias de conteúdo, gerando variáveis válidas representativas dos construtos que se pretendia medir, conforme Quadro I, apresentado no referencial teórico.

Para identificar as implicações estratégicas dos fatores organizacionais pertencentes à empresa sob estudo, cotejaram-se os dados levantados com os atributos e indicadores do Quadro I. A triangulação dos métodos, ou seja, a utilização de vários instrumentos para coleta de dados sobre fenômenos semelhantes, permitiu superar grande parte das limitações inerentes a cada um dos métodos.

2. Referencial teórico

Inicialmente, para conceituar estratégia, foi utilizada a definição de Macedo-Soares (2000, p. 2), parcialmente inspirada em Grant (1999):

> Estratégia é um propósito que dá coerência e direção às ações e decisões de uma organização, especialmente para alavancar e alocar os recursos/competências necessários para melhorar e sustentar sua performance de acordo com sua visão e objetivos, tendo em vista as condições do ambiente interno e externo.

A análise estratégica fundamentou-se no princípio de adequação estratégica (Hofer e Schendel, 1978; Grant, 1999), segundo o qual a efetividade da estratégia requer consistência entre todos os fatores estrategicamente relevantes, tanto os organizacionais quanto os macroambientais.

Na caracterização da estratégia foi utilizada a tipologia de Mintzberg (1998), que amplia o conceito original de (1985), quando considera subtipos de diferenciação (preço, imagem, suporte, qualidade, modelo, etc.), além do escopo (amplo ou restrito) e da própria não-diferenciação. Adicionalmente, com o objetivo de descrever com mais precisão o conteúdo da estratégia, utilizaram-se os construtos de Fahey e Randall (1998), principalmente quanto ao escopo (produto/serviço, cliente, geográfico, vertical e *stakeholders*), à sua diferenciação competitiva ou postura (características do produto ou serviço fundamentais à distinção do produto, segundo a ótica do cliente) e às metas da organização, de acordo com sua "intenção estratégica", explicitadas na missão e visão.

Para suportar a análise estratégica, considerou-se a visão integrativa e sistêmica do arcabouço analítico GI (*Generic Integrative*) de Macedo-Soares (2000) como particularmente apropriada. O modelo GI está fundamentado em pesquisas no país, nas premissas da escola sociotécnica (Cherns, 1976) e em trabalhos de Sjölander (1985) e Nadler *et al.* (1992). Trata-se de um modelo integrativo para análise dos diferentes fatores, tanto organizacionais quanto macroambientais interagentes, bem como dos atores estratégicos, que respondem pela otimização e sustentação da performance empresarial.

No modelo, a organização é apresentada como um sistema aberto e equilibrado, favorecendo que seja explicitada a importância da congruência desses fatores na performance e no sucesso da estratégia. São consideradas duas ordens de fatores: i) variáveis principais dentro da organização, e ii) variáveis secundárias — notadamente as contingências estratégicas, ou seja, os fatores estruturais da indústria e outros macroambientais.

São variáveis principais os fatores responsáveis pela otimização do desempenho da organização à vista de suas metas estratégicas, ou seja, os fatores organizacionais de sucesso. Essas variáveis dividem-se em independentes e dependentes. As primeiras, determinantes do desempenho, são variáveis controláveis e classificam-se em cinco categorias: i) pessoais; ii) organizacionais; iii) tecnológicas; iv) financeiras; e v) físicas. Os fatores organizacionais e tecnológicos podem ser variáveis *hard*, como, por exemplo, a estrutura formal e os sistemas gerenciais e de tecnologia informatizada, ou *soft*, como a cultura organizacional, o estilo gerencial, as metodologias, a informação e a inovação (ver Quadro I).

Quanto aos fatores macroambientais (as contingências estratégicas), no modelo GI são eles considerados variáveis secundárias por representarem fatores não controláveis e meramente influenciadores do desempenho das variáveis principais. Podem constituir, assim, oportunidades ou ameaças, reais ou potenciais, a serem exploradas ou minimizadas. De acordo com Austin (1990), essas contingências são classificadas em fatores políticos, econômicos, demográficos e socioculturais.

Complementando a análise, foram utilizados, também, construtos de Porter (1985) para avaliar as implicações dos atores estratégicos ao desempenhar seus respectivos papéis de cliente, fornecedor, rival, novo entrante e substituto, bem como o de "complementador", conforme Brandenburger e Nalebuff (1997). Note que o modelo GI parte do pressuposto que os atores podem, eventualmente, assumir papéis múltiplos, aumentando a complexidade da dinâmica dos fatores em jogo.

Por sua vez, o desempenho é uma variável principal dependente, uma vez que resulta da gestão das variáveis principais independentes, influenciadas pelas variáveis secundárias. As variáveis principais dependentes também podem ser tanto *hard* quanto *soft*. Podem assumir dimensões *hard*, ou seja, objetivas, tais como os resultados financeiros globais (ROI); ou dimensões *soft*, subjetivas, tais como a satisfação dos clientes e funcionários ou a percepção da qualidade dos produtos ou serviços vendidos.

Com vistas a confrontar os dados coletados, elaborou-se um quadro referencial para empresas de *e-learning* – Quadro I – contendo uma lista de atributos necessários e desejáveis para as variáveis principais independentes (fatores organizacionais), no caso da implementação e gestão de uma estratégia de liderança por diferenciação orientada ao cliente.

Quadro I – Lista de atributos necessários/desejáveis para as variáveis principais independentes, no caso da implementação/gestão de estratégia de liderança por diferenciação orientada ao cliente para empresas de *e-learning*. Adaptado de Macedo-Soares e Ratton (1999).

Categoria	Variável	Atributos Necessários / Desejáveis
Pessoas	Talentos e Competências	Experiência, conhecimento e potencial para mobilizar as novas competências exigidas por um mercado dinâmico e em formação.
Organização (*Hard*)	Estrutura Organizacional	Flat com alto grau de descentralização.
	Equipes	Multifuncionais e interfuncionais com alto grau de *empowerment*.
	Processos	Horizontais e interfuncionais.
	Sistemas de Medição	Visíveis, balanceados, abrangentes, consistentes, adaptáveis a mudanças, integrando todos os subsistemas de medição e alinhados aos objetivos da estratégia.
Organização (*Soft*)	Cultura Organizacional	Cultura organizacional empreendedora e voltada à melhoria e medição contínua do desempenho organizacional, orientada para o cliente, acionistas e empregados.
	Liderança	Visível comprometimento da gerência com a estratégia e com o desempenho da organização. Liderança empreendedora e tipo *coaching*.
	Comunicação	Ampla, interfuncional, favorecendo constante *feedback* sobre as metas e medidas de desempenho.
	Imagem	Positiva pela ótica do cliente e associada à indústria do conhecimento.
Tecnologia (*Hard*)	Tecnologias de Informação (TI)	Hardware, software e rede compatíveis com a atividade de desenvolvimento de software. Sistemas de gestão integrados e com acesso amplo.
Tecnologia (*Soft*)	Metodologias e Técnicas Específicas	Gestão por fatos e dados. Gestão de processos orientados aos clientes. Metodologias e técnicas de medição do desempenho que incluem dimensões quantitativas e qualitativas.
	Inovação	Condições e incentivos que favoreçam atitudes inovadoras. Sistema de medição que contemple medidas referentes ao progresso derivado de projetos inovadores.
Financeiro	Caixa - Fluxo	Suficiente para suportar os investimentos necessários para a manutenção das atividades e o crescimento do negócio no longo prazo.
Físicos	Equipamentos e instalações	Instalações e equipamentos que permitam o desenvolvimento de novas tecnologias de software dentro dos padrões de qualidade exigidos pelo mercado. Espaço físico (*layout*) que favoreça a integração de equipes multifuncionais e a organização de times de projeto (*ad hoc*).

A seguir, apresentam-se os resultados da pesquisa, inclusive da análise comparativa em relação aos atributos relacionados no Quadro I.

3. Resultados

3.1. Caracterização da estratégia

Seguindo os passos necessários para a análise estratégica, partiu-se para a caracterização da estratégia da empresa utilizando-se os métodos de coleta de dados descritos na metodologia. Os dados da pesquisa documental, bem como os das entrevistas, indicavam que, de acordo com a tipologia de Mintzberg (1998), tratava-se de uma estratégia de liderança por diferenciação de produto e imagem na percepção do cliente. A Xerox entendia que sua oferta era única no mercado brasileiro, caracterizando-se pela qualidade superior, não apenas tecnológica, mas, principalmente, de seus conceitos inovadores. Era a única empresa no Brasil, naquele momento, a oferecer a integração de conteúdo, tecnologia e serviços, no conceito de *one stop, one shop*. A Xerox contava, ainda, com uma imagem positiva, não apenas pela tradição de inovação de seu centro de pesquisa em Palo Alto, Califórnia – EUA, como por suas práticas de educação corporativa no Brasil, tidas como *benchmark* no mercado. Reforçava essa percepção o indiscutível valor de sua marca.

A pesquisa documental mostrou ainda que a visão declarada no *Business Plan* indicava que a empresa se via como "a mais avançada do mundo na aplicação de tecnologia em projetos educacionais, servindo como referência de mercado no desenvolvimento e implantação de projetos de educação e gestão do conhecimento e de competências". De acordo com esta visão, a missão da empresa era "oferecer soluções e serviços que suportem os processos de ensino, aprendizagem e colaboração, disseminando e universalizando o acesso às fontes de informação, de modo que as pessoas possam aprender e compartilhar conhecimentos e competências, cada vez mais rapidamente, com qualidade, a qualquer tempo e em qualquer lugar".

Os objetivos estratégicos e metas da empresa, em consonância com a visão e missão declaradas, eram, respectivamente: ser a primeira empresa no Brasil a lançar uma comunidade do conhecimento na web com ofertas para os públicos B2B e B2C (*time to market*); conquistar, em cinco anos, 30% das 500 maiores empresas e dos 50 maiores bancos do país e 40% das 1.072 instituições de ensino superior, considerando as redes pública e privada (Xerox, 2000).

Com relação ao escopo estratégico, segundo os construtos de Fahey e Randall (1998), identificaram-se as seguintes características no que concerne a:

i) **produto**: as principais ofertas da Xerox|MHW nos segmentos de tecnologia, conteúdo e serviços pretendiam ser o licenciamento de plataformas de gestão de aprendizagem, de gestão de competências e de gestão do conhecimento; o licenciamento de ferramentas de autoria de conteúdos web; o licenciamento de plataformas de colaboração e sala de aula virtual; o licenciamento de cursos "de prateleira"; o desenvolvimento de cursos customizados, criados especialmente para atender a necessidades específicas dos clientes; a consultoria e a integração de soluções de tecnologia para educação e o *e-commerce* – B2B e B2C – de documentos digitais com opção de impressão sob demanda, acabamento e expedição;

ii) **cliente**: as ofertas eram direcionadas para um amplo público, incluindo grandes empresas, instituições acadêmicas, varejo e governo;

iii) **geográfico**: todo o mercado brasileiro, por canais diretos, e alguns países da América Latina, por meio de parceiros locais. Possível expansão por meio das operações da Xerox em todo o mundo;

iv) **vertical**: a empresa atuava desde a concepção e desenvolvimento das soluções tecnológicas de seus produtos e serviços até o *marketing* e comercialização para o mercado em que atuava diretamente;

v) ***stakeholders***: as principais partes interessadas eram os *grandes clientes*, necessários para alavancar e sustentar o negócio: a *Xerox do Brasil*, dona de 80% do capital social da MHW e principal credora da empresa; a *WBT Partners*, dona de 20% do capital social da MHW, formada pelo grupo de sócios-fundadores da empresa (capital intelectual); o *governo*, devido à arrecadação de impostos incidentes sobre a receita do negócio; os *fornecedores de tecnologia, conteúdo, serviços de consultoria e infra-estrutura de telecomunicações*, provedores de recursos necessários para complementar a oferta; os *empregados da Xerox/MHW* e a *sociedade em geral* (Xerox, 2000).

A pesquisa identificou que a estratégia inicial foi formulada por um grupo de executivos de *marketing* da Xerox Brasil, responsável pela elaboração do *business proposal* que visava a obter a aprovação para os investimentos. Após a aprovação, esse documento evoluiu para um *business plan* mais completo que definia a intenção estratégica da nova empresa, seus objetivos de negócio e o plano de ação para o atingimento destes objetivos (Xerox, 2000). Eram realizadas revisões com periodicidade semestral ou em menor tempo, se necessário, visando a rediscutir os rumos e estratégias da companhia. Destas discussões participavam representantes dos dois acionistas da empresa, onde, na ocorrência de divergências, prevalecia a posição do acionista majoritário (Xerox).

Para avaliar o desempenho da empresa, intencionava-se utilizar como principal indicador o tempo de chegada ao mercado (*time to market*), pois a Xerox|MHW entendia que ser o primeiro grande *player* a ofertar uma solução completa e integrada para o mercado de *e-learning* brasileiro era o fator crítico de sucesso.

3.2. Implicações estratégicas dos fatores organizacionais

Os resultados da pesquisa com relação às implicações estratégicas dos fatores organizacionais evidenciaram que as forças da empresa estavam concentradas principalmente em suas dimensões tecnológicas (*hard* e *soft*) e humanas, motivo pelo qual foram classificadas como competências distintivas. Seus profissionais utilizavam as mais avançadas tecnologias e técnicas de programação, que potencialmente permitiam o desenvolvimento de novos produtos e serviços em um curto período de tempo e com flexibilidade de adaptação frente às exigências do mercado. Quanto aos talentos e competências das pessoas, é certo que a união da MHW com a Xerox constituiu uma organização com todas as condições de prosperar rapidamente no mercado nacional.

Quanto à dimensão organizacional, para melhor compreendê-la é preciso retornar ao contexto da MHW anteriormente à sua aquisição pela Xerox. A empresa havia sido criada por jovens recém-formados e percorreu o caminho clássico das *start-ups* de tecnologia: saiu da incubadora da universidade, onde ganhou inúmeros prêmios; recebeu investimentos de risco de pessoas físicas, conhecidos como *angels* e negociou duas injeções de capital com investidores de risco, sendo um deles um dos maiores grupos norte-americanos para empresas da chamada *nova economia*. Iniciou, com relativo sucesso, seu processo de internacionalização, com operações nos principais países da América Latina. Nesse contexto, a possibilidade de ter a Xerox como parceiro estratégico era vista como uma grande oportunidade para alavancar a operação da empresa, recebendo maiores recursos financeiros e, principalmente, uma cobertura de mercado que consolidaria a posição de liderança no Brasil, ao mesmo tempo que criaria novas possibilidades em outros países em todo o mundo.

Isto posto, a pesquisa permitiu afirmar que as imagens positivas que tanto a MHW quanto a Xerox tinham no mercado, no início da operação, destacavam-se como força real: a MHW, em razão de seu pioneirismo e liderança no segmento, com projetos bem-sucedidos em grandes clientes; e a Xerox, porque era vista como *benchmark* nas suas práticas de gestão de pessoas, com o mais destacado *case* de implementação de *e-learning* para educação corporativa no Brasil, o que gerava credibilidade na oferta de suas soluções para o mercado. Somava-se a isso a indiscutível força de sua marca global.

Em contrapartida, a pesquisa também demonstrou que todas as demais variáveis da dimensão organizacional, relevantes ao estudo, podiam ser classificadas como fraquezas, com especial destaque ao aspecto cultural. A postura empreendedora e voltada à satisfação do cliente, dominante na MHW no momento pré-aquisição, foi substituída por uma atitude, percebida pelos clientes, como pouco flexível. A liderança da MHW era vista como arrojada e orientada a atingir os resultados esperados, com foco na estratégia claramente comunicada. Todos conheciam e compartilhavam os objetivos e metas e percebiam como sua contribuição era relevante para o negócio. A dedicação dos sócios e empregados era absolutamente integral e comprometida com o cumprimento dos planos trimestrais. O balanço de conseqüências era claro, compreendido e aceito por todos. Esses fatores, conjugados, propiciavam um clima favorável à inovação constante. Tratava-se de uma "adrenalina" positiva que mobilizava toda a organização em uma mesma direção, acreditando realmente serem todos capazes de superar os desafios do negócio. O estilo de liderança, posto em prática pelo novo acionista, entretanto, privilegiava a relação comando-controle, com foco no gerenciamento de tarefas, inibindo, assim, a inovação e a postura empreendedora necessária.

Analisando, ainda, as variáveis organizacionais, a pesquisa permitiu verificar que a estrutura organizacional centralizadora e burocratizada, típica da grande organização, a fragilidade dos processos e a deficiência dos sistemas gerenciais impediram que a Xerox|MHW operasse com a agilidade requerida pelo tipo de negócio, marcado pela alta velocidade das mudanças, exigindo mais flexibilidade e rapidez na revisão das estratégias. Em muitos momentos, a empresa adiou ou evitou decisões importantes por estar subordinada à verticalidade decisória das políticas corporativas da Xerox, em sua maioria inadequadas ao modelo de negócio da XeroxlMHW. Além disso, em um mercado onde o capital intelectual é o principal ativo, foi possível identificar fragilidades na política de desenvolvimento de pessoas e retenção de talentos, agravadas por um sistema de reconhecimento e recompensas não alinhado com os objetivos estratégicos da nova empresa, o que evidentemente pode ter contribuído para a queda gradual do moral da equipe e sua produtividade, contribuindo para o fraco desempenho da organização.

Em resumo, a falta de planejamento e investimentos para potencializar as competências da nova empresa – associada ao choque cultural entre os padrões próprios das duas organizações, ao novo estilo de liderança e a processos organizacionais inadequados – configurou as variáveis organizacionais como fraquezas impeditivas para o pretendido alcance de uma posição competitiva superior. Como diz Vollmann (1996), é o conjunto inteiro das competências e sua consistência e integração que se constituem como fator crítico de sucesso da gestão estratégica.

Ao analisar a dimensão financeira, evidenciou-se que a empresa teve dificuldade de otimizar a alocação dos investimentos, dedicando maiores recursos a projetos menos rentáveis e de maior risco. Associada a esse aspecto, a crise financeira vivida pela matriz da Xerox nos EUA repercutiu sobre a implementação dos planos originais da Xerox Brasil, afetando o novo empreendimento. Rapidamente, a orientação passou a ser a geração de caixa no curto prazo, incompatível com a necessária maturação de projetos no mercado de *e-learning*, ainda em formação, e com os investimentos requeridos para implementar o plano original. Vale observar que as necessidades de caixa da XeroxlMHW eram cobertas por meio de empréstimos efetivados pela Xerox Brasil, levando essa empresa, já num curto lapso de tempo, a uma situação patrimonial insustentável, dada a incompatibilidade desse procedimento com o fluxo de receitas nesse tipo de mercado, caracteristicamente nascente.

Nesse ponto, é interessante destacar a forma como as diferentes variáveis organizacionais se inter-relacionavam. Depoimentos levantados junto à maioria dos sócios fundadores da MHW demonstraram a inadequação da estrutura do capital social da empresa, pela qual a Xerox, com 81% do capital, impunha aos sócios minoritários grandes perdas em seu patrimônio em decorrência do fraco desempenho do empreendimento. Sendo eles, também, funcionários da empresa, as questões societárias misturavam-se com a gestão do dia-a-dia, o que contribuía para influenciar negativamente o clima organizacional e reforçar a disputa de poder entre os dirigentes.

O caso analisado demonstra que o fato de uma empresa dispor de uma grande parte dos recursos, inclusive habilidades e conhecimentos requeridos, pode ser condição necessária, mas não suficiente para seu sucesso, caso não sejam bem exercitados por meio de processos e cultura organizacionais que permitam à empresa coordenar atividades, utilizar seus ativos, aprender e se aperfeiçoar continuamente. (Day, 1997).

3.3. Implicações dos fatores macroambientais e dos atores estratégicos

A seguir, são apresentados os resultados da análise estratégica da Xerox|MHW com relação às implicações estratégicas dos fatores macroambientais e dos atores estratégicos ao desempenharem seus respectivos papéis.

Com relação aos fatores macroambientais políticos, por um lado, o Brasil passava, no início do ano 2000, por um período de relativa estabilidade para os padrões dos países em desenvolvimento, favorecendo investimentos em novos mercados com perspectivas de altos retornos, como as empresas de Internet e em particular de *e-learning*. Em contrapartida, a demora na regulamentação do ensino a distância pelo Ministério da Educação (MEC) contribuía para que escolas e universidades adiassem suas decisões de investimentos voltados à aquisição de novas tecnologias e serviços para ofertas de cursos a distância, diminuindo sensivelmente o mercado potencial inicialmente estimado. Recentemente, o MEC regulamentou as questões relacionadas ao ensino a distância, transformando essa ameaça em oportunidade.

No caso dos fatores econômicos, a análise indicou que havia muito mais oportunidades potenciais do que ameaças. A globalização e conseqüente acirramento da competição impõem às companhias a gestão do conhecimento como uma importante vantagem competitiva sobre seus concorrentes. Frente aos custos elevados do treinamento em sala de aula, decorrentes de despesas com infra-estrutura, viagens e hospedagens, além do custo de oportunidade de não contar com o empregado em seu posto de trabalho, surge a oportunidade criada pela convergência das tecnologias de comunicação, informação e mídia geradoras de um ambiente crescentemente favorável à aprendizagem a distância. Como ameaça real mais relevante, não obstante, pode ser apontado o cenário de recessão que a economia mundial iniciou no final do ano 2000 e início de 2001, implicando a diminuição sensível dos investimentos em novas tecnologias.

No que concerne aos fatores demográficos, a análise permitiu concluir que o Brasil, com suas dimensões continentais e grande carência de ensino de qualidade, principalmente fora dos grandes centros, oferece muitas oportunidades para as empresas de tecnologias para educação a distância.

A análise dos fatores socioculturais confirmou as dificuldades já esperadas com relação à adoção do ensino a distância de forma mais ampla. Isso ocorre tanto no nível das organizações quanto no dos indivíduos, em decorrência de fatores como a natural resistência à mudança, sustentada pelo tradicional modelo mental de aprendizagem em sala de aula e pela percepção de qualidade inferior que, historicamente, se associou à modalidade de ensino a distância, em especial no Brasil, freqüentemente vinculada a públicos de menor poder aquisitivo. No entanto, tais ameaças potenciais têm sido minimizadas pela necessidade de os indivíduos e organizações repensarem a aprendizagem como processo contínuo e não como evento isolado, em decorrência da acelerada obsolescência do conhecimento e da crescente demanda por informações *just in time* nas atividades de trabalho.

Ao analisar os atores estratégicos, a maior preocupação da Xerox|MHW era com a possível entrada no mercado de novos competidores, principalmente os grandes *players* na área de tecnologia, como IBM, HP, SAP, PeopleSoft, Oracle e Microsoft, o que justificava a sua orientação ao *time to market*. Outros entrantes potenciais preocupavam menos, pois as barreiras a entrada eram relativamente altas para aqueles que buscassem um posicionamento similar ao da Xerox|MHW, em decorrência dos altos investimentos e conhecimentos requeridos.

A pesquisa indicou uma divergência quanto à percepção dos produtos substitutos. Alguns executivos consideravam que a oferta da Xerox|MHW era o substituto, quando comparado com a alternativa tradicional de educação em sala de aula e com outras mídias de educação a distância, como papel e vídeo. Outros entendiam que, por exemplo, os grandes portais horizontais, como Globo.com, Terra, UOL e AOL poderiam ser considerados potenciais substitutos, ao oferecerem conteúdos educacionais para seus usuários.

Neste sentido, as oportunidades da Xerox|MHW ficaram nítidas na análise, porquanto, por um lado, saiu à frente de seus potenciais entrantes no mercado de tecnologia e, por outro, o *e-learning* era o próprio produto substituto que o mercado poderia adotar. Em 2000, vários relatórios de mercado, como IDC (1999), indicavam que em cinco anos, no mundo, a relação de utilização de treinamento em sala de aula *versus e-learning* se inverteria, confirmando a existência de uma grande oportunidade potencial.

Os fornecedores de infra-estrutura de software, hardware e telecomunicações foram identificados como ameaça potencial. Em primeiro lugar, muitas dessas tecnologias, uma vez escolhidas, representavam altos custos de mudança. Alguns detinham tecnologias exclusivas e especializadas e o volume comprado pela Xerox|MHW era pouco significativo. Além disso, muitos representavam uma ameaça de integração para a frente, podendo tornar-se competidores. Já os compradores pareciam constituir, inicialmente, uma oportunidade. Isso porque os principais clientes potenciais das ofertas da Xerox|MHW eram as grandes corporações e principais universidades, em sua maioria já clientes dos negócios tradicionais da Xerox. A análise documental (Xerox, 2000) revelou que a Xerox percebia o poder de barganha dos compradores como baixo. No entanto, as dificuldades em colocar suas soluções no mercado sugerem que os compradores tinham relativo poder de negociação.

É interessante destacar que alguns *players*, inicialmente vistos como fornecedores ou compradores, poderiam ter sido tratados como complementadores, transformando ameaças em oportunidades, como no caso de parcerias com universidades e empresas de treinamento corporativo, grandes consultorias e empresas provedoras de tecnologia e infra-estrutura.

Observando a dinâmica do mercado, foi possível perceber características que contribuíam para a criação de alguma rivalidade entre os competidores. Em primeiro lugar, empresas de variados portes disputavam os poucos investimentos com estruturas de preços muito heterogêneas. Depoimentos de clientes apontaram variações de mais de 1000% entre os extremos de propostas recebidas para o mesmo requerimento. A percepção de qualidade por parte dos clientes ainda era confusa, dificultando a diferenciação e atrasando as decisões de compra, tornando os ciclos de venda longos. Dessa forma, sendo a Xerox uma empresa de grande porte, competir com empresas de menor custo e com políticas de preço agressivas em um mercado em formação revelou-se um grande desafio que demandava soluções fora de seus padrões e políticas.

3.4. Desempenho da empresa

Devido ao foco em resultados de curto prazo, os indicadores de desempenho da empresa eram orientados apenas para os aspectos financeiros, principalmente receita bruta, custos e lucro líquido. Indicadores qualitativos, como *market share*, satisfação de clientes, lançamento de produtos, clima organizacional, inovação e aprendizado, relevantes de acordo com o levantamento realizado de atributos desejáveis para o sucesso da estratégia em empresas de *e-learning*, não eram medidos.

No primeiro ano de operação (2001) da Xerox|MHW, as vendas realizadas foram 80% inferiores às inicialmente previstas. As despesas realizadas foram quase 70% superiores aos custos estimados, levando a empresa a um prejuízo seis vezes e meio maior que o planejado (Xerox|MHW – Relatório Anual, 2001). Em 2002, um plano de *turn around* foi proposto com o objetivo de recuperar receitas e conter despesas. As metas iniciais buscavam impedir que os custos ultrapassassem as receitas acima das margens de 10% a 15%. No entanto, logo o plano precisou ser revisto para adequar as projeções de receita e custos a patamares mais realistas, pois os números já indicavam novo prejuízo quatro vezes e meio maior que o estimado (Xerox|MHW – Plano de *Turn Around*, 2002).

A necessidade de corte de custos levou a empresa a rever sua estrutura de pessoal e a adiar investimentos nos produtos, gerando insatisfação e insegurança nos clientes que, já comunicados, aguardavam pelas novas versões.

Essa situação ilustra o risco de se avaliar o desempenho de uma companhia apenas pelo viés financeiro. As medidas adotadas não levaram a empresa a resolver plenamente suas dificuldades de caixa de curto prazo e, no longo prazo, destruíram seu maior patrimônio fundamentado (i) no conhecimento reunido dentro da empresa (houve perda de conhecimento com a saída de pessoas); (ii) em sua extensa base de clientes (houve perda de alguns clientes e outros demonstraram insatisfação); e (iii) na força da marca de seu principal produto (estagnado por falta de investimentos).

3.5. *Avaliação da adequação estratégica*

Analisando os indicadores de desempenho da empresa, fica evidente que, ao implementar sua estratégia, a Xerox/MHW não foi capaz de potencializar suas forças, notadamente os talentos e as competências das pessoas, a utilização de tecnologias estado-da-arte e as imagens altamente positivas, tanto da Xerox quanto da MHW, de modo a maximizar as oportunidades econômicas e, em particular, as advindas do novo modelo de sociedade baseada no conhecimento, e anular as ameaças dos rivais do mercado de *e-learning* no Brasil, resultando em vendas aquém do esperado, levando à decisão de a Xerox abandonar o novo empreendimento.

A avaliação dos indicadores financeiros confirmou os resultados apresentados nos itens 3.2 e 3.3. Os fatores organizacionais financeiros, ou seja, o fluxo de caixa insuficiente e a capacidade limitada de investimentos decorrente da crise da Xerox Corporation a partir do início de 2001, representavam uma fraqueza real. Isto prejudicou o planejamento e orientou a empresa para resultados de curto prazo incompatíveis com um mercado ainda em formação. O momento financeiro desfavorável da empresa coincidiu com o cenário macroeconômico recessivo em todo o mundo, onde as empresas de tecnologia sofreram fortes impactos.

No entanto, a análise mais aprofundada dos fatores macroambientais, dos atores estratégicos e dos fatores organizacionais revelou que, mesmo dentro da turbulência econômica vivida naquele momento, o contexto era favorável e oferecia oportunidades para empresas que buscavam investir em produtos e serviços de tecnologia voltadas à educação. Segundo estimativas do IDC (1999), durante o período de 1999 a 2004 o mercado de *e-learning* mundial cresceria a taxas superiores a 80% ao ano.

Com a aquisição da MHW, a Xerox entendia ter reunido os recursos, especialmente as competências que a complementavam, para assegurar sua vantagem competitiva. De fato, conforme mencionado, a análise indicou que a empresa detinha forças potenciais significativas em suas dimensões humana e tecnológica, comprovadas pela superioridade dos produtos e a posição de liderança conquistada pela MHW em seus primeiros anos de vida, antes da sua aquisição pela Xerox. Não obstante, a empresa não conseguiu criar a interação e a sinergia necessárias para capitalizar essas forças no sentido de aproveitar as oportunidades.

Ao comparar as competências/condições organizacionais existentes com as necessárias e desejáveis, conforme relacionado no Quadro I, identificaram-se algumas fraquezas reais significativas na categoria de variáveis organizacionais *hard* e *soft*. Dentre estas, destacaram-se: (i) a estrutura organizacional – muito centralizada e burocratizada; (ii) a cultura organizacional – choque cultural resultante da fusão da Xerox com a MHW; (iii) liderança – controle-comando; e (iv) comunicação – pouca transparência com relação às decisões tomadas pela liderança da empresa. Tais fraquezas, combinadas, decerto, inibiram o desenvolvimento da desejável cultura empreendedora, influenciando negativamente o desempenho da empresa, pois eram variáveis críticas dentro de um modelo de negócio que considera o capital humano como competência distintiva da organização.

Em resumo, a análise da adequação estratégica da Xerox|MHW, com suporte do modelo GI, evidenciou que muito embora a empresa tivesse forças importantes, as fraquezas diagnosticadas, frente às ameaças representadas pelos rivais e pela rápida mudança no mercado de tecnologia web, não permitiram que a empresa realizasse sua visão de ser *benchmark* em projetos de educação e gestão do conhecimento.

4. Discussão e considerações finais

Conforme apresentado na avaliação da adequação estratégica, a Xerox|MHW passou por dificuldades para implementar sua estratégia. Condições organizacionais desfavoráveis impediram maximizar as competências reunidas de forma a bem explorar as oportunidades do mercado, sendo possível afirmar que uma das principais causas do insucesso estava diretamente relacionada a choques conseqüentes da diversidade de culturas existentes entre as duas organizações.

Sendo a Xerox uma empresa grande e global, voltada a um negócio maduro, era evidente a necessidade de realização de um trabalho cuidadoso para integrar as distintas culturas no processo de incorporação da MHW, uma empresa pequena e local, atuante em um mercado emergente, o que permitiria crescentes interação e sinergia, fundamentais na implementação da estratégia eleita da incorporação realizada. Ao contrário, a ausência desta integração promoveu o surgimento de conflitos e uma disputa desagregadora de poder, em prejuízo do alcance dos pretendidos objetivos estratégicos. A comunicação deficiente, tanto a interna quanto a externa, por outro lado, favoreceu a geração de ruídos, criando um ambiente de incertezas e insatisfação entre os empregados e no próprio mercado.

Outro aspecto relevante foi a dificuldade da empresa em perceber a necessidade de criar uma rede de alianças estratégicas, o que a fez buscar, de forma isolada, um posicionamento que o próprio mercado, mais tarde, mostrou ser muito difícil de alcançar.

Por fim, as dificuldades financeiras decorrentes da crise na matriz da empresa nos EUA, aliadas ao “estouro da bolha” da nova economia em fins do ano 2000, indicavam a necessidade de revisão do planejamento inicial. No entanto, o tempo de resposta da empresa foi incompatível com a necessidade de revisão das prioridades de investimento, desperdiçando recursos escassos em projetos que não eram viáveis economicamente. A distância entre a intenção estratégica declarada de valorizar o capital intelectual da empresa e as ações práticas promovidas, os sucessivos erros de gestão e o desempenho abaixo do esperado também afetaram a credibilidade da liderança e deterioraram, ainda mais, o clima organizacional, criando-se um círculo vicioso, o qual a empresa não foi capaz de romper.

Considerando que processos semelhantes de incorporação ou fusão de empresas têm apresentado, com razoável freqüência, desempenhos abaixo das expectativas das partes envolvidas, espera-se que o presente estudo possa contribuir para reforçar a necessidade de planejamentos mais cuidadosos e abrangentes, observando de uma forma mais integrada os diversos fatores, externos e internos, notadamente os culturais e de estilos de liderança, que possam influenciar o comportamento dos atores estratégicos envolvidos e comprometer o sucesso da empresa.

Referências Bibliográficas

AUSTIN, J. E. **Managing in developing countries**: strategic analysis and operating techniques. New York: The Free Press, 1990.

BRANDENBURGER, A. M.; NALEBUFF B. J. **Co-opetition**. New York: Doubleday, 1997.

CHERNS, A. B. The principles of socio technical design. **Human Relations**, New York, v. 29, p. 783-792. 1976.

DAY, G. S.; REIBSTEIN, D. J. with GUNTHER, Robert (Eds). **Wharton on dynamic competitive strategy**. New York: J. Wiley & Sons, 1997.

FAHEY, L.; RANDALL, R. M. **Learning from the future**. New York: J. Wiley, 1998.

GRANT, R. M. **Contemporary strategy analysis**: concepts, techniques, applications. 3. ed. Cornwall: Blackwell, 1999.

HOFER, C.; SCHENDEL D. E. **Strategy formulation**: analytical concepts. West St. Paul: MN, 1978.

MACEDO-SOARES, T. D. L. V. A.; LUCAS, D.C. Key quality management practices of leading firms in Brazil: findings of a pilot study. **The TQM Magazine**, Bedford, v. 8, n. 4, p. 55-70, 1996.

MACEDO-SOARES, T. D. L. V. A.; RATTON, C. Mediação de desempenho e estratégias orientadas para o cliente: resultados de uma pesquisa de empresas líderes no Brasil. **RAE**, São Paulo, v. 39, n. 4, p. 46-59, 1999.

MACEDO-SOARES, T. D. L. V. A. An integrative model for strategic management analysis: application to organizations in Brazil.In: INFORMS/KORMS International Conference, 2000, Seoul. **Proceedings...** Seoul: INFORMS/KORMS, 2000. p. 460-467.

MINTZBERG, H. Generic strategies: toward a comprehensive framework. **Advances in Strategic Management,** v. 5, n. 1, p.1-67, 1988.

MORSE, J. M. (Ed). **Critical issues in qualitative research methods**. London: SAGE, 1994.

NADLER, D. A.; GERSTEIN, M. S.; SHAW, R. B. **Organizational architecture**: designs for changing organizations. San Francisco: Jossey-Bass, 1992.

PORTER, M.. **Competitive advantage**. New York: The Free Press, 1985.

______. **Competitive strategy**. New York: The Free Press, 1980.

SJÖLANDER, S. **Early stage management of innovation**. Göteborg: Chalmers University of Technology, 1985.

VOLLMANN, T. E. **The transformation imperative**: achieving market dominance through radical change. Boston, MA: Harvard Business School Press, 1996.

WEBER, R. P. **Basic content analysis**. Newbury Park, CA: Sage Publications, 1990.

XEROX. **Business plan.** 2000. (Documentação Interna).

XEROX/MHW, **Relatório anual**, 2001.

XEROX/MHW, **Plano de turn around**, 2002.

YIN, R. **Case study research**: design and methods. London: Sage, 1994.

DOS CONFINS DA TERRA ÀS FRONTEIRAS CIBERNÁUTICAS: ENTRELAÇANDO DIMENSÕES CULTURAIS E *MARKETING* PARA E-B2C

Sílvia Becher (IAG/PUC-Rio)

Introdução

Os conceitos e técnicas de *marketing* vêm mudando desde as suas primeiras aplicações para estimular transações comerciais. Apesar das várias mudanças e expansão dos construtos teóricos, o jogo ainda não está completamente desvendado, nem por especialistas – profissionais ou acadêmicos – nem pelo público que "é sujeito-objeto" das estratégias de *marketing* (Morello, 1993). Soma-se a essa visão incompleta que se tem do *marketing* tradicional o fato de as regras de mercado e formas de transacionar virem se alterando, nos últimos anos, de forma rápida e dramática. É preciso estar consciente de que ainda pouco se sabe sobre o que provoca o desejo, a intenção e a ação de compra no consumidor hoje. As variáveis que interferem no processo de escolha e de compra ficam ainda mais instigantes ao se constatar que o consumidor contemporâneo extrapola as fronteiras nacionais e é atingido por formas de transação não-presenciais, a partir de ações de *marketing* oriundas de regiões do mundo diferentes daquela em que ele, no papel de comprador, habita ou transita.

Fala-se muito na tendência a uma economia globalizada – o que, para muitos, é sinônimo de uma grande comunidade sem fronteiras, governada pelas forças de mercado que se aplicariam igualmente em todas as regiões geográficas. Essa estratégia carrega, implicitamente, a premissa da criação de bens homogêneos – que atendam a todos, ou a quase todos, independentemente de seus países de origem. Por extensão, os bens homogêneos refletem uma visão unitária do conjunto de consumidores. Porém, em um mundo globalizado que força as comunidades e os indivíduos a valorizarem a sua cor local e as suas idiossincrasias, buscando assim se distinguir da massa disforme e anônima, não é possível homogeneizar formas de atender a consumidores ou padronizar inovação de produtos sem reconhecer as diferenças – desde as nacionais até as individuais – e, em alguns casos, as transnacionais. Há que se buscar cada vez mais compreender o comportamento explícito e implícito dos consumidores e as divergências entre consumidores de culturas distintas, para melhor direcionar os esforços de *marketing* e de gerenciamento das transações com o consumidor, sem se deixar levar por estereótipos culturais. Embora seja possível atualmente atingir todos os cantões do mundo por meio da Internet – comunidades com valores e rotinas diferentes –, ainda não se tem uma visão completa desse novo instrumento de vendas e de *marketing* (Vieira & Nique, 1999), o que leva as empresas a adotarem, no meio virtual, estratégias similares ou paralelas às adotadas no meio presencial. Porém, as estratégias de *marketing* dos produtos e serviços oferecidos na Internet não podem ignorar que o comportamento do consumidor, nesse meio, não repete as tendências do seu comportamento no mercado físico de consumo. (Sultan, 2002; Brunn *et al*, 2002; Albertin, 1999).

O objetivo deste ensaio é traçar a relação entre as diferenças culturais em consumidores de mercados internacionais diversos e princípios que embasam as ações de *marketing* para transações em comércio eletrônico entre empresa e consumidor final (*eletronic-business-to-consumer*, ou e-B2C). Dentro desse propósito, na primeira parte, serão apresentados alguns fundamentos de *marketing* eletrônico de B2C e as suas implicações para o desenvolvimento de estratégias globais de *marketing*. Segue-se, na segunda parte, uma explanação dos principais conceitos de diferenciação cultural, segundo a literatura consagrada na área. Na terceira parte, discutem-se interfaces entre os conceitos desenvolvidos nas seções anteriores, de modo a discorrer sobre as inter-relações das questões culturais com os pressupostos essenciais ao planejamento e a efetividade dos esforços de *marketing* para transações na Internet com o consumidor final. À guisa de considerações finais, são apresentadas as implicações das diferenças culturais para a implementação de ações de *marketing* em e-B2C, apontando alguns caminhos para futuras pesquisas nesta interseção entre estudos transculturais e *marketing* de *e-business*.

1. Princípios de *marketing* para comércio eletrônico B2C

Enquanto a expressão **comércio eletrônico** se refere a todos os tipos de transações comerciais realizadas *on-line*, **e-B2C** *(electronic-business-to-consumer)* é o termo utilizado para descrever os processos de compra realizados, via Internet, entre empresas que fazem as vendas de produto ou de serviços e os consumidores que utilizam tais procedimentos para compras pessoais. Assim, B2C é diferente de B2B *(business-to-business)*, em que os clientes são outras empresas e não indivíduos. Atualmente, as transações comerciais *on-line* entre empresas e consumidores incluem o acesso *on-line* a serviços bancários, serviços de transporte ou de viagem, leilões eletrônicos e outras atividades diversas, como a busca por imóveis e composição de CDs personalizados.

1.1. Um novo consumidor

A evolução dos sistemas de distribuição de produtos e de serviços e as alterações no comportamento do consumidor de um novo tempo tecnológico modificam os paradigmas tradicionais estabelecidos na teorização de *marketing*. A distinção entre os desejos e as necessidades do consumidor não são mais claras, dadas a demanda e a expansão do consumo impostas pela difusão do consumismo.

Morello (1993) comenta que, no passado, o *marketing* tinha como pressuposto que a demanda era motivada pelo produto e focada no consumidor *('product-driven and buyer-centered')* enquanto, no presente, a demanda é motivada por símbolos e centrada no ambiente *('symbol-driven and environment-centered')*. O consumidor é influenciado não só por aquilo que o produto significa para ele em termos do bem que possuirá, mas – e às vezes, principalmente – por aquilo que o produto representa em termos de significação social. Os objetos passam a ser vistos pelo seu sentido social, não somente pelo seu valor econômico. Essa preponderância dos valores socioculturais no ambiente consumidor também se reflete nos canais de comércio eletrônico.

Muitos dos estudos recentes de *marketing* ainda utilizam o arcabouço teórico do Modelo de Socialização do Consumidor, em que a socialização é entendida como o processo pelo qual as normas, as atitudes, as motivações e os comportamentos são transmitidos a partir dos elementos influenciadores para os indivíduos (Keillor *et al*, 2001). Nesse modelo, a socialização compreende dois pilares: as características individuais (idade, grau e tipo de instrução, classe social, recursos econômicos, fase no ciclo da vida, dentre outros) e variáveis da estrutura social (tais como requisitos culturais, expectativas do grupo). Esses dois componentes interagem para gerar um resultado ou comportamento aprendido. É na fase de interação, entre o indivíduo com seus impulsos ou desejos e o conhecimento das expectativas e valores da cultura de seu grupo e do seu tempo, que ocorre o cerne do processo de socialização, através de mecanismos de conciliação que irão gerar os padrões de consumo daquele grupo social.

Uma das características atuais do mercado consumidor é a sua sensibilidade múltipla.

Em épocas anteriores, os consumidores se empolgavam com o *status* e com a aparência de produtos e, por vezes, desprezavam a sua utilidade. Recentemente, tornaram-se mais sensíveis ao preço e exigentes quanto à utilidade e à qualidade do produto. Precisam, no entanto, ser tocados pelo produto nos cinco sentidos e na inteligência (Morello, 1993). Não lhes basta o bom preço ou a qualidade indiscutível. Têm de se encantar com o consumo – o que gerou todo um ramo de estudos para aprofundar o relacionamento com o cliente e para gerar o *lock-in* do consumidor (Hax, 1999).

O consumidor do mercado atual não é somente um consumidor físico identificável em um rosto. Hoje, o novo consumidor nem sempre mostra a sua face, pois ele compra pelo canal eletrônico, no qual ele é, freqüentemente, não-visível, embora traçado por um perfil de atributos. É também um consumidor mais volúvel, pois tem, à sua disposição, uma gama maior de oportunidades e *locus* de consumo. Ele não se restringe às compras ou a serviços que alcança fisicamente, pois a Internet apresenta-se como uma nova plataforma para as atividades de compra. O novo consumidor é também mais informado. Tem, ao alcance da sua vontade, dados sobre os produtos, critérios de comparação de atributos e preços, além de formas variadas de efetuar a sua compra e o seu pagamento; não se restringe a bens disponíveis na sua área geográfica, mas pode atingir bens produzidos ou serviços oferecidos em outras nações, que serão entregues pelos sistemas de transmissão de dados ou de distribuição logística. Acrescente-se, ao novo ambiente de consumo, o fato de que há uma consciência dos mecanismos que influenciam as suas decisões de compra, porquanto as técnicas de *marketing* já fazem parte do conhecimento do grande público e não se limitam apenas aos profissionais da área. O consumidor do século XXI é pós-modernista no seu constante movimento de desconstrução e de reconstituição: é um ser que troca de identidade conforme o produto que consome e cria para si *personas* novas que se encaixam com a imagem momentânea que deseja revelar. Esse consumidor é identificado por um passado e um presente, construído a partir da descodificação das marcas que veste e dos produtos que consome (Valentine e Gordon, 2000), mas que deve ser percebido não mais como um ser estável e previsível.

A mudança dos paradigmas de transações empresa-consumidor altera a atitude mercadológica. Há que se migrar da idéia tradicional de um mercado fixo, com consumidores controláveis, para a visão de um espaço cultural em constante transformação, no qual as pessoas e as marcas estão juntas pelos breves momentos em que as suas identidades se cruzam. Para um novo consumidor, as formas tradicionais de *marketing* precisam ser renovadas, tanto para atendê-lo no mercado tradicional quanto no mercado eletrônico (Kiani, 1998).

1.2. Um novo marketing *para o consumidor eletrônico*

A Internet, que já atingia 400 milhões de consumidores no mundo em 2002, deverá chegar a 1,17 bilhão em 2005 (dados encontrados em http://www2.cio.com/metrics/2001/metric165.html). Os Estados Unidos, em 2001, respondiam por 43% dos usuários de Internet, sendo seguido por países da Europa Ocidental, que, juntos, representavam 25%, enquanto a Ásia totalizava 21%. As outras regiões, juntas, somavam 11%. O Brasil, como outros países emergentes, tem presenciado um crescimento inesperado no uso da Internet. As projeções indicaram que somente 30% dos usuários da rede mundial, em 2005, seriam americanos.

Cerca de US$ 53 bilhões foram negociados através do comércio eletrônico (em transações de varejo) nos Estados Unidos, em 2003 – aproximadamente 1,6 % do total de vendas a varejo no ano (dados encontrados em http://www.ecominfocenter.com). Estima-se que, em 2007, pelo menos 4,4% do total das vendas a varejo serão realizadas *on-line*.

À medida que os países expandem a base de usuários de Internet e percebe-se a tendência do crescimento de vendas eletrônicas, faz-se necessário entender os movimentos de adoção da comunicação eletrônica e dos esforços de *marketing on-line* que são viáveis para que as empresas criem relacionamentos com os consumidores de modo a aproveitar esse novo canal de compras.

Os profissionais de *marketing* operam no mercado e para o mercado (Morello, 1993). Apesar da amplitude e profundidade da literatura em *marketing*, nem todas as regras do jogo em que ocorrem as transações de compra e venda são conhecidas, pois é um jogo em que o cenário muda, os jogadores não permanecem os mesmos, a "bola rola por novos campos", o árbitro muda de cara e, às vezes, de função, os conceitos se transformam e as regras são substituídas. O jogo, nos tempos de hoje, pode, inclusive, ser virtual e não só físico. Isso dá uma dimensão espacial e temporal diferente. É preciso refletir como o *marketing* deve mudar para atender a esse jogo transformado (Hoffman & Novak, 1996; Kiani, 1998).

A tarefa de vender produtos requer a identificação do segmento-alvo que tem maior probabilidade de aceitar as idéias embutidas no produto – um paradigma que também se aplica ao mercado amplificado provocado pela Internet. Um mesmo elemento de *marketing* pode ter interpretações e referenciais diferentes em comunidades com valores distintos. Uma vez que, no contexto do comércio eletrônico, nem sempre sabemos quem é o consumidor a que se atingirá, mesmo que se saiba quem se quer atingir, as estratégias de divulgação do produto ou do serviço e de atração do consumidor devem refletir a consciência de que o mercado está aberto a todos, não só aos que se planejam alcançar. O *marketing* na rede de comércio virtual precisa ter seu foco não mais nas comunidades-alvo, mas nas individualidades comunitárias, transferindo um enfoque segmentado para um enfoque na individualidade de cada consumidor do segmento dentro do conceito de consumo individual de massa (*individualized mass consumption* – Morello, 1993). A aparente contradição do termo introduz a economia de custo e eficiência da produção em massa, aliando-se à customização de cada item para agradar o mercado. A inteligência em *marketing* precisa atender à ambivalência presente nas interações sociais como reflexo das ambigüidades humanas – querer identificar-se com o grupo, mas ressaltando a sua individualidade (Hermens & Kempen, 1998).

As diferenciações socioeconômicas e demográficas das comunidades de mercado não explicam os subgrupos mercadológicos que hoje são tão voláteis. As pesquisas de *marketing* não se podem sustentar somente por meio de estudos demográficos, já que as faixas etárias, os coortes e as faixas de renda não explicam todos os subgrupos, nem todas as dimensões do mercado, nem as individualidades a que é preciso atender. O surgimento de um consumidor global da Internet exige novos paradigmas epistemológicos. Pesquisas revelaram que os clientes freqüentes na Internet são menos apegados a marcas e menos focados no preço (Donthu & Garcia, 1999). Estão no mercado eletrônico por comodidade ou por desafio (Vieira e Nique, 1999). Aderiram à inovação, mas irão cansar-se dela? O que fará o novo consumidor ampliar seu espectro de consumo ou modificar seu estilo de vida? O planejamento de *marketing* para esse novo espaço e esse novo indivíduo coletivizado precisa refletir as novas questões que se apresentam.

1.3. Marketing para e-B2C

O surgimento do comércio eletrônico forçou a criação de uma nova forma de transação que traz impactos para todos os elementos do *marketing mix*, sendo especial a sua influência nos canais de *marketing* (Webb, 2002). O comércio eletrônico pode representar grandes oportunidades; menores custos, acesso a novos mercados, potencial de atingir mercados mundiais, comunicar informações a todos os cantos do mundo, diversificar estratégias, dentre outras (Albertin, 1999). Porém, há, também, grandes desafios que se colocam (Ghosh, 1998).

Define-se o comércio eletrônico como a apresentação de produtos e serviços através da Internet, para que o mercado-alvo, com acesso a computadores ou a outras tecnologias substitutas, possa procurar bens ou serviços e completar a sua transação de compra através de meios eletrônicos (Webb, 2002). Como qualquer canal de *marketing*, a Internet deve atender a três funções: troca de mercadorias, transação monetária e intercâmbio de informações (Peterson *et al*, 1997). Pela Internet é possível realizar, com sucesso, somente parte das funções de um canal de distribuição tradicional: o intercâmbio de informações e a transação monetária. No que diz respeito à troca física de mercadorias ou da maioria dos serviços, a Internet não poderá servir como único meio de transação. Consciente dessa limitação, as empresas que negociam pela Internet estruturam um sistema de distribuição complementar, de modo a entregar o produto no endereço indicado pelo comprador. Esse canal de distribuição complementar é, para o consumidor, praticamente oculto e percebido como uma extensão do serviço da transação da Internet, sem que tenha consciência da interdependência subjacente aos dois serviços – o de venda e o de entrega (Sultan, 2002).

Inicialmente, os estudos de *marketing* em comércio eletrônico buscavam uma mais ampla compreensão do impacto do meio eletrônico. As pesquisas se concentravam em avaliar o tamanho da Internet em termos do número e das características demográficas dos usuários, do tempo desprendido, bem como das funções realizadas e dos objetivos do acesso à Internet. Com o amadurecimento desse canal, surgiram estudos de *marketing* que visavam a captar dados de fluxo e de comportamento do consumidor. Dadas as características idiossincráticas do comércio eletrônico *vis-à-vis*, o comércio presencial, questões como segurança do consumidor, confiança e privacidade foram também alvos de pesquisas empíricas para avaliar o nível de interferência dessas questões na expansão do consumo (Morgado, 2002; Hernandez, 2002; Sultan, 2002; Lynch *et al.*, 2001; Vieira e Nique, 1999; Peterson *et al,* 1997.). No entanto, poucos estudos têm discutido as problemáticas referentes à abrangência intercultural do consumidor alcançado pelos negócios na Internet. Cateora e Graham (2001), ao definirem o escopo de *marketing* internacional, alertam que não é preciso que todas as empresas envolvidas em negócios internacionais tenham uma perspectiva global, já que o *marketing* internacional de algumas empresas limitar-se-á a um único país ou a poucos países.

Quer as empresas criem, ou não, estratégias diferenciadas para os países em que atuam, todas devem ser estudadas como um mercado separado. As escolhas de consumo precisam ser compreendidas dentro do contexto cultural em que se inserem, ou seja, "a cultura cumpre o papel de lentes, através das quais as pessoas vêem os produtos" (Rossi e Silveira, 1999). Ao mesmo tempo que há empresas globais que precisam focar nos seus segmentos de mercado como desejos e necessidades comuns, por entre fronteiras políticas e econômicas (Cateora & Graham, *op. cit.*), as ações de *marketing* na Internet contemplam a face inversa dessa estratégia. As empresas que negociam na Internet não têm sempre um público segmentado por país, ou por bloco de países. Produtos que foram inicialmente planejados para os consumidores de um país podem acabar sendo comprados por consumidores estrangeiros, em locais bem distantes do público focado preliminarmente. Portanto, se a tarefa de *marketing* com foco internacional é a de adaptar ou a de transformar estratégias locais em novas estratégias globais, a tarefa de *marketing* em B2C é adequar ou transformar estratégias globais em novas estratégias segmentadas por focos locais, sem perder o alcance grande-angular. A sintonização das técnicas de *marketing* de ambientes de transmissão unidirecional (*broadcast marketing*) para o *marketing* interativo introduziu novos conceitos e práticas que são mais customizadas e reativadas à individualidade dos consumidores. Não são os produtos customizados que garantem melhores desempenhos em negócios B2C; são as estratégias de estímulo a vendas que, realizadas através da Internet, podem levar a vantagens competitivas. A Internet possibilita a implementação de estratégias interativas de gerenciamento de vendas mais ágeis e de customização em certos produtos e serviços, sem precisar sacrificar a eficiência e, em muitos casos, reduzindo custos (Avlonitis & Karayanni, 2000). A Internet facilita a troca de informações em relação às necessidades do consumidor, tendências do mercado global e local, estratégias competitivas, desenvolvimento conjunto de produtos, atividades conjuntas de vendas, dentre outras. Pode ser uma facilitadora de estratégias de *marketing*, viabilizando as atividades interacionais para melhorar as vendas (quantitativa e qualitativamente) e possibilitando o oferecimento de produtos customizados, desde que, no contexto do comércio e-B2C, seja garantida a confiabilidade da transação (Hernandez, 2002).

Os atores envolvidos nas atividades de *marketing*, tanto nos níveis gerenciais básicos quanto no nível executivo, têm papel essencial na implementação de estratégias mais interativas e de maior intensidade de informações para gerar melhores índices de desempenho e de eficiência nas vendas.

Em última instância, o que vale no comércio eletrônico é a mesma máxima já estabelecida para o mercado tradicional – *shape the consumer experience* (Oliver, 1999) –, onde quer que esteja o consumidor. O consumidor é o foco central para qualquer negócio; há que se compreender seus valores, entender seus impulsos, seus sentidos, conhecê-los sempre melhor do que eles próprios se conhecem.

2. Fundamentos de diferenças culturais

Vários estudos, embasados em princípios sociológicos e antropológicos, têm buscado traçar os perfis culturais de diferentes povos, com o intuito de melhor compreender as suas motivações e as suas ações e de subsidiar fundamentos e reflexões teóricas em campos tão diversos quanto os de administração, lingüística e psicologia. Para o *marketing*, esses estudos culturais explicitam pressupostos e valores que podem estar embutidos tanto nas reações de consumidores quanto nas ações gerenciais.

Um dos mais reconhecidos trabalhos de estudos culturais é o de Geert Hofstede, que classifica as culturas nacionais em quatro dimensões. Em um estudo inicial, que mais tarde foi ampliado por outros pesquisadores, Hofstede (1980) analisou os valores de funcionários e gerentes em 53 subsidiárias nacionais da IBM e definiu as dimensões de *distância do poder*, *individualismo ou coletivismo*, *masculinidade ou feminilidade* e *tendência a evitar incertezas*.

Alguns teóricos criticam estudos como o de Hofstede, pela visão reducionista com que analisam as diferentes facetas de culturas nacionais (Voronov e Singer, 2002), classificando-as por dicotomias. Outra crítica que apontam para a classificação de Hofstede diz respeito à possível confusão entre traços transculturais e transnacionais (Lynn, Zinkhan & Harris, 1993). Nem todas as características culturais são de escopo nacional – vide as diferentes comunidades culturais em países multilíngües e de colonizações diferentes, como a Suíça. Comenta-se também que, com o intenso intercâmbio de informações entre países e continentes, não há como conceber uma correspondência exata entre as fronteiras nacionais, em termos geográficos e culturais (Lynn *et al*, 1993). Hermens e Kempen (1998) afirmam que, quando as culturas são concebidas como localizadas, elas passam a ser analisadas e descritas sem que sejam reconhecidas as influências de perspectivas globais no nível local e vice-versa (p. 1.115).

Críticas à parte, as dimensões de Hofstede fornecem explicações para características de grupos culturais, de modo a refletir alguns valores fundamentais que determinam atitudes, crenças e motivações. Dessas dimensões, podem ser inferidos outros valores, como cooperação *versus* competitividade, confiança e suspeita, agência e comunhão, que se referem especificamente a formas de comportamento e são mais fáceis de observar. Pelos dados de seus estudos, Hofstede conclui que os países europeus variam muito nas cinco dimensões, como exemplifica: as distâncias de poder são mais altas para Portugal e França; a dimensão coletiva predomina sobre a ênfase individualista em Portugal e na Grécia; a Áustria e a Itália apresentam traços de masculinidade, enquanto que a Suécia e a Holanda são mais tipicamente femininas; tanto a Bélgica quanto a França têm a tendência a evitar incertezas, enquanto a Dinamarca e a Grã-Bretanha se caracterizam pela aceitação da incerteza.

Não há dúvida de que essas diferenças afetam todos os aspectos da vida nesses países. E, certamente, são essenciais para a definição de ações de *marketing*. Povos que revelam maior ênfase na distância de poder têm, como efeito colateral, uma alta centralização; povos em que a distância de poder é menor, favorecem a descentralização. O traço de masculinidade dá ênfase à competitividade e ao heroísmo; a ênfase na feminilidade reforça a solidariedade com os outros e as relações pessoais. Povos coletivistas visam aos efeitos coletivos e à força dos valores do grupo; povos individualistas valorizam recompensas individuais e valores subjetivos. A tendência a evitar incertezas demanda regras e padrões estabelecidos; a melhor convivência com as incertezas possibilita o oportunismo e a tolerância ao imprevisto e a comportamentos idiossincráticos.

A partir de outro estudo, Michael Bond (1993) definiu uma quinta dimensão a que denominou de dimensão confuciana e que foi incorporada por Hoftstede (1994) como orientação de longo prazo, em contraposição à orientação de curto prazo. Os valores identificados com orientação de longo prazo eram a perseverança e a frugalidade. Os povos voltados à orientação de curto prazo valorizavam o respeito a tradições, a atenção às expectativas de seu grupo social e o comportamento de mimetismo *('keeping up with the Joneses')*. Bond concluiu seu estudo com a observação de que os países do leste asiático (Hong Kong, Taiwan e Japão) eram os que tinham obtido os maiores índices nessa dimensão. Esses países também revelaram os maiores índices de crescimento nos últimos 30 anos – o que levou a crer que a orientação de longo prazo estava diretamente correlacionada com a recente expansão econômica (Hoftstede, 1997).

Uma das importantes contribuições de Hoftstede, que se aplica diretamente às questões de *marketing* para comunidades diferenciadas, é a conclusão de que há outros elementos, além dos valores de um povo, que são determinados culturalmente. A forma de pensar e de construir teorias e estratégias são, também, influenciadas pela forma com que se socializa na nossa cultura. Segundo o autor (1997), as teorias são produto de uma socialização culturalmente determinada. Em decorrência, as técnicas adotadas em um ambiente cultural podem ser inadequadas em outros espaços culturais, assim como uma categorização construída por um grupo social pode ser inadaptável em outra cultura. Tais considerações levam à conclusão de que os traços culturais terão impactos distintos na propensão a comportamentos socialmente desejáveis. Por exemplo, em culturas que se caracterizam por índices maiores na dimensão "distância de poder" e "restrição a incertezas", há maior tendência a atitudes que sejam aceitáveis pelo grupo. O medo de não se coadunar com as orientações do grupo e o temor às reações desconhecidas da sociedade levam indivíduos a se comportar, ou a dizer que se comportariam, como querem os outros.

Os traços culturais, no entanto, não podem ser considerados dogmáticos nem permanentes. Em um mundo em constante transformação, também os fatores culturais se tornam transitórios diante das mudanças sociais, tecnológicas ou políticas – contrariando o dogma da natureza estável dos traços culturais (Shenkar, 2001; Briley e Aaker, 2001). Os valores culturais sofrem alterações, às vezes previsíveis, por forças situacionais, por desenvolvimentos tecnológicos incontroláveis e por influências econômicas globalizantes. Há pressões de ordem social e cognitiva que levam os consumidores de certas culturas a se submeterem mais intensamente às tendências culturais. Os chineses, em condições normais, são mais sensíveis do que os americanos a informações consensuais que sirvam ao julgamento de produtos. No entanto, os americanos, por exemplo, são mais suscetíveis à decepção, especialmente em condições de muita pressão no nível cognitivo quando submetidos a mensagens persuasivas, enquanto os chineses são menos suscetíveis à frustração nas mesmas condições. Essa conclusão, tirada de um estudo relatado por Briley e Aaker (2001), aponta para a maleabilidade de julgamentos e escolhas dos consumidores ao serem influenciados por determinadas variáveis condicionadas pelas novas visões culturais e pela mundialização da economia.

Porém, não é somente a pressão da globalização, da expansão tecnológica e da difusão de informações que afeta a pureza dos traços culturais. Questões sociais relacionadas a gênero introduzem novos hábitos no processo de consumo. Constata-se uma ampliação significativa do segmento feminino no mercado consumidor (como pessoa física e como representante de pessoa jurídica), o que leva a alterações nos padrões de consumo de um grupo social. Arnold & Bianchi (2001) apresentam a cultura e o gênero como variáveis que podem causar impacto no sucesso de uma estratégia de *marketing* relacional em ambiente B2C e salientam que certos consumidores podem ser caracterizados como "relacionais" – propensos a estabelecer relações com a empresa ou com o fornecedor do serviço e com a própria ação de comprar. Na medida em que gênero é uma variável influente na dimensão relacionamento, as ações de *marketing* B2C precisam considerar as questões de gênero.

Os valores culturais não podem ser considerados como isolados de outros fatores interagentes. As condições econômicas ou políticas, criadas pelos indivíduos que compartilham a cultura, e mesmo as características físicas e naturais de um país, como o clima, contribuem na composição de uma personalidade coletiva. Em um estudo sobre o comportamento do consumidor, Parker e Tavassoli (2000) salientam que a intensidade e a duração da luz solar e da temperatura-ambiente influenciam os valores e os comportamentos dos cidadãos de diferentes culturas e, conseqüentemente, também afetam as tendências de consumo. Os resultados da sua pesquisa revelaram também que há menor necessidade de consumo nas regiões de clima mais quente e que há uma relação entre tipo de produtos ou serviços consumidos e clima. Produtos ou serviços como alimentos, vestimenta, habitação e energia têm, reconhecidamente, consumo diferenciado conforme a temperatura ou a estação do ano, apontam os autores. Há ainda uma grande influência do clima na motivação para gerar renda e no humor – ambos fatores preponderantes para hábitos de consumo. Outra grande interferência do clima reside na intensidade da afetividade expressa – o que resulta em uma influência sobre formas e intensidade de consumo. A afetividade pode ser expressa por reações positivas ou negativas; pode gerar propensão à aceitação ou à negação de estratégias de propaganda. Da mesma forma, a disponibilidade afetiva pode fazer com que o consumidor prescinda da intensidade ou da quantidade de atrativos emocionais para se convencer da "utilidade" de produtos.

Os indivíduos, no entanto, não são linearmente produtos da sua cultura, gênero ou clima físico. Caso fossem, seriam todos robôs, previsíveis e automatizáveis. Não é possível explicar o comportamento do consumidor somente pelos traços culturais que ele compartilha com seu grupo – há que se ter consciência de que as idiossincrasias dos indivíduos têm papel relevante no ato de consumir. Alguns consumidores tenderão a comportamentos mais "socialmente desejáveis" por suas próprias características psicológicas – podendo, nesse caso, intensificar ou amenizar as tendências inerentes ao seu grupo cultural.

Em que medida será possível separar as interferências pessoais das culturais? Sob uma perspectiva mais abrangente, é possível considerar que os fatores culturais abrangem tanto as características da cultura nacional quanto os traços socialmente impostos ao gênero a que cada indivíduo pertence; incluem as influências do ambiente natural (clima, espaço geográfico, variedade na natureza) e as interferências das políticas econômicas e governamentais a que os consumidores estão sujeitos, mas esses traços e influências pesam de forma diferente em cada pessoa.

3. Atendendo às diferenças culturais no *marketing* eletrônico

Os primeiros estudos sobre a Internet previam que a sua forma de comunicação imediata e a sua forma inovadora de transmissão de informações criariam uma maneira padronizada de comunicação com o consumidor – na qual todos os compradores falariam a "mesma linguagem" em um mesmo contexto, qualquer que fosse seu país de origem ou seu grupo cultural (Lynch e Beck, 2001). Porém, não é bem assim que os consumidores se sentem. Mesmo com a globalização da Internet, as pessoas querem se engajar com os fornecedores dentro de um contexto cultural que lhes seja significativo. Empresas que desejam atrair consumidores de diferentes culturas precisam espelhar os valores conflitantes e os atributos que agradam os clientes a serem atendidos, uma vez que não se pode assumir que as mensagens transmitidas para cidadãos de um país sejam compreendidas e assimiladas positivamente por habitantes de outras terras. Lynch e Beck (2001) propõem que se deva prover o consumidor com a sensação de uma interação personalizada para a localidade, como em uma relação face a face e, ao mesmo tempo, manter um alcance global. Os autores reconhecem a dificuldade de tal tarefa, todavia sugerem que é possível começar com estratégias regionais.

As preferências dos consumidores, o conhecimento que têm de marcas e produtos e as informações que fazem parte do mercado consumidor básico são instrumentos essenciais para a análise de *marketing*. Em B2C é possível aliar os dados necessários a traçar o perfil do consumidor à capacidade da Internet de fornecer as vias para que se responda diretamente aos usuários. Essa resposta individualizada distingue o comércio eletrônico das transações em ambientes físicos (Vieira e Nique, 1999).

Há um aparente conflito entre a visão da manutenção de diferenças culturais e das forças de convergência entre as culturas. A famosa máxima de que se "pense globalmente e aja localmente" revela que é preciso manter o equilíbrio entre as diferenças que estão arraigadas e a homogeneização pretendida por movimentos conscientes e inconscientes de globalização. A questão da dicotomia divergência-convergência torna-se relevante na medida em que as culturas persistirão no mundo e tenderão a reforçar as suas diferenças quanto maior for a pressão para se igualarem em valores e atitudes (Keillor *et al*, 2001; Pearce, 1999). Na verdade, as duas forças agem simultaneamente, mas causam impactos diferenciados nos padrões de consumo.

Variáveis demográficas e socioeconômicas tais como PIB, paridade de preços, faixas de renda, nível instrucional, que servem às estratégias de *marketing* tradicionais, afetam o comportamento do consumidor em contextos de negócios presenciais e também influenciam o comportamento de consumo *on-line*. Porém, para análise de *marketing* para comércio eletrônico, outros índices socioculturais, como o custo de acesso *on-line*, renda *per capita* dos usuários de Internet e hábitos de compra por meios eletrônicos (cartão de crédito, em especial), também definem as atitudes e as intenções de consumo.

A noção de que um mesmo produto é consumido em regiões diferentes por motivos díspares reforça a interferência dos fatores sociais e culturais no consumo. O *walkman* da Sony, que foi desenvolvido como um produto global para consumidores globais, incorpora valores sociais agregados diferentes: no Ocidente, é utilizado para que seus usuários se divirtam ouvindo música, isolando-se do mundo exterior sem serem perturbados pelo ambiente externo; no Oriente, é um acessório para o entretenimento pessoal, sem que se perturbem os outros (De Mooij, 1998) – um sinal claro de que pode haver produtos globais ou marcas globais, mas não há pessoas globais. O *marketing* para comércio eletrônico precisa considerar os valores divergentes implícitos em um mesmo produto oferecido a culturas diversas e no uso da via eletrônica como canal de consumo.

Algumas culturas revelam altos índices de coletivismo, como a japonesa. Essa dimensão pode-se revelar através de alta coesão de grupo, de harmonia com a comunidade e de preocupação com os outros. Esse espírito influencia estratégias de *marketing* para consumo *on-line*, na medida em que aponta para o fato de que os japoneses não irão facilmente adotar inovações radicais. Sentem-se mais confortáveis com consumos tradicionais ou com inovações nos processos (não nos conceitos). Vão buscar a harmonia coletiva e, portanto, não querem se destacar experimentando algo desconhecido. Até que a inovação seja adotada por alguém do grupo – rompendo a barreira da homogeneidade –, o índice de difusão de inovação tecnológica será baixo. Já os americanos, tão focados no individualismo, adotam com prazer, e por impulso, as inovações radicais, mesmo quando significam uma mudança de comportamento ou de hábitos. Japoneses e americanos podem ser classificados, por uma generalização reducionista, como "*latecomers*" e "*early-adopters*". Como comprovam La Ferle *et al.* (2002) em estudo comparativo, um dos fatores que contribuem para as diferenças de comportamento do consumidor eletrônico de japoneses e americanos se origina nas divergências culturais na dimensão individualismo-coletivismo.

As dimensões culturais de Hofstede (1980;1997), examinadas com o olhar do consumo *on-line*, também trazem contribuições para entender as diferenças em índices de confiança reveladas por culturas coletivistas e outras mais individualistas. As comunidades mais coletivistas tendem à consumir mais *on-line* por confiarem mais no canal e no compromisso das partes envolvidas. As dimensões culturais também explicam atitudes dos consumidores *on-line* no que se refere a seus sentimentos quando fazem as suas compras pela Internet. Os consumidores de culturas não-aversas à imprevisibilidade e que valorizam os traços de masculinidade sentir-se-ão mais à vontade no consumo *on-line*. Capitalizando na economia de tempo (valor embutido: competitividade) e na conveniência, não se incomodarão com a possibilidade de erro (imprevisibilidade), já que os ganhos de tempo e conforto compensarão os riscos. Já a dimensão da feminilidade afeta o consumo eletrônico ao valorizar a interação social. Os consumidores, influenciados por esse traço, tendem a ser reticentes em adotar o comércio eletrônico e necessitarão de estratégias de *marketing* ao mesmo tempo sedutoras e sutis para atrair seus consumidores. Potencialmente, pode haver uma compensação pela ausência da interação pessoal e da sensação de lazer oferecida pelo consumo tradicional; basta que as estratégias de venda e de *marketing* insiram o elemento lúdico e o relacional na transação (Chen *et al.*, 2002; Arnold & Bianchi, 2001).

No estudo realizado por Keillor *et al.* (2001) com malásios, franceses e americanos, os dados apontaram que os malásios estavam mais sujeitos a influências de fatores pessoais, enquanto americanos sofriam maior influência dos fatores não-pessoais. Conclui-se pelo estudo que, quanto maior o grau de propensão a respostas socialmente aceitáveis, maior será a influência dos fatores pessoais, tais como família e amigos; quanto menor a propensão, maior a influência dos fatores não-pessoais, como mídia e sociedade. Ao identificar os valores específicos a cada cultura e os impactos no comportamento do consumidor, é possível entender o grau de influência de respostas socialmente aceitáveis e que fatores interferem mais intensamente para gerar a reação aos estímulos de *marketing* no consumidor. Com esse conjunto de informações psico-socioculturais, as empresas poderão estar mais capacitadas para se planejar para o *marketing* eletrônico. No entanto, é preciso que estejam atentas para considerar as especificidades de cada cultura, a partir de uma perspectiva que abre mão de um pensar globalmente, *stricto sensu*, e incorpora as sutilezas ou das subáreas ou dos grupos sociais estratificados na cultura de uma região.

Os esforços de homogeneização dos padrões globalizantes da nova economia não conseguiram subjugar a força dos valores e padrões socioculturais nas ações dos indivíduos. A trama cultural específica de cada grupo molda o pensar coletivo e o agir individual. O comportamento do consumidor de culturas diversas é influenciado por subgrupos sociais, como família e amigos, ou por estratégias midiáticas, na medida em que se integram com o caldo cultural em que tais consumidores se inserem. Esse parece ser o grande desafio para o *marketing* B2C – extrair os fatores transculturais para atender aos anseios específicos de um subgrupo cultural ou de um indivíduo.

As empresas que vendem por comércio eletrônico devem desenvolver um *marketing mix* diferenciado, de acordo com os traços culturais e individuais de seus consumidores. Os compradores detalhistas que não têm pressa para escolher seus produtos poderão não ser atraídos por compras *on-line*, a não ser que possam pesquisar fundamente todas as características que desejam conhecer, usando os mecanismos da tecnologia eletrônica. Os chineses, por exemplo, são conhecidos por seu pendor para barganhar preço durante seu processo de compra (Ackerman, 2001). Traduzir essa característica para os negócios *on-line* pode significar uma ênfase em promoções ou em sítios de leilão eletrônico para saciar essa necessidade de interação intensa e duelo de persistência.

Grandes desafios se apresentam para profissionais de *marketing* que se propõem a atuar no ciberespaço. Nesse ambiente em que, aparentemente, não há fronteiras físicas, há comunidades diferenciadas por influências culturais; há agrupamentos que se caracterizam por traços de personalidade ou por ambiente sociogeográfico; há indivíduos e coletividades. O consumidor eletrônico é único e é múltiplo, pois cria novas identidades para si e assume a identidade do grupo ao qual pertence ou deseja pertencer, sem se desfazer das influências da sua cultura. As ações de *marketing* para o espaço virtual precisam atender a *individualized mass consumption*, nos termos de Morello (1993), e incorporar os conceitos implícitos nas dimensões culturais de seus diferentes mercados (Rossi e Silveira, 2002; Brunn *et al*, 2002).

4. Considerações Finais

Este trabalho discutiu a importância de considerar as dimensões culturais ao estruturar ações de *marketing* em transações *business-to-consumer* (B2C), via comércio eletrônico, considerando que não se pode ignorar o impacto da Internet como um crescente canal de consumo que atravessa fronteiras nacionais e culturais.

Os consumidores de regiões longínquas têm o mesmo acesso a produtos e a serviços oferecidos intencionalmente a um grupo-alvo específico. Para que essa acessibilidade do meio eletrônico seja bem explorada por varejistas, torna-se imperativo entender o consumidor das remotas localidades e perceber as diferenças culturais que movem os segmentos diferenciados do mercado.

Dentro dessa perspectiva, foi realçada a importância de se correlacionarem alguns dos mais relevantes traços culturais que descrevem as diferenças entre povos e nações, conforme apresentadas pela literatura, com estratégias de *marketing* que atenderiam de forma mais eficiente os grupos de consumidores. Foram assinalados os construtos de dimensões culturais estabelecidas por Hofstede, complementando-os com as questões de gênero e clima.

Essas influências culturais servem de fonte inicial para reflexões e planejamento de ações de *marketing* que atinjam os consumidores de diferentes comunidades culturais durante a transação de comércio virtual. Tais indicações servem como passo inicial para futuros estudos que objetivem delinear as propostas de ações consolidadas para *marketing* de transações eletrônicas entre empresa e consumidor individual que possam ser testadas empiricamente e, posteriormente, validadas pela realidade do mercado *on-line*.

A Internet é um canal de transações comerciais em franco crescimento e o seu uso eficaz depende de um *corpus* conceitual próprio, tendo em vista as suas idiossincrasias – a maior das quais é o fato de atravessar as fronteiras nacionais e culturais – aparentemente homogeneizando os consumidores e individualizando-os ao mesmo tempo, dentro de um processo conflitante e dicotômico. As considerações traçadas neste ensaio visam a servir de inspiração a novos enfoques, repensando estratégias de *marketing* eletrônico que sirvam aos perfis culturais em e-B2C.

Referências Bibliográficas

ACKERMAN, D.; TELLIS, G. Can culture affect prices? A cross-cultural study of shopping and retail prices. **Journal of Retailing**, Amsterdam, v. 77, n. 1, p 57-82, Spring 2001.

ALBERTIN, A. L. **Comércio eletrônico**: modelo, aspectos e contribuições de sua aplicação. São Paulo: Atlas, 1999.

ARNOLD, K. A.; BIANCHI, C. Relationship marketing, gender and culture: implications for consumer behavior. **Advances in Consumer Research**, Urbana, v. 28, n. 1, p.100-105, 2001.

AVLONITIS, G. J.; KARAYANNI, D. A. The impact of internet use on business-to-business marketing. **Industrial Marketing Management**, New York, v. 29, n. 5, p. 441-459, 2000.

BOND, M. H; SMITH, P. B. **Social psychology across cultures**: analysis and perspectives. Boston: Allynand Bacon, 1993.

BRILEY, D.; AAKER, J. When does culture matter? The transitory nature of cultural differences in judgementes and choices. **Advances in Consumer Research**, Urbana, v. 28, n. 1, p. 151-152, 2001.

BRUNN, P.; JENSEN, M.; SKOVGAARD, J. E-marketplaces: crafting a winning strategy. **European Management Journal**, London, v. 20, n. 3, p. 286-298, 2002.

CATEORA, P. R.; GRAHAM, J. L. **International marketing**. 11. ed. New York: McGraw-Hill, 2001.

CHEN, L.; GILLENSON, M. L.; SHERRELL, D. L. Enticing online consumers: an extended technology acceptance perspective. **Information & Management**, Amsterdam, v. 39, n. 8, p. 705-719, 2002.

DE MOOIJ, M. **Global marketing and advertising**: understanding cultural paradoxes. Thousand Oaks, CA : Sage, 1998.

DONTHU, N.; GARCIA, A. The internet shopper. **Journal of Advertising Research**, New York, v. 39, n. 3, p. 52-58, 1999.

GHOSH, S. Making business sense of the internet. **Harvard Business Review**, Pennsylvania, v. 76, n. 2, p.126-135, Mar./Apr. 1998.

HAX, A. The delta model: adaptative management for a changing world. **Sloan Management Review**, Cambridge, v. 40, n. 2, p. 11-29, Winter 1999.

HERMENS, J. M.; KEMPEN, H. J. G. Moving cultures: the perilous problem of cultural dichotomies in a globalizing society. **American Psychologist**, Washington, v. 53, n. 9, p. 1111-1120, 1998.

HERNANDEZ, J. P. Entendendo melhor o processo de decisão de compra na internet: uma análise sobre o papel da confiança em diferentes situações de risco. In: ENCONTRO ANUAL DA ANPAD, 26., 2002, Salvador. **Anais...** Rio de Janeiro: ANPAD, 2002. 1 CD-ROM.

HOFFMAN, D.; NOVAK, T. A new marketing paradigm for electronic commerce. **Paper submitted for the special issue on electronic Commerce for the Information Society**, Feb. 1996. Disponível em: <http://www2000.ogsm.vanderbilt.edu>.

HOFSTEDE, G. Motivation, leadership and organization: do american theories apply abroad? **Organizational Dynamics**, Amsterdam, v. 9, n. 1, p. 42-63, Summer 1980.

______. **Cultures and organizations**: software of the mind. New York: McGraw Hill, 1997.

______.**Culture's consequences**: international differences in work related values. Beverly Hills, CA: Sage, 1984

______. The business of international business and cultures. **International Review**, New York, v. 3, n.1, p. 1-14, 1994.

KEILLOR, B.; OWENS, D.; PETTIJOHN, C. A cross-cultural/cross-national study of influencing factors and socially desirable response bias. **International Journal of Market Research**, Henley-on-Thames, v. 43, n. 11, p. 63-84, Winter 2001.

KIANI, G. R. Marketing opportunities in the digital world. **Internet Research**, Bradford, v. 8, n. 2, p. 185-194, 1998.

LA FERLE, C.; EDWARDS, S. M.; MIZUNO, Y. Internet diffusion in Japan: cultural considerations. **Journal of Advertising Research**, New York, v. 42, n. 2, p. 65-79, Mar. 2002.

LYNCH, P. D; BECK, J. C. Profiles of internet buyers in 20 countries: evidence for region-specific strategies. **Journal of International Business Studies**, Washington, v. 32, n. 4, p. 725, Winter 2001.

LYNN, M.; ZINKHAN, G. M.; HARRIS, J. Consumer tipping: a cross-country study. **Journal of Consumer Research**, Gainesville, v. 20, n. 3, p. 478-488, Dec. 1993.

MORELLO, G. The hidden dimensions of marketing. **Journal of the Market Research Society**, London, v. 35, n. 4, p. 293, Oct. 1993.

MORGADO, M. G. Compras on-line: estabelecendo diferenças entre consumidores e surfistas. In: ENCONTRO ANUAL DA ANPAD, 26., 2002, Salvador. **Anais...** Rio de Janeiro: ANPAD, 2002. 1 CD-ROM.

OLIVER, R. L. Whence consumer loyalty. **Journal of Marketing**, Chicago, v. 63, n. 4, p. 33-44, 1999.

PARKER, P. M.; TAVASSOLI, N. T. Homeostasis and consumer behavior across cultures. **International Journal of Research in Marketing**, Amsterdam, v. 17, n. 1, p. 33-53, 2000.

PEARCE, C. L. From workplace attitudes and values to a global pattern of nations: an application of latent class modeling. **Journal of Management**, Amsterdam, v. 25, n. 5, p. 759-778, 1999.

PETERSON, R.; BALASUBRAMANIAN, S.; BRONNENBERG, B. Exploring the implications of the internet for consumer marketing. **Journal of Academic Marketing Science**, Texas, v. 25, n. 4, p. 329-346, 1997.

ROSSI, C. A. V.; SILVEIRA, T. da. Pesquisa sobre culturas nacionais: o inexorável futuro do marketing na globalização. In: ENCONTRO ANUAL DA ANPAD, 23., 1999, Foz do Iguaçu. **Anais...** Rio de Janeiro: ANPAD, 1999. 1 CD-ROM.

SHENKAR, O. Cultural distance revisited: towards a more rigorous conceptualization and measurement of cultural differences. **Journal of International Business Studies**, Basingstoke, v. 32, n. 3, p. 519-531, Fall 2001.

SULTAN, F. Consumer response to the internet: an exploratory tracking study of on-line home users. **Journal of Business Research**, Amsterdam, v. 55, n. 8, p. 655-663, 2002.

VALENTINE, V.; GORDON, W. The 21st century consumer: a new model of thinking. **International Journal of Market Research**, Henley-on-Thames, v. 42, n. 2, p. 185-209, Spring/Summer 2000.

VIEIRA, B. L. A; NIQUE, W. M. Comércio eletrônico via internet: entendendo a internet como canal de compra. In : ENCONTRO ANUAL DA ANPAD, 23., 1999, Foz do Iguaçu. **Anais...** Rio de Janeiro : ANPAD, 1999. 1 CD-ROM.

VORONOV, M.; SINGER, J. A. The myth of individualism collectivism: a critical review. **The Journal of Social Psychology**, Washington, v. 142, n. 4, p. 461-480, Aug. 2002.

WEBB, K. L. Managing channels of distribution in the age of electronic commerce. **Industrial Marketing Management**, Amsterdam, v. 31, n. 2, p. 95-102, 2002.

Leia também da Coleção Estudos COPPEAD:

CONSUMIDORES INSATISFEITOS
Uma oportunidade para as empresas
de *Marie Agnes Chauvel*

HISTÓRIAS DE RECOMEÇO
Privatização e *downsizing*
de *Ursula Wetzel*

ESTUDOS EM NEGÓCIOS
de *Walter Ness* e *Roger Volkema (orgs.)*

ESTUDOS EM NEGÓCIOS II
de *Ursula Wetzel* e *Patrícia Amélia Tomei (orgs.)*

ESTUDOS EM NEGÓCIOS III
de *Adriana V. Garibaldi de Hila*
e *T. Diana L. v. A. de Macedo-Soarde (orgs.)*

À MESA COM A FAMÍLIA
Um estudo do comportamento
do consumidor de alimentos
de *Leticia Casotti*

A INTERNACIONALIZAÇÃO
DAS EMPRESAS BRASILEIRAS
Estudos de gestão internacional
de *Angela da Rocha (org.)*

AS NOVAS FRONTEIRAS
A multinacionalização das empresas brasileiras
de *Angela da Rocha (org.)*

DIMENSÕES E *CLUSTERS* DE CULTURA ORGANIZACIONAL
De uma empresa brasileira com atuação internacional
de *Adriana Victoria Garibaldi de Hilal*

RELAÇÕES COM OS CONSUMIDORES:
Experiências brasileiras
de *Leticia Casotti* e *Maribel Suarez (orgs.)*

O DESAFIO DAS MICROFINANÇAS
de *Angela da Rocha e Renato Cotta de Mello (orgs.)*

COMPRAS E GERÊNCIA DE FORNECIMENTO NO BRASIL
Estudos e Casos
de *Rebecca Arkader (org.)*

O DESAFIO DOS MERCADOS EXTERNOS – Volumes I e II
Teoria e prática na internacionalização da firma
de *Carlos A. Hemais (org.)*

Para saber mais sobre nossos títulos e autores,
visite nosso site:
www.mauad.com.br

Este livro, da MAUAD Editora,
foi impresso em papel pólen soft 70g,
na gráfica Sermograf.